本书为国家社科基金项目“正面人物宣传报道的社会效果研究”（项目编号06BXW007）的最终研究成果，由暨南大学“211工程”项目“传媒产业与新闻传播研究”暨“教育部特色专业新闻学”重点资助出版

项目主持人：薛国林

课题组成员：张晋升　麦尚文　肖　伟

蔡铭泽　郑　越　卢健民

暨南新闻传播学术系列

ACADEMIC SERIES ON JOURNALISM AND COMMUNICATION OF JINAN UNIVERSITY

形象塑造与社会认同：
正面人物宣传报道的社会效果研究

Image-building & Social Identity:
A Study of the Social Effects of Media Promotion to the Positive Figures

薛国林　等著

暨南大学出版社
JINAN UNIVERSITY PRESS

中国·广州

图书在版编目（CIP）数据

形象塑造与社会认同：正面人物宣传报道的社会效果研究/薛国林等著．—广州：暨南大学出版社，2012.3
（暨南新闻传播学术系列）
ISBN 978-7-5668-0007-7

Ⅰ.①形…　Ⅱ.①薛…　Ⅲ.①正面人物—宣传工作—研究—中国　Ⅳ.①D64

中国版本图书馆CIP数据核字（2011）第208073号

出版发行：暨南大学出版社

地　址：中国广州暨南大学
电　话：总编室（8620）85221601
　　　　营销部（8620）85225284　85228291　85228292（邮购）
传　真：（8620）85221583（办公室）　85223774（营销部）
邮　编：510630
网　址：http：//www.jnupress.com　http：//press.jnu.edu.cn

排　版：弓设计
印　刷：佛山市浩文彩色印刷有限公司

开　本：787mm×1092mm　1/16
印　张：15.75
字　数：336千
版　次：2012年3月第1版
印　次：2012年3月第1次

定　价：36.00元

总　序

在中国新闻传播教育发展史上，暨南大学新闻传播教育已走过 60 多年坎坷不平而又不断奋进的历程。

1946 年，暨南大学新闻学系在上海创立。1949 年，因暨南大学停办而并入复旦大学新闻系。1958 年，暨南大学在广州重建，中文系于 1960 年开办新闻学专业。1970 年，暨南大学在“文化大革命”中被迫停办，新闻学专业随中文系并入华南师范大学。1978 年，复校后的暨南大学重建新闻学系。从此，暨南大学新闻传播教育走上不断发展的道路。

改革开放以来，暨南大学新闻学系逐渐扩大办学规模：1984 年开设国际新闻与传播双学位专业（后改为国际新闻本科专业），1994 年创办广告学本科专业，2001 年创办广播电视新闻学本科专业。2001 年，在原新闻学系的基础上组建新闻与传播学院，下设新闻学系、广播电视学系、广告学系。与此同时，暨南大学新闻与传播学院努力提高办学层次：早在 1986 年即成为我国第三批新闻学硕士点之一，2001 年又获准设立传播学硕士点；2003 年，新闻学同时成为广东省高校名牌专业和国务院侨务办公室重点学科；2006 年成功申报新闻学博士点，成为华南地区首家设立新闻传播学类博士点的院系，建成本—硕—博一体化的完整人才培养体系。

继 2006 年成功申报新闻学博士点之后，暨南大学新闻与传播学院在 2007 年又取得了一系列可喜成绩：①获准设立新闻传播学博士后科研流动站；②与中文系联合组建的海外华文文学与华语传媒研究中心获准为广东省重点人文社会科学研究基地；③新闻学获准为广东省重点学科；④新闻学专业获准为教育部首批特色专业建设点；⑤获准增设播音与主持艺术专业。所有这一切，都令人感到气象一新。

之所以能够取得上述各项成绩，一个重要原因是暨南大学新闻与传播学院多年来十分重视学科建设。特别是 2006 年暨南大学百年华诞、暨南大学新闻传播教育六秩荣庆之后，学院明确提出了要从教学型学院逐渐转变为研究型学院的发展战略，确立了学科建设的核心与龙头地位，完善了学科建设的激励机制，加大了学科建设的支持力度，全院教师以饱满的热情参与到以学科建设为中心的教学与科研工作之中。

在当代中国学术事业蓬勃发展的历史进程中，一个单位的学科建设要有所建树，必须发挥优势，强化特色，开拓创新。为此，凝练学科方向至关重要。经过多次讨论，暨南大学新闻与传播学院已明确了六个重点建设的学科方向，即新闻传播理论与媒介批评、中外新闻传播历史、新媒体与新闻传播业务、传媒产业与传媒经营管理、海外华文传媒与华文传播、广告公关与营销传播。除此之外，学院还将培育新的学科生长点，努力把暨南大学新闻与传播学院建设成为“华南学术重镇，媒体精英摇篮”。

学科建设是一个系统工程，涉及诸多方面的工作。譬如，建设高水平的师资队伍，开展高层次的科学研究，进行高质量的学位点建设，推动深层次的教学改革，都是学科建设的重要内涵。其中，科学研究上层次、上水平尤其重要，因为高水平的师资队伍主要是在科学研究的过程中锻炼成长起来的，高质量的学位点建设必须以高层次、高水平的科研工作与科研成果作为支撑，深层次的教学改革也必然以科学研究的进步作为根基与动力。因此，大力推进上层次、上水平的科学研究，便成为摆在暨南大学新闻与传播学院面前的历史使命。

在推进科学研究的过程中，一方面要加强领导，组织团队，争取项目，协同攻关，力求重大突破；另一方面要充分发挥学者个人的主观能动性，高度重视学者的自主研究。人文社会科学的发展史表明，许多重要的成果不一定出自“规划项目”，而往往出自学者的自主研究。鉴于此，暨南大学新闻与传播学院大力提倡多样化的研究，不仅鼓励积极申报国家级、省部级研究课题，而且支持学院教师进行富有学术价值的自主研究。

为了相对集中地展示暨南大学新闻与传播学院教师的各种研究成果，学院决定推出“暨南新闻传播学术系列”，陆续出版学院教师在新闻传播领域的学术论著。开放、多元、丰富的研究主题，将统一在“暨南新闻传播学术系列”的开拓与创新之中。

2008 年，是暨南大学在广州重建 50 周年与复校 30 周年，也是暨南大学新闻学系重建 30 周年。在这个时刻推出“暨南新闻传播学术系列”，应当说具有令人充满想象与期待的意义与价值。我们相信，“暨南新闻传播学术系列”不仅是暨南大学新闻与传播学院致力于学科建设的重要成果，而且是学院在新的起点上迈向更加辉煌未来的重要见证！

暨南大学新闻与传播学院常务副院长 董天策

2008 年 3 月

目录……

IMAGE-BUILDING & SOCIAL IDENTITY: A STUDY OF THE SOCIAL EFFECTS OF MEDIA PROMOTION TO THE POSITIVE FIGURES

绪　论

正面人物报道，一种中国文化现象的传播

IMAGE-BUILDING & SOCIAL IDENTITY：A STUDY OF THE SOCIAL EFFECTS OF MEDIA PROMOTION TO THE POSITIVE FIGURES

一、研究缘起

（一）“红色文化”传播遭遇挑战

进入21世纪，中国的新闻与传播文化呈多元发展趋势。社会对典型报道的质疑与批评之声此起彼伏。近年来媒体不断报道曾被人们熟知的英雄人物的“真相”：刘胡兰是在“武力胁迫下被乡亲们颤抖着铡死”的；[①] 黄继光堵住敌人枪眼的事迹是虚构的；[②] 雷锋是用艺术手段创造出来的英雄；[③] 刘文学当时也是去偷辣椒，他觉得王荣学比他偷得多，心理不平衡，抓扯中被王荣学杀死；[④] “为了六十一个阶级兄弟”的背后原是一起食物中毒事件。[⑤] 追逐事件真相是媒体的基本品格，但这些“真相”不禁让人们产生这样的疑问：这些被作为课本内容教育了一代又一代人的英雄事迹，难道是臆造出来的吗？这些令一代人甚至几代人感动的楷模和英雄人物，当今究竟该如何去认识？

类似的现象在教育领域和文化艺术领域同样出现。据报道，2009年湖北省在审定高中语文教材时，将鲁迅的作品《药》、《为了忘却的纪念》和《阿Q正传》删去。对此，中国青年报发表署名评论《语文教材大幅缩减鲁迅作品，无关于民族脊梁》，文章说让鲁迅先生彻底走下神坛的根本原因在于“这个社会革命激情的消退与宽容精神的增长”[⑥]。之后有人提出不同意见，认为这是误解了鲁迅先生的精神，鲁迅先生的精神是“独立之思想，自由之精神”[⑦]。

2007年的电视剧《狼毒花》的中心思想始终让人看不明白，除了主人公常常满口粗话之外，还整天叫嚷着要“睡女人”。这些一身流氓习气的“另类英雄”人物，不知道让人如何去欣赏。2011年热播的电视剧《江南锄奸》，其剧情中国共两党内部都出叛徒，尤其是中国共产党高层内部叛徒之多，令人心寒。这也许是尊重历史，但前辈们给后人留下的印象却是人心狡诈，信念动摇。即使从艺术角度看，看似真实，但传播效果不一定好。那么，我们应当以什么样的历史观去看待历史人物？

值得进一步思考的是，“红色文化”在和平年代是否已经丧失了它的传播价值和意义？

英雄人物、典型人物和模范人物，一直是代表国家价值观的一面旗帜、弘扬中华民族道德精神的一种榜样、凝聚民族力量的一种象征。宣传一种榜样，可以塑造一种

---

① 凤凰网，2009-01-12.
② 光明网，2005-11-13.
③ 中国新闻周刊，2009（14）.
④ 云南信息报，2009-11-20.
⑤ 石耘：“为了六十一个阶级弟兄”背后的故事．文史精华，2009（11）.
⑥ 中国青年报，2009-08-13.
⑦ 天涯论坛，2010-09-09.

信仰，达到文化认同和价值认同。面对这些被“神化”的或者“为宣传而制造出来的典型”，今天我们究竟该如何反思？

笔者认为，应当以历史唯物主义观点来分析和评价。

首先，这些英雄人物、典型人物和模范人物在当时的历史背景下是否对社会有益？或者说是否对中国的社会文明进步发挥了作用？这是当今评价以往和当代英雄人物、典型人物和模范人物的立足点。

其次，中国历史文化中以“正面文化”为主，缺少文化批判精神。这种文化传统逐步演变为一种“颂扬文化”（新中国成立后到“文革”前），后来又演变成一种“大批判文化”（“文革”时期最为突出，这不是政治学意义上的文化批判，而是文化践踏）。尽管如此，这只是历史长河中的一段曲折，并不能以此来彻底否定“正面文化”的价值。

再次，研究典型人物和英雄人物报道不能局限于新闻报道本身，它与国际、国内社会的文化有关。第一，中国媒体文化，特别是以网络为代表的新媒体文化以超出人们想象的速度迅猛发展，民意表达成为媒体使用最多的词汇之一；第二，民生新闻的繁荣不只是新闻业务中一个种类的复苏，也是新闻传播开始关注生活在底层的人民大众的精神状态的一种表现，更是在新闻与传播文化启蒙下引发后来公共领域文化逐步生成的前阶段；第三，要求加强舆论监督的呼声渐高并越来越受到中央高层的关注。2008 年 6 月 20 日胡锦涛考察人民日报社时指出“要坚持用时代要求审视新闻宣传工作，按照新闻传播规律办事”①。综合研究这些现象可以发现，新闻传播作为一种文化现象标志着媒体时代已经来临。媒体时代首先影响到政治。西方一些国家的执政党面对媒体时代也越来越重视从社会转型角度思考政党自身的变革，主要体现在以意识形态中间化来扩大意识形态的包容性、开放性。在保持其政党基本政治属性不变的前提下调整理论和主张，这样的适时变换增加了意识形态在政党体制内外的吸引力，推动了多元价值的一体化整合，既有利于党内和谐也有利于政党价值观对社会的渗透。②这种变革体现出，执政党在新媒体时代如何有效利用媒体扩大社会基础，已经成为世界性的问题。媒体时代其次影响到人们的思想、生活方式和价值观念等方方面面。尤其是在网络时代，新闻与传播成为全社会的行为。

在国际、国内背景下，中国新闻媒体的新闻传播规律意识、新闻专业主义意识逐步加强。追逐事件真相已成为新闻媒体的基本职业精神。从这一角度看，对过去的英雄人物、典型人物和模范人物的真相还原，是一种社会进步。一方面，中国要发展离不开代表软实力的中国媒体，中国媒体要发展就要具备新闻专业素质；另一方面，中国社会主义价值观是中国新闻媒体发展要坚持的方向，二者如何兼顾又如何融合，是值得思

① 胡锦涛在人民日报社考察工作时的讲话．人民日报，2008－06－21．

② 王韶兴，杨立志．社会转型推动国外政党变革．中国社会科学报，2010－07－01．

考的问题。

(二)"红色文化"与儒家文化

新闻与传播文化不仅代表一个国家的软实力，更是各国软实力的"角力场"，在国际舞台上扮演着重要角色。传媒的声音强弱影响着国家形象和民族形象。

奥巴马就职典礼，中国媒体报道得洋洋洒洒，多少有些过于兴奋。而美国和西方媒体报道北京奥运会，却显得有些吝啬、挑剔。同是"世界工厂"，英国戴上这顶帽子是扩散工业革命的成果，中国戴上这顶帽子则成了污染环境、威胁世界贸易平衡。软实力的强弱，还影响着国家和民族的心理，强者自信，弱者自卑。英国人自豪是曾经的"世界工厂"，中国人则掩饰说"我们还不是世界工厂"。[①] 这种现象当然可以解释为中西文化的差异，不过更应当看到这是软实力的较量。进一步应当研究的是，作为代表东方文明的儒家文化，如何在国际舞台上奏出时代的强音?

一个国家的软实力以文化作为支撑。不同文化塑造出不同的思想和价值模式。一种文化的产生、发展与延续和本民族的文化有着千丝万缕的联系。

中国的新闻与传播文化肯定与儒家文化有某种联系。究竟是什么联系？在哪些方面有联系？

2009 年，北德意志电视台国际报道组的负责人、曾作为德国公共广播电视联盟驻北京多年的记者斯特凡·尼曼认为"'只有负面新闻才是好新闻'的潜在新闻文化已经过时，甚至只能起到反作用"[②]。尼曼提出了三个值得认真思考的问题：西方"商业新闻产业"模式是否科学？西方民主主导下的"只有负面新闻才是好新闻"的新闻文化现象是否"已经过时"？如何以现代意识评价西方新闻价值观？

2010 年，哈佛大学法学教授 William P. Alford 从法学角度解读中国文化，他认为："孔子的德治和仁政不只是对中国人有意义，对所有国家都有借鉴意义。孔子认为，最好的办法是约束人的思想、道德和行为，而不是诉诸法律，也就是说，用道德对一个人、一个社会进行约束是更根本也更有效的。反观西方人，则不这么乐观，比较强调外在的管理与约束。"[③]

William P. Alford 教授并不是完全否定美国"外在的管理与约束"的文化现象，而是从另一个角度看待中国文化中重视德治的思想的合理性，认为它体现了中国的一种和谐文化。"外在的管理与约束"即法治，内在管理即德治。法治与德治体现了两种文化观。新闻舆论观正是在这样不同的文化观中滋生出来的。

"典型报道"的提法似乎已成为历史，代之以"正面人物报道"或"正面报道"

---

① 陈冰. 从软力量的高度重整中国传媒. 联合早报网，2009-01-30.

② 书展讨论西方媒体的中国报道是否偏颇. 德国之声电台网站，2009-10-16. 参考消息，2009-10-18.

③ 张冠梓. 中国法治化：打造第二个长城——安守廉教授访谈录. 中国社会科学报，2010-04-02.

的形式出现，如央视每年一期的《感动中国》等。但在中国新闻报道和宣传领域长时间占主角的“典型报道”并没有销声匿迹，而是以另外一种形式呈现。中国的传统文化一直是以道德为导向，讲究舆论引导，如果“典型报道”真的“式微”或销声匿迹的话，中国的道德导向又如何演变？所以在新的已经变化的形势下，研究“正面人物报道”问题，就必须开阔视野、转换视角，关注媒体背后的各种社会场景，这样才有助于深化对问题的认识，从而提升理论自身的价值。

二、研究综述

（一）关于典型报道与正面人物报道

1. 关于“典型”与“正面”

“典型”一词，在我国宋代以前尚未出现，一般用“典刑”。《辞源》中只有“典刑”而未见“典型”一词。“典刑，旧法，常规。《诗·大雅·荡》：‘虽无老成人，尚有典刑。’郑玄笺：‘老成人谓若伊尹、伊陟、臣扈之属，虽无此臣，犹有常事故法，可案用也。’后引申为模范、典范。宋文天祥《正气歌》：‘哲人日已远，典刑在宿昔。’”也作典型。①《辞海》：“型，同刑。旧法，常规。”② 可见，宋代以后才出现“典型”一词，随之代替了“典刑”。

《说文解字》：“典，五帝之书也。”③ 其本义是重要的文献、典籍。“型，铸器之法也。”④《辞海》引《说文·土部》：“型，铸器之法也。”段玉裁注：“以木为之曰模，以竹曰范，以土曰型，引申之为典型。原指模型或模范。现指在同类中最具有代表性的人或事物。”⑤ 清代文字训诂学家、经学家段玉裁（1735—1815）此处的“典型”意谓模型、规范等。与现代的“典型”一词的意义大不相同。

文艺学和美学理论中的“典型”主要指文学创作中塑造出来的典型形象。歌德在论及诗学时说：“诗人究竟是为一般而找特殊，还是在特殊中显出一般，这中间有一个很大的分别。由第一种程序产生出寓意诗，其中特殊只作为一个例证或典范才有价值。”⑥ 此处的“典范”即典型之意。恩格斯在《致玛·哈克奈斯》（1888年）的信中指出，现实主义文学“除细节的真实外，还要真实地再现典型环境中的典型人物”⑦。

中国文学理论中最早使用“典型”一词的是茅盾，他在《关于阿Q这个典型的

---

① 商务印书馆编辑部．辞源．北京：商务印书馆，1979. 317.

② 辞海编辑委员会．辞海．上海：上海辞书出版社，1979. 291.

③ 许慎．说文解字．北京：中华书局，1963. 99.

④ 许慎．说文解字．北京：中华书局，1963. 287.

⑤ 辞海编辑委员会．辞海．上海：上海辞书出版社，1980. 291.

⑥ 朱光潜．西方美学史（下卷）．北京：人民文学出版社，1979. 415～416.

⑦ 马克思，恩格斯．马克思恩格斯选集（第4卷）．北京：人民出版社，1995. 462.

一点看法》一文中说："我个人对于您的论点，有一部分颇具同感（但我以为如果把阿 Q 叫做落后农民的典型，还不如叫做普通农民，一般农民的典型）；但是，您把精神胜利法作为这个典型的主要特征，我则以为不然。"①

文学中的"典型"与新闻学中的"典型"有联系但不是一回事，新闻学中的"典型"指现实生活中的人物，有"榜样"、"典范"的意思。

就"典型"来说有正面典型也有反面典型，如《三国演义》中曹操在罗贯中笔下是反面典型，诸葛亮、关羽等则是正面典型。

所谓正面即"好的、积极的一面"，所谓正面人物即为"代表进步的、被肯定的人物"。"典型"的概念大，"正面"的概念小，"典型"包括"正面"。因此新闻学中"典型人物"的概念大于"正面人物"的概念，"典型人物"包括"正面人物"。但在新闻实践中人们习惯把"典型人物"专指英雄人物、先进人物和模范人物。

2. 关于典型报道、典型人物报道与正面人物报道

（1）典型报道。典型报道包括典型经验报道、典型事件报道和典型人物报道。典型经验报道往往是对某一地区、某一领域的经验的报道，具有推广价值。典型事件报道指对有社会影响力和有教育价值的事件的报道，如《为了六十一个阶级兄弟》②、《东方风来满眼春》③ 等。典型人物报道即对英雄人物、先进人物和模范人物的报道。"典型报道是新闻媒介选择事实、强调新闻事实社会意义的报道方式，多表现为经验新闻、先进人物新闻。典型报道是宣传性报道方式，即为了达到宣传推广的目的才在同类事物中选择典型的事例。"④ 典型报道是以教育和启迪大众为目的，是对一定时期内产生的最突出或最具有代表性的事物进行的报道。其中，典型人物报道是使用最多的一种报道形式。

（2）典型人物报道。习惯上也称典型报道，指以典型人物为报道对象的典型报道形式。所谓的典型人物，指的是在一定时期内、一定范围内出现的最突出或最具有代表性的人物，其突出点或代表性可以是见义勇为、乐于助人，可以是不畏艰苦、脚踏实地，也可以是成绩卓越、忠于职守等。当然，任何事物都有其两面性，既然有正面的典型人物，也一定会有反面的典型人物，如堕落腐败的官场败类、为非作歹的亡命之徒等，通过对这类典型人物的报道，可以给人以警示，对人类的进步具有警示和鞭策的作用。

（3）正面人物报道。我国新闻界向来提倡以正面宣传为主，因此，典型人物报道更多地表现为正面人物报道，典型人物报道的历史，事实上就是一部正面人物报道的

① 茅盾. 关于阿 Q 这个典型的一点看法——给一位论文作者的信. 上海文学，1961（10）：9.

② 中国青年报，1960－02－28.

③ 深圳特区报，1992－03－26.

④ 刘建明. 现代新闻理论. 北京：民族出版社，1999. 142.

历史。纵观正面人物报道的对象，可以把正面人物报道分为两大类，即以英雄人物、模范人物为报道对象的典型人物报道和以平凡人物为报道对象的感动人物报道。

3. 正面人物宣传报道提出的依据

（1）中国社会主义核心价值观理论。

在多元化的社会中，面对纷繁复杂的社会现象和社会矛盾，人们常有茫然之感。正面人物报道的意义在于确认、肯定并弘扬社会主义的核心价值观。发现并宣传正面人物，不仅回答了社会关注、公众迫切想了解的问题，而且能发挥其特有的“引路”和“示范”作用。宣传正面人物是社会对正面现象的承认，对于正面人物本身也是一种激励。同时，正面人物报道配合党和政府的中心工作，有助于强化正面人物所秉持的观念和行为，这就是正面形象的魅力。面对当今社会转型的历史性转变，人们需要一定的规范来引导自身的思维和行动，开辟一条正面人物报道的新思路，提升其宣传报道效果无疑具有积极的现实意义。

（2）马克思主义正面人物宣传报道的理论。

马克思主义正面人物宣传报道的理论仍然没有过时，仍然是社会主义国家宣传报道的理论基础。马克思主义正面人物宣传报道的理论回答了宣传报道在社会发展中的地位和作用；十分关注舆论导向问题；十分注重引导艺术问题；十分注重理论与实践相结合问题；十分注重宣传效果问题。因此，马克思主义正面人物宣传报道的理论仍是宣传报道的思想和实践基础。

注重创造性地理解和运用马克思主义正面人物宣传报道的理论，即注重如何结合中国特色社会主义的实际、如何结合当代中国的时代特点、如何结合当代中国的变化，更有效地增强正面人物宣传报道的效果。

（3）典型报道的宣传效果。

①曾经辉煌。典型报道是我国宣传报道工作中的一项重要内容，也是我国新闻事业的特色之一，它体现了中国主流文化的价值观。典型报道作为我国宣传报道的重要组成部分，曾在新中国的历史上起着非常重要的作用，为新中国的受众提供了崭新的价值观念和丰富的精神象征，特别在我国历史上的战争时期以及和平建设时期，正面人物报道曾一度辉煌。刘胡兰、黄继光、邱少云、欧阳海、麦贤得、雷锋、王进喜、焦裕禄、《谁是最可爱的人》中的志愿军战士等一大批正面人物形象感动了几代人，成为人们学习的典范，并将这种精神转化为建设社会主义的动力。

②受到置疑。20 世纪 80 年代，随着改革开放的不断深入，人们对那些虚假的“典型”人物和事件的宣传产生了反感。对神化了的典型人物宣传开始不信任，甚至产生逆反心理。典型人物报道遭遇了瓶颈，陷入了发展的低谷，典型人物报道的数量在不断下降，篇幅在不断缩减，其实际影响力也在不断弱化。实行市场经济以后，中国人的文化价值观念发生了巨大变化，多元价值观逐渐形成。尽管人们对向善的中国传统文化仍持敬仰态度，但对过去一元化背景下典型报道的真实性产生了怀疑。典型

报道无法再现昔日的魅力，它的存在价值也受到学界和业界的置疑。

③不断改革，但效果不明显。进入新世纪，新闻界尝试着正面人物报道的创新发展，人物类访谈节目勃然兴起，以记录人物为首任的栏目和杂志也不断面世，但其传播效果究竟如何？一个成功的正面人物报道能给其他传播者带来什么启示？此类问题是当今研究的新课题。

事实上，社会环境越复杂、社会问题越多，人们在认知上就越容易出现偏差，而媒介内容往往成为人们的参照物。新闻传播事业作为党的事业的一部分，有义务承担起正确引导舆论的责任。

新媒体的迅猛发展，休闲娱乐文化大举进入，星、性文化铺天盖地，作为主流文化的典型报道再次遭受冲击。尤其是青少年一代在接受正面人物的宣传报道方面出现偏差甚至有逆反心理。

2003 年，中央提出“三贴近”的宣传报道方式，试图改变典型报道的被动局面，但从成效来看，虽稍有改观，却并不明显。总体情况是，既没贴近实际、贴近群众，也没贴近生活。

④国外的“学习雷锋”热引发的思考。曾有一段时间人们发出“雷锋叔叔不在了”、“雷锋叔叔出国了”的感叹，然而，美国却有一批青年人自发地学习雷锋。这究竟意味着什么？

目前在新闻宣传报道领域和学术研究领域存在两种倾向：一种倾向是一部分人虽然坚持马克思主义，但忽视对马克思主义思想的创新与发展，没有全面、准确地理解中国社会主义核心价值观，对西方进步的传播理念也一概否定；另一种倾向恰恰相反，认为西方的宣传报道理念是唯一先进的，不分青红皂白全盘西化，不顾中国国情，忽视了中国的发展与进步是马克思主义同中国实际相结合的产物。这两种倾向都有碍于新闻宣传报道事业的发展，都应当摒弃。

（4）美好的东西为何难以打动人。

事实上，中国媒体和宣传部门对正面人物的宣传报道的投入是巨大的，中央电视台、人民日报、新华社和地方等媒体从没有放松过对其的宣传报道。值得认真思考的是，社会上一些人物的事迹很感人，但为什么经过反复宣传后，却不能让人感动甚至反而使人产生逆反心理？

2008 年 4 月 7 日，凤凰卫视记者闾丘露薇在她的博客中谈了自己看先进典型的体会：“新闻联播正在播放先进人物事迹，一个虽然身患重病，依然坚守岗位的人，只是，那些面对镜头，表达自己的崇敬之心的话语，却没有办法让我相信，他们真的在乎这个逝去的生命。尽管在生活中，他们之间也许有着深厚的感情，他们是好朋友、好战友、好同事，但到了屏幕上，这种感情，被空洞缺乏情感的语言，冲得一干二净。我看不下去，转了台。”

为什么当他们变成了先进典型走上讲台时，那种感人的力量，却在这种传播方式里不断消减？当铺天盖地的宣传攻势出现后，在强化大家印象的同时，又使人对这些本应该赞美的人和事物，产生了一种抗拒和抵触感。

闫丘露薇的看法毕竟只是个人见解，却指出了当前我们在宣传报道中仍然存在的弱点：忽略了人自然流露出的善良的情感，然而这是人的心灵中最美好的一面。余秋雨先生说，人的最高道德是人的良知，良知是一种自觉行为，是人的心灵的自然释放。真正的英雄凭良知救人。

像过去一样，道德底线设计过高，仍然把道德圣人、道德完人作为道德标准。

人性的自然释放哪怕只有一个细节，都能打动人、感染人。汶川大地震发生后的新闻直播，没有组织，没有动员，没有号召，全国的百姓自发地守候在电视机前，一边观看一边流泪；插队献血的热血青年；成千上万自发的志愿者；卖掉自己房屋捐款给灾区的退休教师……这一个个虽不是英雄的凡人，却反映出了人性最美好的一面，折射出了人性的光辉。

如何善于发现人性的原始善良美德，以及英雄人物的自身修行，利用新的技术传播优势，增强正面人物宣传报道的效果？

当然，英雄事迹报告会仍有其一定的必要性，在报告过程中如何宣传人性最美好的东西，不断增强其宣传效果，却值得进一步探索。

不过，我们的宣传报道观念滞后、宣传报道手法单一、采访不深入，加之对正面人物的宣传报道的诸多限制等，不能适应当前人们的需求，影响了宣传报道的效果，确实应当引起关注。

因此，我们需要系统地探讨如何在多元文化背景下，创新正面人物报道的理念、改进正面人物报道的方式和方法，需要更加关注其传播效果，并坚持社会主义的核心价值观，弘扬中华民族精神。

提出正面人物报道不仅仅是报道范围的拓宽，主要在于报道观念的更新。其一，以往的“典型报道”选择“典型人物”的标准是共产主义理想的标准，为了“典型人物”思想符合共产主义理想的标准，一味地拔高“典型人物”的“伟大”思想和行动，以至于出现“高大全”式的神化了的“典型人物”。到了20世纪八九十年代，尤其是在市场经济时期，“典型报道”的效果更为不佳。其二，当代人尤其是青少年一代对“典型人物”的宣传报道产生怀疑甚至反感情绪。十七大提出的“建设社会主义核心价值体系”，宣传报道要按中国特色社会主义共同理想塑造正面人物。按照这一思想，应重新审视以往的“典型人物报道”的理念。正面人物报道正是按照十七大提出的“建设社会主义核心价值体系”，宣传报道在中国特色社会主义共同理想下出现的、可以让广大受众接受的人物而提出来的一种报道理念。其三，社会主义核心价值体系与共产主义的理想不同。前者立足于现实社会实际，也就是说，在当代社会如果继续宣传典型人物，就不能以原来的共产主义的理想的标准去“塑造”。近几年中央电视台推出的《感动中国》等栏目逐渐淡化“高大全”意识，注重平民化、生活化意识，普通人物的感人事迹逐渐多起来。这些现象表明媒体扩大了宣传范围，注重了宣传效果。

（二）正面人物报道研究综述

1. 国外正面人物报道简述

学者认为，典型报道、英雄人物报道和先进人物报道都具有社会主义文化特点。典型报道最早起源于19世纪初欧美各派社会主义，在19世纪20年代至40年代成为欧美社会主义报刊的主要内容之一，其目的是让人们了解未来社会的设想，自觉地追求共产主义。[①] 列宁提倡典型报道，“十月革命”以后他特别注重用榜样的力量来唤起民众，并号召报刊多介绍劳动公社的模范事迹。在列宁的提倡下，苏联树立起“模范的共产主义星期六义务劳动”等正面人物，共青团员和共产党员都积极响应，也激起了人民群众建设国家的巨大热情。斯大林倡导的“斯达汉诺夫”运动，二次大战中苏联报刊广为宣传的英雄人物马特洛索夫、卓娅、古利亚等都是苏共中央树立的著名正面人物典型。典型报道不仅在列宁时期对苏联的社会主义建设起到了很大的指导作用，而且在之后的若干个五年计划时期，以组织社会主义竞赛、推广先进经验、揭露竞赛不足的形式，唤起了劳动群众的生产热情和积极性，达到了生产宣传和思想政治教育结合的效果。在“苏共”十九大上，总书记马林科夫在政治报告中对典型问题给予高度评价，认为典型问题是“党性在现实主义艺术中表现的基本范围”，“典型问题任何时候都是政治问题”。[②] 于是树立典型教育人民成了当时苏联全党全国的一个政治任务。20世纪80年代以后，随着戈尔巴乔夫的全面改革和苏联社会的巨变，典型报道和宣传在苏联全面崩溃，代之而起的是西方的新闻观念。

西方资本主义国家没有“典型”或“正面”报道这样的提法，也没有这样的概念，但不等于没有这样的观念。普利策获奖作品中有诸多人物报道，如1979年获奖作品《凯利太太的妖怪》这一长篇报道中的主人公是一位资深脑外科专家——托马斯·巴比·达克尔大夫。他为了解除艾娜·凯利因患脑肿瘤而产生的极大痛苦并挽救其生命，在明知手术可能失败的情况下，却在病人的苦苦请求下拿起了手术刀。虽然手术以失败告终，但托马斯·巴比·达克尔大夫的人道主义精神却给人们留下了深刻的印象。这篇报道中，人物性格鲜明，人物形象非常丰富，故事性很强。

西方国家的人物报道往往以特稿形式出现，也往往通过人物的动作、心理活动、语言、场景描绘等手段，显示其对人的生命价值的崇拜，以隐蔽的方式推广特有的价值观念。因此西方资本主义国家的学者对典型报道之类的研究甚少。

英国媒体的人物报道也不分正面、负面，往往报道小人物，更多的是弘扬个人价值。2006年英国媒体报道一位患白血病的16岁的女孩杰西，在生命即将走到尽头时

---

① 陈力丹. 典型报道之我见. 新闻学刊，1987（1）.

② 中共中央宣传局. 马克思主义新闻工作文献选读. 北京：人民出版社，1990. 67.

她的选择：出院尽情享受最后的生活，父母支持她的决定。媒体关注得更多的并不是她勇敢、坚强地与疾病抗争的过程，而是她在面临生死时的选择以及父母如何尊重女儿的抉择。

埃德加·斯诺在《西行漫记》中写了毛泽东、周恩来、朱德、刘志丹、贺龙、彭德怀等领袖人物，既写优点也写缺点，既写工作也写生活，立体的人物形象栩栩如生，跃然纸上。埃德加·斯诺是以新闻报道作品来写作的，他说："读者可以约略窥知使他们成为不可征服的那种精神，那种力量，那种欲望，那种热情。"① 又说："只是把我和共产党员同在一起的这些日子所看到、所听到而且所学习的一切，作一番公平的、客观的无党派之见的报告。"② 正是这种客观地描写人物的手法，才使得《西行漫记》著称于世，使得中国共产党领导人的形象、中国共产党的价值观得以客观公正地传播。

意大利著名记者法拉奇采访邓小平时并没有把他作为英雄人物，而是作为具有新闻价值的传奇人物。在邓小平逝世近十年之后的2006年，《时代周刊》的"60年亚洲英雄人物"回顾把邓小平放在"国家建造者"之列。《时代周刊》对邓小平既有很高的正面评价也有负面评价，在结尾处概括道："邓把中国推向了繁荣和现代化，使得中国屹立于世界强国之列。"

因此，西方媒体虽然没有正面报道的概念，却有正面报道的内容。西方媒体的正面人物报道以人物的行动诠释西方的价值观；注重人物的个人价值追求，宣传个人价值观；认为生命的价值是至高无上的。西方新闻报道更善于让价值观念隐藏在人物的实际行动中，潜移默化地影响受众。

2. 国内正面人物报道研究综述

20世纪80年代，中国市场经济体制虽还没有完全建立，但在思想理论界已出现较活跃的景象。西方经济理论、科学哲学理论、文化理论、美学理论等不断传入中国，新闻与传播学理论也不断进入中国学者的视野。针对西方新闻理论，学者开始思考中国新闻理论的不足和缺陷，尤其对中国长期以来把新闻传播当做宣传而没有把它作为一门学问这一现状进行思考。而对新闻报道存在的诸多问题也进行了重新审视，典型报道现象成为学者关注的热点。直到21世纪，学界对典型报道一类的问题仍没有停止过探讨。概括起来有以下四种观点：

（1）淡化论。即基本否定典型报道存在的价值。该观点从典型报道的历史功过、典型现象分析、典型选择、树立典型的方法等角度入手，对典型报道作了较为深入的

① ［美］埃德加·斯诺．西行漫记．王福时，李放，郭达译．北京：生活·读书·新知三联书店，1979．7~8．

② ［美］埃德加·斯诺．西行漫记．王福时，李放，郭达译．北京：生活·读书·新知三联书店，1979．7~8．

研究，认为中国多年来的典型报道是一种宣传，而不是报道，因此应当淡化。持这种观点的学者以陈力丹为代表。陈力丹写有《淡化典型报道观念》、《再谈淡化典型报道观念》等文章。在《淡化典型报道观念》一文中，作者对典型报道作了历史考察和分析，认为典型报道的观念起源于19世纪初各派社会主义—共产主义的创始人。他们认为只要人们理解了他们关于未来社会的美好理想，就会追求共产主义的理想。于是，在创办各类共产主义试验点的同时，各派社会主义的报刊大量地、连续地报道这些试验点的经验和做法。树立典型和由报刊宣传典型的“典型报道”观念，在19世纪20年代至40年代风行一时，典型报道成为社会主义报刊的主要内容之一。然而，这些共产主义的实验都是短命的，全部失败了。列宁复兴了典型报道，倡导榜样的力量。列宁要求报刊通过生动的典型事例教育群众，号召向好人、好事学习，这是当时在苏联能够对广大人民进行文明教育的唯一方法。在中国，1942年以后一直倡导典型报道。但自从学习毛泽东思想的最高、最活的典型林彪垮台后，人们对典型报道的观念动摇了。该文还认为，即使是某一方面的典型，它能够作为典型起码在某一方面必须是十全十美的，否则便不成其为典型了。然而，世间并不存在十全十美的人和事。多年来，典型报道总是在这一矛盾中挣扎，一方面读者不断地批评“高大全”，一方面记者又在不断地写着“高大全”。因此，典型报道观念是文明程度不发达的社会条件下的产物，将随着文明的发展而逐步消亡。① 此文一出便引起轩然大波，学界、业界对此开始了激烈论争。两年后作者又写了一篇《再谈淡化典型报道观念》参与讨论。文中说，所谓典型报道观念，它的最显著的特点是循着鲜明的主观意识去发现和报道适于推动工作的典型。因而，典型报道一开始就具有较强的宣传色彩，而较少甚至没有新闻性，典型可以是远离社会注意力的人或单位，他们具有很不错的但司空见惯的事迹。另一个特点是所宣传的内容有较强的道德伦理色彩。支撑典型报道及其观念的是小农经济及其要求行政权力支配社会的政治意识，它们同时造就着一代又一代适应并熟悉典型报道要求的新闻工作者。文中最后说，希望在若干年后，新闻理论界不要重复类似的情况，再去讨论典型报道的肯定与否定的问题。②

（2）肯定论。即对典型报道持肯定态度。对陈力丹的观点表示异议，认为典型报道是中国共产党新闻的一大特点。吴廷俊、顾建明撰文指出，中国的典型报道并不是引介于苏联列宁，而是毛泽东新闻工作的一个创造，具有鲜明的时代性和中国特色。典型报道有一套完整的理论，这套理论是由毛泽东的党报理论和典型调查实践的方法结合而成的。典型报道的要诀在于调查研究，深入群众，发现典型，解剖“麻雀”，运用典型，指导面上的工作。这种对典型方法完整运用的典型报道，既不同于早期共产主义者的典型示范，也有别于列宁倡导的上“红榜”与上“黑榜”的典型宣传。

① 陈力丹．陈力丹自选集．上海：复旦大学出版社，2004. 157 ~ 165.

② 陈力丹．陈力丹自选集．上海：复旦大学出版社，2004. 166 ~ 177.

"典型示范"和"典型宣传"虽然也重视榜样的作用，但是与典型报道并不是一路。[①]不过，在众多资料中，典型报道来自列宁的"榜样的力量"。从毛泽东思想中可以发现，毛泽东继承和发展马克思主义思想成分最多的是列宁的思想。毛泽东提倡的典型报道与列宁倡导的"红榜"、"黑榜"究竟有何根本区别，说服力不够强。

郑保卫在《中国共产党新闻思想史》中说："毛泽东认为典型报道是通过报刊指导工作、推动工作的重要的、有效的方法，因为有一条这样的新闻，比我们讲好多话还起作用。因此，毛泽东要求报刊、通讯社注意挖掘典型、报道典型。""典型引导，榜样示范。""由于毛泽东把办报视为一种工作方法和教育方法，而树立典型、学习典型，用群众中的典型教育和引导群众，更是一种很好的有力推动工作的方法。这就决定了他必然会重视和运用典型报道。典型报道后来一直成为中共新闻思想的一个显著特点。"[②]

（3）改进论。典型报道不可能消亡，应改进报道观念和报道手法。李良荣的《典型报道若干问题的探索》（1987 年）中认为，典型报道应该实事求是、富有时代感，使读者感到被报道的典型可信、可敬、可亲，从而激起学习的自觉性，这是典型报道的总要求。不一定凡是先进的都可以作为典型来报道，主要看其社会效果，看社会的探索能否在他们身上找到答案，因此要多宣传一些遵纪守法又先进的典型。共产主义典型标准太高，应当报道不同层次的典型。另外，报道先进人物不应避讳其个人利益和缺点、弱点，要写出典型人物的精神。[③]

到了 90 年代，典型报道的研究焦点转到改进典型报道手法上，这期间的代表作和事件有刘建明的《典型报道》（1991 年）；《新闻界》杂志社主办"典型报道研讨会"，探讨"如何提升典型报道的说服力和感染力"；1999 年，杜荣进把典型报道编入了《中外新闻采写借鉴集成》一书。

张威的《典型报道：渊源与命运》，对典型报道的起源、使命和新闻性进行了考察。2003 年，朱金平的《新闻典型论》一书出版，系统阐述了典型报道的操作，同时对中、西方报道作了比较研究。但是，由于种种原因，上述文献很少从传播学的视角来研究正面人物报道，考察其传播过程和效果。

聂茂、张静在《典型人物报道论》一书中认为，典型报道不会走向消亡。

新华社新闻研究所课题组对正面报道做了较深入的研究，并于 2006 年 9 月在全国范围内进行了抽样调查。围绕受众对正面报道的总体印象，以及重大主题报道、先进人物报道、会议和领导人活动报道、成就报道这四种正面报道的具体实现途径，研究了受众的意见和评价，得出以下结论：①受众对媒体正面报道的评价趋于正面，总

① 吴廷俊，顾建明. 典型报道理论与毛泽东思想. 新闻与传播研究，2001（3）.

② 郑保卫. 中国共产党新闻思想史. 福州：福建人民出版社，2004. 228～229.

③ 李良荣. 李良荣自选集. 上海：复旦大学出版社，2004. 243～255.

体比较满意。②正面报道最突出的问题是表现手法模式化、概念化，典型塑造过于完美，缺少对人物内心世界和典型形象个性特征等方面的挖掘，不够真实可亲。③要提高正面报道的有效性，增强影响力，关键在于抓住其中与人民群众切身利益相关的东西。④正面报道人物的选择应当拓宽范围，在突出时代特征的同时充实正面报道内涵。⑤党报、党刊作为正面报道渠道的比例远远超过都市报、晚报，网络等新媒体形式，在发挥正面宣传作用方面还有一定发展空间。[①]程征、南隽在《近年新华社创新正面报道研究综述》中认为，要改进正面报道就要研究受众心理。一是努力发掘和揭示正面典型身上的真、善、美特质，满足社会普遍的向上心态；二是认识从众心理，努力发掘和揭示正面典型中的权威要素；三是针对喜新求异心态，努力发掘和揭示正面典型中的不平凡因素；四是努力发掘和揭示正面典型与群众心理的趋同要素，避免逆反心理。文章还提出了正面报道要注意的三个问题：回归新闻性、弘扬时代精神和坚持“三贴近”。[②]

（4）发展论。认为道德榜样具有弘扬国家的主流价值的作用。旷平昌、周良荣、杜作勋在《建国六十年我国道德榜样的历史变迁及其现实意义》[③]一文中，对新中国成立60年来我国道德榜样及其价值进行了分析，认为这些道德榜样在不同历史时期都起着推动社会进步的作用。文章首先梳理了新中国成立60年来我国道德榜样的历史变迁：新中国成立以后有“以董存瑞、邱少云、黄继光为代表的革命英雄主义的军人形象；有焦裕禄、向秀丽等党的好干部、工人阶级好女儿的榜样；更有共产主义战士雷锋、欧阳海，少年英雄刘文学、优秀党员朱伯儒……”，“其品质归根结底是‘为人民服务’、‘集体主义精神’，体现为一个‘公’字。这样的品质与当时国家的主流价值取向一致，适应了为当时政治服务的需要，因此得到了政治支持和舆论的推崇”。“文化大革命”时期，“中国社会仍然塑造出了一大批榜样，如知识青年上山下乡的楷模邢燕子、金训华，艰苦奋斗积极发展农业生产的劳动模范陈永贵，以及叶洪海、洛桑单增等。在这个特殊时期，榜样的出现和树立无一例外是为政治服务的，在他们身上主要体现了中华民族传统道德与政治道德的有效结合，他们一般都具有坚定的社会主义信念、集体主义的价值原则，并与当时的主流价值取向保持一致”。

改革开放中的道德榜样如“无私奉献的孔繁森；勇于探索、刻苦钻研、任劳任怨的蒋筑英；身残志坚的‘中国保尔’张海迪；救火牺牲的少年英雄赖宁；见义勇为、不畏强暴的徐洪刚。这些榜样，以他们拼搏不息的精神，继续成为广大群众学习和自我完善的楷模”。

新世纪以来的“道德榜样形象日益多元化、个性化”，既有洪战辉、文花枝、丛

① 卓培荣. 破解报道难题：2006年新华社新闻学术年会论文选. 北京：新华出版社，2007. 3 ~4.

② 卓培荣. 破解报道难题：2006年新华社新闻学术年会论文选. 北京：新华出版社，2007. 19 ~21.

③ 旷平昌，周良荣，杜作勋. 建国六十年我国道德榜样的历史变迁及其现实意义. 精神文明导刊，2009（10）.

飞等一大批的道德典范，也有如姚明、刘翔、周杰伦等文体明星，更出现了网络创富传奇人物陈天桥、丁磊、张朝阳等新世纪人们所追崇的成功人士。

在论及我国道德榜样建设的现实意义时该书指出，“道德榜样具有强大的社会渗透力，是社会主义精神文明建设不可缺少的重要内容”，“道德榜样具有明确的导向功能，有利于推进社会主义核心价值观的弘扬”，“我们要大力提倡和坚持榜样示范，逐步形成社会主义市场经济所应具备的平等竞争、互助合作的文明环境，以及自立、自强、诚实、守信的道德品质和健康向上的社会主义新风尚”，“道德榜样具有巨大的激励功能，能够激发广大民众的自主意识”。

总之，从学术界的讨论来看，主要有两种观点，即淡化和弘扬。淡化者，据新闻传播规律论，认为宣传成分大于报道成分，即是宣传而不是新闻报道；弘扬者，据国家主流价值观而论，认为正面人物宣传与报道体现主流价值观。

三、正面人物报道是一种文化现象

正面人物传播是中国传统文化的一种现象。研究中国的正面人物报道不应离开自己本国的文化传统和文化特点。

（一）西方传媒文化中的正面人物报道

西方传媒更重视新闻性和传播价值，不去刻意选择高大的英雄人物形象，往往通过普通人的非凡经历，叙述一个个动人故事，让人们在故事中受感染、受熏陶。或者说，报道出来后，读者受不受感染和熏陶，似乎不太重要。如普利策获奖作品中有不少正面人物的事迹，但从写作风格看，作者们描绘一个个动人的细节，设置一个个扣人心弦的场景，读者便不知不觉跟着作者的思路读下去。再如 2007 年初美国的传媒报道一个建筑工人韦斯利·奥特利为挽救一个年轻人的生命奋不顾身跳进地铁轨道，被誉为“地铁超人”。① 纽约市长布隆伯格接见了这名英雄并给他颁发了代表纽约公民最高荣誉的铜质奖章。

2011 年 3 月 17 日美国有线电视新闻国际公司网站以“对化解日本核灾难的 180 名‘英雄’的称赞”为题，对日本抢修福岛第一核电站的 180 名核电站工作人员进行报道。报道说，“附近数以千计的居民已撤离，但约 180 名核电站工作人员却在朝相反的方向匆忙行进，他们仍坚守岗位，冒着患重病甚至死亡的危险，竭力化解核熔毁的威胁”。报道还引用美国前能源部官员罗伯特·阿尔瓦雷斯的话：“留守现场的工作人员正在进行英勇的尝试。在现场的一些地方，辐射的剂量对生命构成威胁。他们在从事极其冒险的工作。”②

西方报道英雄事迹的特点，有两点与中国不同：一是，英雄事迹是相似的，宣传

---

① 纽约一名男子地铁站救人，被授予英雄称号．美国联合通讯社，2007－01－03．

② 美国有线电视新闻国际公司网站，2011－03－17．

报道英雄的方式却各有不同。中国的官方善于造势，西方往往通过民间进行宣传尤其通过媒体进行宣传。二是中国宣传报道英雄倾向于政治化，西方宣传报道英雄则看重于文化的魅力。除此之外，西方更倾向于商业化。如“地铁超人”韦斯利·奥特利2007年1月2日在纽约哈莱姆第137街地铁站救了一位年轻人后，一出地铁站，《纽约新闻》和《纽约邮报》的记者就为了争着送他去医院而撕扯到一起；《内幕新闻》和哥伦比亚电视台的摄影记者则想让他回到车站，重现刚才那惊险的一幕；不出24小时，他接到了大卫·莱特曼、奥普拉·温弗里等几乎所有著名脱口秀节目主持人的邀请；前第一夫人希拉里要求议会通过决议嘉奖他；纽约市长布隆伯格亲自把象征该市公民最高荣誉的铜质大奖章颁给他。除了精神上的丰收以外，韦斯利还收到了许多物质上的礼物：地产大亨特朗普给他送来一张1万美元的支票；克莱斯勒公司宣布赠给他一辆2007款的“爱国者”吉普车；NBA新泽西网队也送给他两个赛季的球票。在此后的两个月里，韦斯利免费乘坐飞机去看了“超级碗”职业棒球决赛，还作为特约嘉宾参加了布什总统2007年国情咨文演讲。更让他感动的是许多陌生人的态度：一名男子硬塞给他10美元，以“表达谢意”；一位妇女告诉他，正是因为有了他这位“地铁超人”，她才发现这个世界其实并不残酷，从而打消了堕胎的念头。①

（二）中国传统文化中正面人物的精神对中华民族的影响

在中国的传说中，尧、舜、禹是正面人物形象。大禹治水，三过家门而不入成为佳话。隋代的花木兰（花木兰是戏名。实名魏木兰，隋代人，祖籍河南省商丘市虞城县营廓乡大周庄村）女扮男装，代父从军，征战疆场十多载，屡建功勋，成为保家卫国的女英雄。《史记》中正面人物有：伯夷、叔齐、屈原、廉颇、蔺相如、张良、荆轲等。

宋代包拯（999—1062）做人正直，为官清廉，刚直不阿，铁面无私。他的为官准则是“清心为治本，直道是身谋”，包公形象至今为民众传颂。明代海瑞（1515—1587）为政清廉，不畏权贵，刚正爱民。清代抵御外侮的民族英雄林则徐（1785—1850），“焚毒冲云霄，正气壮山河；挥旗抗敌寇，义征夺鬼魅”，令人高山仰止。

这些正面人物形象无疑是中华民族精神的积淀，他们的行动和话语也在影响着一代又一代中国人。

（三）市场逻辑下的精神信仰

市场经济大潮撞开了中国改革开放的大门。中国在物质文化得到丰富的同时，精神文化也受到了挑战。贪污腐败、道德滑坡、诚信缺失等现象成为当代中国关注的话题。学者认为这些现象出现的根本问题在于法制不够健全，但在很大程度上也是社会上一部分人缺失精神信仰的缘故。

市场逻辑与文化发展逻辑并不是天然的解不开的矛盾。亚当·斯密在《道德情操

① 纽约地铁英雄被人骗了. 环球时报，2007-12-13.

论》中论述了支配人类行为的六种动机：同情心、自爱、正义感、劳动习惯、追求自由的欲望和相互交换的倾向。他认为这些道德情操与市场秩序之间有一种内在的联系。[①] 这种联系在于，经济受社会、历史、文化等因素的支配，如果忘却了这些，精神信仰就没有了，仅仅只是赚钱的机器而已。没有精神信仰，太过注重“向钱看”，忽视了对心灵自由和精神富有的追求，也就难有个人幸福。

当然，文化活动和文化的精神力量不可能包治百病，但强化并弘扬文化活动的真、善、美的价值取向，对于建立一个健全的市场经济社会，是一项重要的措施。[②]

2008 年汶川大地震，国人在悲痛中找回了人间大爱，认识到人的生命的宝贵。一首网络诗歌《妈妈请抓住我的手》令人震撼。

2008 年 5 月 19 日清晨，北京天安门广场下半旗，哀悼“5·12”汶川大地震中遇难同胞。国务院作出决定：5 月 19 日至 21 日为全国哀悼日。学者曹林撰文指出，全民哀悼，不仅是对遇难者表达哀思，也是借此抚慰生者受伤的心灵。全民哀悼，是政府对人民的生命表示最高的尊重。这是一个伟大的文明社会，这个社会把每个人的生命置于最高的价值地位，没有什么比生命更重要的了。通过那一刻全国性的鸣笛，那一刻全民低头默哀，我们的心和脉搏一起跳动，万众一心、众志成城，中国精神在共同呼吸中完成了一次伟大的凝聚仪式——尤其是那一刻全国的国旗半降，国旗是国家的象征，是联系民众和国家的情感纽带，国旗半降、国民默哀，国家与国民同在，国家、国民同所有受伤遇难的人紧紧抱成一团，这会对当下处于危急时刻的抗震救灾产生巨大的精神激励。我们会更加学会珍惜生命、更加学会彼此相爱、更加努力好好地活，国家也会更加团结、更有凝聚力，这种巨大的凝聚力足以战胜任何困难。[③]的确，这仅仅是一种仪式，却唤起了人间之爱。这是国民力量的凝聚，也是民族精神的提升。

（四）中国文化中缺少批判精神，缺少宏大叙事

“报喜不报忧”是典型的中国文化弊端。“喜”者，成就；“忧”者，缺失。人喜欢被“赞美”，不喜欢被“批评”。人们也知道“良药苦口利于病”的道理，却不喜欢听批评的话语。这主要是认知上的问题：其一，误以为只有“报喜”才是善意，“报忧”是恶意；其二，人性软弱的一面，使人不敢面对自己的弱点、缺点和错误。其实，这是一种“文化自闭症”。只有正面报道，却没有批评性报道也会导致文化自闭。因为正面宣传虽然有报道后的激励，同时也会出现在成就感面前的洋洋自得，不能及时发现自己的问题和症结，或许就会错过发展的契机。

对负面报道的暧昧是中国文化的价值缺失。大众传播有政治宣传的功能，同时更

① 陈立旭．市场逻辑与文化发展．杭州：浙江人民出版社，1999. 352.

② 陈立旭．市场逻辑与文化发展．杭州：浙江人民出版社，1999. 395.

③ 曹林．给死者最高的尊重　给生命最大的宽慰．中国青年报，2008－05－19.

有批评时弊的责任。但当大众传媒报道负面事件时往往受到阻挠、打击，这是人的缺点的延伸。这种延伸流行之广、之深，严重阻碍中国文化的纯洁性，更影响到中国社会的文明进程。

按照中国现代化的发展方向和中国文化的特点，中国传媒文化应当坚持马克思主义舆论思想中的“平衡”理论，即“报喜又报忧”，舆论引导与舆论监督平衡发展。舆论引导，坚持正确的文化方向；舆论监督，主要是对公权力的监督，使社会朝着正确的方向健康发展。

（五）中国传媒文化与专业主义精神

传媒的专业主义精神主要指坚持追求事实真相的大无畏精神。马克思、恩格斯、列宁等领袖人物都强调，事实真相最有说服力。新闻传媒充分报道相关事实，反映民意，少数掌握公权力的人就无法干坏事。

传媒专业主义精神是一种具有广泛公共性的精神。这种公共性与中国传媒的党性观念相一致。

在政治关系中，公民与政治公共权力是其中最基本和一般的关系。“一个现代政治性政党，如果它不具有最初成员的部分公共性，它将不能产生；但如果它不能发展成最大的公共性，它将不能生存、发展，最终将因为丧失自己最初成员的部分利益而瓦解。”① 现代政党，特别是执政党，必须具备和体现政治体系中的最大公共性。作为无产阶级的政党的中国共产党，从根本上代表着最广大人民的根本利益和长远利益，具有最真实、最广泛的公共性。党在第十六届六中全会上通过《中共中央关于构建社会主义和谐社会若干重大问题的决定》明确提出，要依法保障公民的知情权、参与权、表达权、监督权，企图通过开放和构建传媒的“公共话语空间”，促使公民参与社会生活，与社会、政府形成互动，发挥“公共领域”的功能，从而达到缓解各种矛盾、促进社会和睦、沟通民众与政府、创建精神社区的重要目的。② 同时，服务型政府是我国党和政府一直倡导的理念，其旨在打造一个为全社会提供公共产品的服务型政府。提供公共产品和服务，强调的是“公共的、公用的、公众的”，根本出发点在于公共利益，政府努力在多元利益关系表达和博弈的基础上，寻求社会多元利益关系的均衡点。传媒的价值取向应与我国社会主义建设的价值取向相一致，其“作为党和人民、各社会阶层之间沟通和交流的介质，其本质是共享，通过共享达到公共性。在公共性中寻求问题的解决，是激发社会活力的重要一环”③。当然，鉴于当今传媒的辐射领域加强和其影响的日益深入，传媒要有社会责任，“促进新闻信息真实、准确、

---

① 邵海军，鞠健．论执政党的公共性．唯实，2006（11）．

② 任金洲，卞清．增强公共性和服务性、进一步开放“公共话语空间”——中国电视新闻改革的“公共领域”构想．现代传播，2006（1）．

③ 孔洪刚．执政党理念下新闻媒体的转型．复旦大学博士学位论文，2006．

全面、客观传播”①，这也是一直以来为中国所认可和重视的。

（六）正面人物报道与精英文化传播

中国的主流文化属于精英文化，因此其传播也是针对精英人群的文化传播。这种现象主要体现在三个方面：一是人物类型精英化。《史记》中的人物大部分是帝王、将相、诸侯、士大夫。历史上虽有花木兰式的平民英雄，但未纳入主流文化。受传统的影响，现代大众传媒中的正面人物也基本上是精英文化的代表。二是传播价值取向精英化。雷锋虽是普通士兵，但其传播价值取向是共产主义，为了共产主义追求去助人。三是为了追求人物情操的高尚，不顾英雄人物事迹的真实性。因此，使正面人物宣传报道的效果不够理想。

中国还是发展中国家，物质财富并不是非常富裕。精神上既要坚持社会主义信仰，追求共产主义信仰，又要尊重现实社会发展的实际，带领各族人民脚踏实地经营好社会主义。

因此，当前多元化条件下我国道德榜样塑造，应该“榜样类型多样化；榜样形象人性化；榜样选择平民化”。

综上所述，正面人物宣传报道是中国文化的特色，也是逐步形成中国新闻舆论观的一个重要部分。中国共产党在执政60多年和领导全国人民改革开放30多年的锤炼中，构建了中国特色的社会主义理论，也构造了中国特色的社会主义文化体系。作为主流文化的正面人物宣传报道，必须敢于改革，敢于创新，敢于并善于迎接世界文化的冲击和挑战。

正面人物宣传报道一方面应避免单一化、模式化的历史局限，发挥社会主义文化优势，把满足人民群众多样化的精神文化需求作为努力方向；另一方面，要敢于正视自己的弱点和缺点，有勇气吸收西方正面人物报道中已被证明了的先进理念。既要欣赏东方文明之美及其伟大贡献，也要欣赏西方文明之美及其历史价值；故步自封，不愿吸收和借鉴西方文明的精华，必将落后于世界；而全盘否定传统，妄自菲薄，必将丧失自己的优良传统，成为西方的附庸。②

① 胡锦涛．世界媒体应携手为建设和谐世界作出贡献．http：//news. xinhuanet. com/misc/2009 - 10/10/content_12204050. htm.

② 何星亮．世界历史上没有纯粹的“文明冲突”．中国社会科学报，2010 - 04 - 29.

第一章

社会转型背景下的正面人物宣传报道

IMAGE-BUILDING & SOCIAL IDENTITY：A STUDY OF THE SOCIAL EFFECTS OF MEDIA PROMOTION TO THE POSITIVE FIGURES

观察一定时期的新闻传播活动，离不开对现实传播环境的考察。新闻媒体所处的社会环境的发展和变化，直接在传播观念、传播机制、传播模式等方面影响着新闻报道的观念、形态以及社会效果。自从20世纪40年代以《解放日报》为代表的党报宣传体制形成以来，正面人物宣传报道一直是党和政府用来加强组织建设、进行社会动员、有效引导舆论的重要手段。典型人物具有的“示范的力量”、“榜样的力量”以及“典型示范”功能在中国革命和社会主义建设时期产生过巨大的精神动力，激励和鼓舞着一代又一代人为了去寻求正义和理想而奋斗。但是伴随着社会的发展和政治、经济以及传媒环境的变化，正面人物报道的观念和形态也在发生着变化，人物的形象开始折射出鲜明的时代特色。改革开放以来，特别是以党的十四大和邓小平同志的南方谈话为标志，中国进入了一个新的社会转型时期。其标志是：中国社会正在从计划经济社会向社会主义市场经济社会转型，从农业社会向工业社会转型，从乡村社会向城镇社会转型，从封闭、半封闭社会向开放社会转型，从同质的单一性社会向异质的多样性社会转型，从伦理社会向法理社会转型。[①] 社会结构状态的整体转型释放出巨大的能量，在推动社会进步和经济发展的同时，也使人们的思想观念、价值观念和思维方式发生了很大的变化。

对于作为社会发展的忠实记录者和积极引导者的新闻媒体来说，同样也伴随着社会的结构转型发生了巨大的变化。正如改革开放初期进行媒介受众调查研究的先行者之一陈崇山研究员所说：“近年来，作为社会体系重要组成部分的大众传播媒介，其体制、技术、规模、结构和内容各个方面显示出了新的、可称之为革命性的变化。变化之巨使它成为社会变革中的一个突出部分，其社会功能的扩展和公众对其使用方式的变化也引起社会各界的注意。”[②] 大众传媒的革命性的变化，首先带来的是新闻业务层面的变化，新闻报道成为中国新闻改革的前沿阵地，而人物报道又成为新闻报道观念与形态创新最直接和最重要的领域。

那么，在新的历史发展时期，人物报道的社会发生机制到底有哪些变化？影响人物报道观念、形态变化的主要因素有哪些？厘清正面人物报道的社会发生机制、时代背景以及相关要素，对于把握正面人物报道的嬗变特点，推动正面人物报道水平的提高有着重要的现实性和必要性。

第一节　正面人物宣传报道的制度性因素

作为一种新闻报道理念和报道模式，正面人物宣传报道的形成与发展不是一种偶

① 袁方．中国社会结构转型．北京：中国社会科学出版社，1998. 27～28.

② 陈崇山，孙五三．媒介・人・现代化．北京：中国社会科学出版社，1997. 1.

然的孤立的现象，而是一定时期的社会关系在人们头脑中的反映。其传统的延伸和形态的变化可以折射出社会转型时期多种因素的影响，并通过从具体到抽象、从实践到认识的运动，不断提高人们对新闻报道实践的规律性认识，能动地指导、支配新闻传播活动。就我国的具体情况来说，政治、经济以及文化等方面的制度性变革，正是推动正面人物报道创新的重要力量。

一、正面人物报道的政治导向

正面人物报道是党提出的坚持正面宣传为主方针的具体体现，其原型就是典型报道。在中国共产党70多年的成长过程中，这一报道模式早已成为党的新闻工作的重要内容之一，并且在树立榜样、鼓舞干劲、凝聚人心和引导舆论等方面曾发挥了积极作用。党的十四大以来，随着中国社会的结构性转型，社会阶层日益多样化，舆论的生成也日渐多元化，使得舆论引导在社会稳定当中的作用更为突出。对此，中央领导在讲话中多次强调典型报道对于党的事业发展的重要性。李瑞环在20世纪90年代初期曾说过，坚持正面宣传为主的方针，“就是要准确、及时地宣传党的路线、方针、政策，实事求是地反映社会现实生活的主流，让人民群众用创造新生活的业绩教育自己，形成鼓舞人们前进的巨大精神力量，在当前就是要造成一个有利于稳定局面的舆论环境”①。充分肯定典型报道对贯彻党的路线、方针、政策，营造主流意识形态有着积极意义，主张典型报道要从群众中来、到群众中去，用群众的业绩影响和教育群众。

江泽民同志把新闻宣传部门做好典型报道作为加强党内教育、弘扬党的优良传统的重要手段，提出既要宣传好的典型，也要曝光坏的典型。在1996年召开的全国宣传部长会议上，他说：“越是改革开放，越要加强党内的教育，越要发扬党的高尚精神和优良传统。在这方面，宣传思想工作部门要注意抓典型。这几年大力宣传孔繁森、张鸣岐、李润五等先进人物，收到了很好的效果。我们要继续宣传在各条战线上涌现出来的优秀党员、优秀干部和劳动模范，同时要加强舆论监督，适当选择一些搞歪风邪气的典型，给他们曝曝光，有的还要绳之以法。要深入进行爱国主义、集体主义、社会主义的宣传教育，把我们党一贯倡导的高尚精神灌输到广大干部、群众的思想和行动中去。”②

党的十六大以来，以胡锦涛同志为核心的新的中央领导集体，坚持科学发展观，坚持以人为本，对做好新闻宣传报道、提高舆论引导的艺术提出了具体的要求。一是改进会议和领导活动报道，提出新闻工作要做到“三贴近”。2003年12月6日，胡锦涛在全国宣传思想工作会议上强调，“宣传思想工作要坚持贴近实际、贴近群众、贴

---

① 中共中央文献研究室．十三大以来重要文献选编（中册）．北京：人民出版社，1991. 730.

② 中共中央文献研究室．十四大以来重要文献选编（中册）．北京：人民出版社，1997. 1676.

近生活，把工作做实、做深、做活。更好地宣传动员群众、引导教育群众、帮助服务群众”①。二是提出建构社会主义价值观的原则——“八荣八耻”，并以此作为新闻报道的工作指南。2006 年 3 月 4 日，胡锦涛等领导同志在看望全国政协十届四次会议委员时发表讲话，他说：“在我们的社会主义社会里，是非、善恶、美丑的界限绝对不能混淆，坚持什么、反对什么，倡导什么、抵制什么，都必须旗帜鲜明。要在全社会大力弘扬爱国主义、集体主义、社会主义思想，倡导社会主义基本道德规范，扶正祛邪、扬善惩恶，促进良好社会风气的形成和发展。要教育广大干部群众特别是广大青少年树立社会主义荣辱观，坚持以热爱祖国为荣、以危害祖国为耻，以服务人民为荣、以背离人民为耻，以崇尚科学为荣、以愚昧无知为耻，以辛勤劳动为荣、以好逸恶劳为耻，以团结互助为荣、以损人利己为耻，以诚实守信为荣、以见利忘义为耻，以遵纪守法为荣、以违法乱纪为耻，以艰苦奋斗为荣、以骄奢淫逸为耻。”②

2007 年 10 月，胡锦涛总书记在党的十七大报告中，把建设社会主义核心价值体系，作为增强社会主义意识形态的吸引力和凝聚力的重要内容。他指出：“社会主义核心价值体系是社会主义意识形态的本质体现。要巩固马克思主义指导地位，坚持不懈地用马克思主义中国化最新成果武装全党、教育人民，用中国特色社会主义共同理想凝聚力量，用以爱国主义为核心的民族精神和以改革创新为核心的时代精神鼓舞斗志，用社会主义荣辱观引领风尚，巩固全党、全国各族人民团结奋斗的共同思想基础。”③ 这不仅是社会主义精神文明建设的纲领性文献，也是做好当前新闻报道工作的指针。

回顾十四大以来党的新闻宣传工作的政策变化可以看出鲜明的政治导向，就是新闻报道要坚持正面为主的方针，新闻报道要从群众中来到群众中去，新闻报道要“贴近现实、贴近群众、贴近生活”，新闻报道要有利于推动社会主义核心价值体系的建构，起到凝聚人心、引领风尚、鼓舞干劲的作用。这种指导思想使新闻媒体的典型报道或人物报道带有明显的自上而下的政治传播色彩。孔繁森、张鸣岐、李润五、任长霞、郑培民等典型人物的出现，正是基于这种政治导向的必然结果。

二、正面人物报道的市场导向

十四大以来中国经济领域的转型，不仅对社会主义物质文明建设产生了深远的影响，也对社会主义精神文明建设带来了巨大的冲击，同时也影响到精神文明建设的重要组成部分——新闻工作。在计划经济条件下，新闻传播是社会主义公有制基础上的

① 中共中央文献研究室．中国共产党重要会议纪事（1921—2006）．北京：中央文献出版社，2006. 1032.

② 胡锦涛等领导人分别看望政协委员并参加讨论，提出关于“八个为荣、八个为耻”的重要论述．人民日报，2006 - 03 - 05.

③ 高举中国特色社会主义伟大旗帜，为夺取全面建设小康社会新胜利而奋斗——在中国共产党第十七次全国代表大会上的报告．人民日报，2007 - 10 - 24.

计划经济通过新闻手段的反映，是党和政府的舆论工具，其主要任务就是宣传贯彻党的政治路线和方针政策。在这一前提下，要求新闻传播必须为巩固和发展社会主义公有制基础上的计划经济服务，所有的新闻传播活动必须服从和服务于计划经济的规律，并以计划经济为其价值取向。但在市场经济条件下，这种认识有其明显的现实局限性。党的十四大确定我国要建立社会主义市场经济的体制以后，新闻媒介面临的现实状况发生了很大变化，在政府对新闻媒介的拨款骤减甚至完全“断乳”的情况下，不管人们的主观愿望如何，新闻媒介已被推向市场，新闻媒介为了自身的生存和发展，必须想方设法去占领市场、赢得受众。我国社会政治、经济生活的实际，促使新闻媒介对自身属性进行重新审视，并逐步在媒介的双重属性的问题上达成共识：“新闻事业就它生产带有强烈的意识形态的精神产品来说，属于上层建筑领域；但同时，就它为全社会提供经济活动和人们生活必不可少的信息、知识和娱乐来说，属于第三产业。”① 对新闻媒介特性的重新界定，使新闻传播在观念上发生了巨大的变化，即从过去的“传者为主”逐步向“受者为主”的方向转型。

以“传者为主”是计划经济时代的产物，以“受众为主”则是与市场经济相对应的新闻传播观念。虽然党和政府在不同的历史时期指出报纸要树立群众意识、读者意识，但由于历史的原因，新闻传媒对此并没有真正意义上的实践。改革开放以来，新闻传媒在了解、研究受众以及为受众服务等方面有了长足的进步。80 年代以来，我国许多媒介通过民意测验开展了有关受众心理、受众需求等方面的系列调查，认真听取受众的意见反馈，根据受众的需求来安排报道内容、更新报道方式，对受众的重视程度是越来越高。

市场经济条件下的受众观念与计划经济时期的读者观念既有联系又有区别。联系在于受众观念的形成，是对党的“密切联系群众”这一优良传统的继承和发扬，也是新闻工作者长期新闻传播经验的总结。区别在于计划经济时期的读者观念偏重于媒介的宣传指导性，主要是检验党的政策能否落实到群众中去；而市场经济条件下的受众观念是从受众的角度看待传播活动的，是在肯定新闻传播的双重属性和新闻传媒的产业化趋势的前提下出现的。“从市场经济的观点来看，新闻信息是作为一种特殊的产品——受众的消费品进入市场交换的。如果我们的新闻信息产品是不被人们关心、不想知道、也无须知道的东西，那么就不会受到受众的欢迎，也就没有多大的传播价值和传播效果了。”② 受众观念强调受众在传播过程中的主体地位和作用，受众使用媒体都是基于自身的需求，是为了满足自己的愿望，受众对新闻媒体的积极使用实际上制约着整个新闻传播过程。

社会转型不仅带来受众观念的改变，也对新闻报道的价值取向带来了新的冲击。

---

① 李良荣．十五年来新闻改革的回顾与展望．新闻大学，1995（春季刊）.

② 张晋升．对受众第一观念的再思考——兼论“使用满足理论的实践意义”．新闻知识，1999（1）.

在计划经济时期，典型报道基本上是主题先行的自上而下的宣传，典型人物带有鲜明的政治色彩。社会结构转型带来的市场导向，体现出时代呼唤先进人物的实践色彩，直接关系到市场需求对正面人物报道价值取向的深远影响。

三、正面人物报道的文化导向

新闻事业既是社会主义文化建设的重要组成部分，也是社会主义文化建设的重要推动力量。特别是在社会转型时期，新闻事业更是担负着强化思想、道德建设，在全社会形成和谐、进取的良好氛围的重任。党和政府一贯重视社会主义文化建设，江泽民同志在庆祝中国共产党成立80周年大会上的讲话中指出，“牢牢把握中国先进文化的发展趋势和要求，坚持以马克思列宁主义、毛泽东思想、邓小平理论为指导，立足于建设有中国特色社会主义的实践，着眼于世界科学文化发展的前沿，不断发展健康向上、丰富多彩的，具有中国风格、中国特色的社会主义文化，满足人民群众日益增长的精神文化需求，引导广大人民群众从思想上、精神上正确武装和不断提高起来。这也是我们党始终站在时代前列，保持先进性的根本体现和根本要求”。

他说，社会主义文化的根本任务，“是培养一代又一代有理想、有道德、有文化、有纪律的公民。要坚持以科学的理论武装人，以正确的舆论引导人，以高尚的精神塑造人，以优秀的作品鼓舞人。坚持和巩固马克思主义的指导地位，帮助人们树立正确的世界观、人生观和价值观，坚定对马克思主义的信仰、坚定对社会主义的信念、增强对改革开放和现代化建设的信心、增强对党和政府的信任，增强自立意识、竞争意识、效率意识、民主法制意识和开拓创新精神”。

他强调，社会主义思想道德建设，是发展先进文化的重要内容和中心环节。“要在全社会倡导爱国主义、集体主义、社会主义思想，反对和抵制拜金主义、享乐主义、极端个人主义等腐朽思想，增强全国人民的民族自尊心、自信心、自豪感，激励他们为振兴中华而不懈奋斗。”①

胡锦涛总书记在党的十七大报告中，把推动社会主义文化大发展、大繁荣作为新的条件下党的工作的重要组成部分。他明确指出，社会主义文化大发展就是要“切实把社会主义核心价值体系融入国民教育和精神文明建设全过程，转化为人民的自觉追求”，通过建设和谐文化，培育文明风尚。具体来说，就是要“大力弘扬爱国主义、集体主义、社会主义思想，以增强诚信意识为重点，加强社会公德、职业道德、家庭美德、个人品德建设，发挥道德模范榜样作用，引导人们自觉履行法定义务、社会责任、家庭责任”②。

如果说江泽民同志把加强社会主义文化建设作为保持党的先进性的根本体现和根

① 江泽民．在庆祝中国共产党成立80周年大会上的讲话．人民日报，2001－07－02.
② 胡锦涛．在中国共产党第十七次全国代表大会上的报告．人民日报，2007－10－24.

本要求，从宏观的层面提出了社会主义文化建设的根本任务，那么，胡锦涛同志则立足构建社会主义核心价值体系，对于如何在全社会建设和谐文化、培育文明风尚，有效发挥道德模范榜样的作用提出了体现时代特点的具体要求，突出体现出党和政府执政为民、以人为本的理念。

社会主义文化建设的目标不是一个空洞的口号，最终要落实到广大群众的具体行动中。作为社会主义文化建设的积极推动者的新闻媒体，就应该在新闻报道中，按照社会主义核心价值观所涵盖的内容，积极而真实地反映社会生活中人们的行为取向及对事物的评价、态度。在报道方式上，要充分考虑社会转型时期群众平等交流与情感互动的需求，将现实生活中涌现出来的生动感人的事件，凝练成群众共同认可的普遍的价值标准，这样才能使正面人物报道感染人们并成为其行为的动力和导向。

第二节　正面人物报道的媒介因素

在一定的社会形态中，作为观念形态的新闻传播与社会发展存在相辅相成的关系。首先，社会与传播媒介的运作浑然一体，互相渗透，媒介本身就是一定社会政治、经济、文化等作用的对象。其次，社会与传播媒介相互影响。一方面，传播媒介具有的“真实地、及时地反映并影响现实变动”的根本特性，决定了它必然受到现实的影响和制约，传播媒介不能离开一定的社会结构与权力机构，独立地促成社会与文化的进步，它必须在政治、经济、文化的协调发展中发挥作用；另一方面，传播媒介又反过来影响社会，传播媒介通过发挥多方面的社会功能，来推动社会的进步。

媒介社会功能的确立与发挥是与一定的社会政治、经济发展水平相适应的，在不同的社会发展阶段它具有不同的社会功能，这种差异也体现在我国社会的转型过程中。在计划经济时期，新闻传媒是公有制基础上的计划经济通过新闻手段的反映，是党和政府的一种舆论工具，其主要任务就是宣传贯彻党的各项路线、方针、政策。与此相应，新闻传媒的社会功能是以宣传、教育和动员为主，新闻传播中占主导地位的是自上而下的以政策性、指令性信息为主的传播。在具体的新闻的报道中，满足党和政府的政治动员的需求成为影响传播功能的重要因素。特别是在焦裕禄、雷锋、王进喜等典型人物的报道中，这种特点体现得更为明显。李良荣在总结计划经济时期典型报道的特点时，有过这样的论述：“从建国到‘文革’前的17年，报纸上宣传的典型可以用两句话来概括其总的特征：他们基本上属于艰苦奋斗、埋头苦干型，属于自我修养的道德完善型。他们在和自然界的斗争中，是奋不顾身的；他们在社会冲突中，往往是克制自己，牺牲自己，所谓‘狠斗私心杂念’，直到消灭个人的任何欲望，服从既定的社会规范，成为道德上的圣人。这两个特征深刻地反映了当时中国的政治、经济、文化上的特征。"[①] 如果说在革命战争年代和社会主义建设初期，对新闻媒介的动员宣传功能和典型报道的示范功能给予特别的强化，尚有其现实的必然性和合理性，那么在党的工作重点已经转向以经济建设为中心，并逐步向社会主义市场经济的目标迈进的今天，继续固守这种体制、模式和单一的功能就显得严重脱离现实了。

党的十四大以来，我国新闻媒介从实践中逐渐认识到：受众掌握着接触媒介的主动权，媒介的传播效果是以受众积极接触媒介为前提的，受众是在接受信息和参与传播的过程中确立对媒介和社会的认同感的。随着改革开放和现代化建设事业的深入发展，大众传媒更加注重发挥自身参与社会变革的协调功能，并且成为集中和协调社会舆论、引导和推动公众参与社会实践的重要的渠道和可靠的指南。大众传播媒介在这一由浅入深、由表及里的参与过程中，从多层次、多侧面地引导社会舆论，干预现实生活，以丰富的内涵和广阔的视野，将大众传媒的社会功能拓展到了更为深广的领域，有效地发挥出传播媒介凝聚和影响社会舆论的作用。这一认识成果突出体现在社会转型过程中媒介意识的逐渐成熟，新闻报道不仅要满足自上而下的政治需求，也要满足自下而上的受众需求。在这种情况下，正面人物报道的外延大大拓展，人物形象和报道观念都开始了向多元化的转变。1994 年至 1995 年，《中国青年报》的《冰点》专版、中央电视台的《东方时空》节目和《生活空间》栏目，将平民化、生活化的普通人物带入了新闻人物报道的视野，开创了人物报道的"平民意识"，各类媒体上经济界的风云人物、改革意识超前的政府官员、知识界的公共人物以及商界的成功人士等多元化的人物形象大量涌现。与此同时，典型人物报道依然备受重视，苏宁、徐洪刚、徐虎、孔繁森、李素丽等典型人物报道，贯穿了整个 90 年代，成为新时期的人们学习的先进楷模。

进入 21 世纪，伴随着中国入世的大背景，中国社会发展进入改革开放的快车道，新闻媒体的观念和意识也体现出与时俱进的特点。"以人为本"不仅成为党和政府的执政理念，也成为指导新闻工作的具体方针。特别是在人物报道方面的新探索激发了受众的新的热情。2000 年，国内享有较高知名度的平面媒体"南方周末"推出了"年度新闻人物评选"。2002 年，中央电视台策划推出了"感动中国"人物评选节目，到 2008 年，已经推出了六届"感动中国"的人物评选。这两个事件在全国范围内引发了受众的广泛参与，一些关系社会公共领域的人物报道引发了社会的持续关注，如 SARS 事件中仗义执言的老中医蒋彦勇、向总理讨工钱的农妇熊德明、挑战传统经济思维的郎咸平等。在正面典型人物报道方面，中央媒体与地方媒体合力所进行的一些典型报道，如许振超、任长霞、牛玉儒等，以平民化的报道视角、网络媒体与传统媒体的积极互动，在受众中产生了较大的反响。这一时期还发展出新型的人物类媒体及人物类专栏，如 2004 年，《南方人物周刊》和《时代人物周报》先后问世，人物报道

① 李良荣．中国报纸的理论与实践．上海：复旦大学出版社，1992. 99.

成为社会转型时期，公众了解社会各界标杆性人物的主要渠道。

回顾这一时期新闻媒体人物报道的报道实践，我们可以清晰地看到其中始终不渝的主题和不断嬗变的价值取向，从计划经济时期服从政治宣传需要，到市场经济时期兼顾受众的兴趣和需求，再到进入新的世纪以来更加注重公众的参与互动和情感认同，在这个转型的过程中，媒体日趋成熟的自觉意识发挥了重要的作用。

第三节　正面人物报道的受众因素

任何社会的变革都离不开公众的积极参与，公众始终是影响和决定社会发展与进步的主体。在新闻传媒适应计划经济向市场经济的转型过程中，公众的主体地位也随着传播观念的嬗变而更加突出，这是因为“社会越发展，人越拥有财富和文化，他们不仅思维开放，也要求传播意义上的社会确认”①。于是在新闻报道观念和实践等各个方面都体现出公众参与的深度和广度，其中一个重要现实前提就是社会公众主体意识的不断提升。

随着市场经济的发展，我国公众的主体意识不断觉醒，主要体现在以下三个方面。

（1）在集体和个体的关系上，那种坚持绝对集体主义的、“毫不利己专门利人”的观点越来越不能得到公众的认可。

国家和集体的利益包含着个人的利益，“舍小家为大家”在政治伦理上有其合理性。这在人物报道中，体现为“高大全”的英雄人物形象。从新闻宣传的政治需求来讲，“这也许是党和群众的期望之所在，从这一点来说的话，本也无可厚非。但将其落实到新闻传播之中则会有违客观真实性，不符合劳动英雄作为一个个体人的实际特征”②。然而，在具体的新闻实践中，一些媒体为了人物形象的“高大全”，不惜违背新闻的真实性原则，对人物的事迹进行取舍和拔高。如60年代对于雷锋的报道中，绝口未提雷锋爱穿皮夹克、戴英纳格手表、喜爱拍照片、有女朋友等事实，雷锋“时髦青年”的一面被彻底过滤掉了。这样的报道呈现出的虽然是一个更纯粹的“无产阶级战士”，却违背了新闻“用事实说话”的基本要求。

典型报道的最终目的是以人物的言行来动员、鼓舞群众，但从现实生活的角度来看，这些带有政治化特征、生活在真空中的典型人物形象，很难对公众形成良性的刺激。社会转型的一个重要成果就是对个人利益的尊重，也是“以人为本”理念在新闻宣传中的体现，集体利益的实现是以个体利益和公众参与的积极性得到充分的尊重和

① 陈卫星．传播的表象．广州：广东人民出版社，1999. 30.

② 朱清河．典型报道：理论、应用与反思．武汉：武汉大学出版社，2006. 144～145.

发挥为前提的。典型人物的报道不是脱离生活、脱离实际、脱离群众的样板，而是可亲、可敬、可学的群众生活的代表。

（2）社会利益主体的多元化，加大了公众个体的行为自由度，也增强了人们的自主意识、独立意识以及个人对自主行为负责的责任感。

这种增强反过来又促使人们更进一步要求在政治、经济、文化和其他社会生活中有更多、更大的选择自由。公众的自主选择意识的增强，必然影响到新闻媒体的报道选择。是单纯报道正面人物，还是全面反映转型时期中国不同阶层人物的命运？《中国青年报·冰点》知名编辑李大同认为："在社会转型的剧烈变革中，他们（普通群众）的生存状态如何，有什么想法和要求；由他们体现和传承的民族的真、善、美，在一片市场之声中命运如何；坚忍、奉献、同情心、维护公正等人类美德是否还被人们珍视——总而言之，我们应当用自己的报道来加以检验，并试图给我们能观察到的社会不平衡以某种矫正。"① 所以，在其创刊号上的专题报道——《北京最后的粪桶》，详尽报道了几位当年落户北大荒的老知青，回城后无怨无悔地背起大都市里仅剩的几只粪桶，默默无闻地工作、生活的故事。报道刊出当天，就有许多读者哭着打电话到编辑部谈自己的感受。之后《冰点》连续刊出《哪儿是我的家》、《当年落户在留村》、《202路有轨电车》、《五叔五婶》、《桥下人家》、《黄杉木店陋室铭》、《当代祥子》、《没有我哪有你》等一大批关于普通人的报道。

（3）我国社会生活物质层面的变革和发展有力地推动着公众社会心理从依附走向自主，公众权利观念逐渐普及；改革开放明确肯定了个人利益的价值，承认逐利行为的正当性、合法性和合理性。

在人们对个人利益的不懈追求中，逐渐产生了作为社会民主化核心内容的公民权利观念。② 这种体现公民权利意识的人物典型在南方周末"年度人物"的评选中得到较好的体现。无论是上书总理、为民请命的乡党委书记李昌平，还是因抗议日相小泉参拜靖国神社而用红漆喷涂靖国神社器物的中国青年冯锦华；无论是揭开了被掩盖60年的日军细菌战黑幕的民间人士王选，还是战胜"非典"病魔的白衣战士钟南山；无论是国家经济的把关人审计长李金华，还是"厦门PS事件"中积极参与的"厦门人"，这些经由读者和网民投票选出的人物，都不是自上而下的典型，他们凭着一种信念和勇气书写了不平凡的人生。特别是他们身上体现出的勇于担当社会责任的为民请命、为国分忧的传统美德和时代精神，感染了千千万万的中国人。由此看出，一方面公众主体意识的觉醒是社会政治、经济、文化包括大众传媒共同作用的结果，另一方面公众又通过积极的社会参与成为促进社会变革的原动力。

① 李大同．冰点'98——寻回心灵深处的感动．北京：中国林业出版社，1998. 493.

② 徐邦友．社会变迁与政府行政模式转型．浙江学刊，1999（5）.

第四节　正面人物报道的技术因素

随着我国对外开放程度的不断扩大和信息传播新技术的普及，信息传播已经突破了国家和地域的限制，各种信息和新闻可以通过各种媒介和渠道，以各种形式迅速传播。特别是网络传播作为一种新的信息交流方式，与传统媒介相比更具获取和发送信息的自由，已成为影响社会舆论的重要信息源。网络传媒摆脱了线性的单一传播方式，兼具网状结构与线性传播的特点。其传播速度更快，传播范围更广，互动性更强，集文字、声音、图像、视频等各种传播方式于一身，在信息时代的新闻报道中更具活力。在大众传播媒介广泛发展的今天，被称为“第四媒体”的网络媒体日趋成为主流媒体。中国互联网络信息中心（CNNIC）发布的中国互联网络发展状况统计报告显示，截至2008年6月底，我国网民数量达2.53亿，首次大幅超过美国，跃居世界第一位。从网络媒体使用的情况来看，通过网络媒体接触信息的人群特别是年轻的受众日益增多。中国传媒大学新闻系课题组对首都新闻院系大学生的一项调查表明，90.83%的新闻院系学生获取信息的主要渠道是网络。[①] 网络媒体的快速成长，不仅对受众的传播观念和心理产生了深远的影响，也对新闻报道乃至正面人物报道的内容、方式带来巨大的冲击。

（1）随着信息化时代的到来和传播新技术的更新换代，信息传播已从区域化走向全球化，各种信息和新闻都可以通过各种媒介和渠道迅速传播，互联网提供了前所未有的言论多样化的舞台，以及信息自由流通的机会。

这就使舆论生成的社会因素更加复杂化和多样化，在不同程度上影响着公众舆论的形成和新闻舆论的导向。网络传播的冲击在某种程度上不仅改变了受众接触媒体的方式，也使其身份发生了改变——从被动的接受者向主动的寻求者转化。主流意识形态与多元化的意识并存，给传统媒体新闻宣传的有效性带来巨大的压力。

（2）在报道内容和报道对象的选择上，传统的议程设置式的正面人物宣传遇到了受众对典型人物主动选择的挑战。

在网络个性化的传播空间里，受众不再是整齐划一的大众，也不会再接受典型报道诞生之初时的“你说我听”的单项传播模式。“新媒体、新受众”的出现打破了传统典型报道中受众必须遵从“模仿—学习—提高”之模式的状态，新受众的需求开始被媒体关注。如果“报道出来的典型”不能满足新受众的需求，那么报道就不会被受众所青睐，更不能发挥应有的作用。受众更青睐那些他们“心目中的英雄”，所以如何寻求主流意识形态与受众需求的结合点，是人物报道中必须解决的问题。

---

① 中国传媒大学新闻系课题组．如何利用网络有效宣传先进典型人物．今传媒，2007（1）．

（3）在报道方式上，传统的自上而下的灌输式的单项传播越来越难以得到受众的广泛认同，强调互动与反馈成为网络传播时代必须考虑的传播要素。

比如中央电视台的“感动中国”人物的评选、南方周末“年度人物”的评选，把专家投票和网络投票结合起来，尽可能体现民意。此外，在正面人物的宣传中，加强与网民的互动，使报道的宣传效果得到及时的反馈。如在报道《人民的好卫士——任长霞》的过程中，人民网、新华网、央视国际、中青网、中新网联合署名：《长风彩霞　逝者如诗》，人民网“强国论坛”还请来了任长霞的妹妹任丽娟与网友交流，访谈期间在线浏览人数超过 3 万人，发帖 3 万条。

此外，网络传播技术的发展，使多媒体整合传播成为可能，检验正面人物报道的社会效果，不仅仅看单个媒体或单篇报道的效果，也要看多种体裁、多种手段、多媒体合作形成的舆论强势。在有关任长霞先进事迹报道中，中宣部在组织中央新闻采访团时，首次吸纳了人民网、新华网、光明网、央视国际、中国网、中青网六家中央重点新闻网站，网民对此反响热烈，形成了新的舆论热点。

第二章

马克思主义正面人物宣传报道理论的当代价值

IMAGE-BUILDING & SOCIAL IDENTITY：A STUDY OF THE SOCIAL EFFECTS OF MEDIA PROMOTION TO THE POSITIVE FIGURES

社会主义核心价值体系的精髓是民族精神和时代精神。在以往的典型报道中，我们着力强调了民族精神——英雄的伟大和高尚，而对时代精神的强调和表现还不够到位。

社会主义核心价值体系的基础是社会主义的荣辱观。但以往我们更多强调和有意无意地上升到共产主义理想层面，当遇到社会主义市场经济条件下出现的新问题、新矛盾时，理论与实际脱离，价值判断不够明晰，因而不能说服广大人民群众，宣传报道效果不理想。

正面人物宣传报道的理论基础是马克思主义典型报道的理论和思想。然而，马克思主义典型报道的理论和思想是否过时？今天我们究竟应该如何理解？怎样结合中国的当代实际发展与创新？这些问题都非常值得思考。

胡锦涛在中国共产党第十七次全国代表大会的报告中作过如下精辟的阐述："中国特色的社会主义理论体系……坚持和发展了马克思列宁主义、毛泽东思想，凝结了几代中国共产党人带领人民不懈探索实践的智慧和心血，是马克思主义中国化的新成果，是党最可宝贵的政治和精神财富，是全国各族人民团结奋斗的共同思想基础。"还强调："中国特色的社会主义理论体系是不断发展的开放的理论体系。《共产党宣言》发表以来近一百六十年的实践证明，马克思主义只有与本国国情相结合、与时代发展同进步、与人民群众共命运，才能焕发出强大的生命力、创造力和感召力。"①

"社会主义核心价值体系是社会主义意识形态的本质体现。要巩固马克思主义指导地位，坚持不懈地用马克思主义中国化最新成果武装全党、教育人民，用中国特色社会主义共同理想凝聚力量，用以爱国主义为核心的民族精神和以改革创新为核心的时代精神鼓舞斗志，用社会主义荣辱观引领风尚，巩固全党、全国各族人民团结奋斗的共同思想基础。……积极探索用社会主义核心价值体系引领社会思潮的有效途径，主动做好意识形态工作，既尊重差异、包容多样，又有力抵制各种错误和腐朽思想的影响。"②

胡锦涛的这两段话回答了三个问题：第一，指出了党和国家今后的发展方向。提出了当代中国举什么旗，走什么路的问题，即坚持走中国特色社会主义之路。这是关系我们党和国家事业发展的根本问题。第二，深刻阐述了社会主义核心价值体系在社会主义意识形态中的地位和作用。马克思主义是中国特色社会主义的理论基础。第三，用马克思主义中国化最新成果武装全党、教育人民。提出了运用马克思主义理论要有创造性，即与本国国情相结合，与时代发展同进步，与人民群众共命运，才能焕发出强大的生命力、创造力和感召力。

这三个问题是研究正面人物宣传报道理论基础的基本点和出发点。归纳起来就

① 中国共产党第十七次全国代表大会文件汇编. 北京：人民出版社，2007. 11～12.

② 中国共产党第十七次全国代表大会文件汇编. 北京：人民出版社，2007. 33.

是：坚持马克思主义的立场、观点和方法，结合中国社会主义意识形态领域里的实际，回答典型报道中存在的理论问题和实际问题；明确正面人物宣传报道在社会主义精神文明建设中的地位和作用以及如何促进社会主义精神文明建设等。

第一节　马克思主义关于典型报道的论述及思想

马克思、恩格斯认为一个报纸记者要极其忠实地报道他所听到的人民呼声。"典型示范"的力量是巨大的，但要讲求效果，善于抓住时机进行典型宣传，并极力反对为宣传而宣传的"典型示范"，否则，会适得其反。

一、马克思、恩格斯论"典型示范"

（一）为宣传而宣传，强加于社会的"榜样"只会产生不好的效果

宣传报道理论和实践中，最早使用"典型"一词的是马克思和恩格斯，在《共产党宣言》中，他们批评一些不注重社会实际而靠制造"榜样的力量来宣传自己的社会主义或共产主义设想"的空想社会主义者时说："企图通过一些小型的，当然不会成功的试验，通过示范的力量来为新的社会福音开拓道路。"① "这里的'示范的力量'即'榜样的力量'的另一种翻译。"② 恩格斯在《反杜林论》中再次批评了这种自己曾经相信过的宣传方式，他指出："发明一套新的更完善的社会制度，并且通过宣传，可能时通过典型示范，把它从外面强加于社会。"③

1866年，一群法国蒲鲁东社会主义者再次企图用他们在法国的试验，宣传自己的社会主义理想，马克思讽刺说："那时他们将要在我们的眼前做这种试验，而世界其余的部分将会被他们榜样的力量所征服，也去做同样的事情。这一切正是傅立叶期待于他的模范的法伦斯泰尔的。"④"法伦斯泰尔"是《共产党宣言》中批评的空想社会主义者傅立叶主办的社会主义实验区的名称。⑤

马克思、恩格斯所讲的宣传中"示范的力量"、"典型示范"、"榜样的力量"都是一个意思，即"榜样的力量"。

马克思、恩格斯并不是反对"典型示范"的作用，而是反对那种为宣传而宣传的"典型示范"，因为为宣传而宣传的"典型示范"空话多，只会产生不好的效果。马克思、恩格斯主张宣传要讲究效果，并提出有效宣传的两种方法：第一，利用事实进

① 马克思，恩格斯．马克思恩格斯全集（第1卷）．北京：人民出版社，1995. 304.
② 陈力丹．马克思主义新闻观思想体系．北京：中国人民大学出版社，2006. 219.
③ 马克思，恩格斯．马克思恩格斯全集（第20卷）．北京：人民出版社，1972. 283.
④ 马克思，恩格斯．马克思恩格斯全集（第31卷）．北京：人民出版社，1972. 230.
⑤ 陈力丹．马克思主义新闻观思想体系．北京：中国人民大学出版社，2006. 219.

行有效宣传；第二，善于抓住时机进行宣传。

马克思、恩格斯认为，一个时代的诞生，一个社会的发展，需要英雄、英雄气概和英雄行为。

马克思说，不管资产阶级社会怎样缺少英雄气概，它的诞生却需要英雄行为。①

恩格斯曾经肯定欧洲在中世纪以后，是一个需要巨人而且产生了巨人的时代。②恩格斯所说的“巨人”指的就是“英雄”。

（二）空洞的说教难以产生良好的效果

恩格斯在谈到利用事实进行有效宣传时强调，要“使读者确立无可争辩的信念，只有明显的、无可争辩的事实才能做到这一点，特别是在一个被无穷的‘祖先智慧’迫使人们持怀疑论的世纪里，仅凭空洞的说教，哪怕是很高明的权威的说教，都不能使人产生这种信念”③。

（三）善于利用时机宣传典型

马克思在谈到如何利用时机进行有效宣传时说：“战争所引起的种种情况将给我们的原则提供最好的宣传材料。”④ 恩格斯在谈到英国欧文派社会主义者的宣传经验时认为，受迫害的事件“正是社会主义者求之不得的。假如出现了为他们的事业殉难的人，这就会惹起宣传，而宣传是他们的事业更加深入人心的一种手段”⑤。马克思、恩格斯的意思是，那些意想不到的甚至是灾难性的事件，对宣传工作来说更典型，效果更强烈。

（四）民众的承认是报刊赖以生存的条件

马克思在《摩泽尔记者的辩护》中说：“而民众的承认是报刊赖以生存的条件，没有这种条件，报刊就会无可挽救地陷入绝境。”⑥

（五）极其忠实地报道人民的呼声

在《摩泽尔记者的辩护》中，马克思强调新闻要用事实说话，“一个报纸记者在极其忠实地报道他所听到的人民呼声时，根本就不必准备详尽无遗地叙述和论证有关这种呼声的一切细节、原因和根源”，“一个报纸记者也只能把他自己视为一个复杂机体的一个小小的器官，他在这个机体里可以自由地为自己挑选一种职能。例如，一个人可以侧重于描写他从民众意见中获得的有关贫困状况的直接印象，另一个作为历史学家则可以谈论这种状况产生的历史，沉着、冷静的人可以谈论贫困状况本身，经济学家则可以谈论消除贫困的办法，而且这样一个问题还可以从各方面来解决：有时较

① 马克思，恩格斯．马克思恩格斯选集（第1卷）．北京：人民出版社，1972.604.

② 马克思，恩格斯．马克思恩格斯选集（第3卷）．北京：人民出版社，1972.445.

③ 马克思，恩格斯．马克思恩格斯全集（第42卷）．北京：人民出版社，1972.277.

④ 马克思，恩格斯．马克思恩格斯全集（第33卷）．北京：人民出版社，1972.167.

⑤ 马克思，恩格斯．马克思恩格斯全集（第1卷）．北京：人民出版社，1972.570.

⑥ 马克思，恩格斯．马克思恩格斯全集（第1卷）．北京：人民出版社，1995.381.

多地着眼于地方范围，有时较多地着眼于同整个国家的关系等等”①。

二、列宁论“榜样的力量”

列宁对“榜样的力量”的论述主要有三层意思：第一，树立并推广“榜样的力量”；第二，善于运用“榜样的力量”来宣传报道自己；第三，在报刊上开辟“黑榜”，揭露坏典型。

（一）树立并推广“榜样的力量”

列宁非常重视通过在报刊上树立好的劳动公社的典型来带动其他公社，他在《〈苏维埃政权的当前任务〉一文初稿》中论述报刊工作时说：“这样我们就能够而且一定会使榜样的力量在新的苏维埃俄国成为首先是道义上的、其次是强制推行的劳动组织的范例。”②

列宁讲的“榜样的力量”指的是共产主义的“组织竞赛”。在列宁的倡导下，苏联树立起“模范的生产，模范的共产主义星期六义务劳动”的典型。“榜样的力量”也即正面典型。列宁极力主张推广“榜样的力量”，他强烈呼吁：“让我们把报刊上那些报道所谓日常新闻的材料减少到1/10（如能减少到1/100更好），而让那些向全体居民介绍我国少数先进的劳动公社的模范事迹的报刊广泛销行几十万、几百万份吧！”③

（二）善于运用“榜样的力量”来宣传报道自己

列宁还批评一些人不善于运用“榜样的力量”来宣传报道自己。他在《伟大的创举》中说：“请看看资产阶级。他们多么善于宣传他们所需要的东西！资本家在他们发行千百万份的报纸上对他们心目中的‘模范’企业大肆赞扬，把资产阶级的‘模范’机构当作民族的骄傲！我们的报刊却不注意或者说几乎完全不注意报道那些最好的食堂或托儿所，不断促使其中一些机构成为模范机构，为它们做宣传。至于模范的、共产主义的工作，在节省人力方面，在便利使用者、节约产品、把妇女从家庭奴隶境遇中解放出来、改善卫生条件等方面正在作出什么成绩，能够作出什么成绩，以及如何将这一切推广到全社会，推广到全体劳动群众中去，报刊也没有详细报道。”④

（三）在报刊上开辟“黑榜”，揭露坏典型

列宁不仅倡导正面典型，同时还指出要在报刊上开辟“黑榜”，公开揭露坏典型。他在《苏维埃政权的当前任务》中说：“另一方面，各社会主义政党要把那些不接受整顿自觉纪律和提高劳动生产率的任何号召和要求的企业和村社登上黑榜，把它们或

---

① 马克思，恩格斯．马克思恩格斯全集（第1卷）．北京：人民出版社，1995.358.

② 列宁．列宁全集（第34卷）．北京：人民出版社，1985.136～137.

③ 列宁．列宁全集（第34卷）．北京：人民出版社，1985.136.

④ 列宁．列宁全集（第37卷）．北京：人民出版社，1986.22.

者列为病态企业，要采取特别的办法（特别的措施和法令）把它们整顿好，或者列为受罚企业，把它们关闭，并且应当把它们的工作人员送交人民法庭审判。公开报道这方面的情况，本身就是一个重大的改革，它能够吸引广大人民群众主动地参加解决这些与他们最有切身关系的问题。”①

列宁之所以提倡在报刊上设置“黑榜”，是为了通过舆论监督的力量，根治经济生活中的弊端和那些好逸恶劳、无秩序、无政府的现象。

不过，列宁关于在报刊上设置“黑榜”的观念到后来逐渐发生了转变，变为主要是通过典型来指导工作。②

三、毛泽东论典型报道

毛泽东对典型宣传报道有诸多论述，主要体现在三个方面：第一，战争年代把典型宣传报道和中国革命前途命运联系在一起，通过典型宣传报道鼓舞前线、后方士气；第二，生产建设年代，把典型宣传报道作为一种工作方法，以点带面、典型引路；第三，通过典型宣传树立旗帜。

（一）战争年代，中国正处于生死存亡的关键时期，毛泽东把宣传民族革命典型与中国革命的前途联系在一起，通过典型宣传报道鼓舞士气

毛泽东 1938 年 10 月在《高度发扬民族自尊心和自信心》中说，“为此目的，一切宣传鼓动应顾到下属各方面。一方面利用已经产生并在继续产生的民族革命典型（英勇抗战、为国捐躯、平型关、台儿庄、八百壮士、游击战争的前进、慷慨捐输、华侨爱国等等），向前线、后方，国内、国外广为传播”③。

毛泽东在《延安〈解放日报〉发刊词》中还强调说：“中国共产党的使命就是本报的使命。”④

（二）毛泽东极力倡导以点带面、典型引路以指导实践的工作方法

毛泽东在许多场合和文献中一再强调，以点带面、典型引路是一种行之有效的工作方法，并且讲述得很细致、很具体。他在《关于领导方法的若干问题》中指出：“任何工作任务，如果没有一般的、普遍的号召，就不能动员广大群众行动起来。但如果只限于一般号召，而领导人员没有具体地、直接地从若干组织将所号召的工作深入实施，突破一点，取得经验，然后利用这种经验去指导其他单位，就无法考验自己提出的一般号召是否正确，也无法充实一般号召的内容，就有使一般号召归于落空的危险。”⑤

---

① 列宁．列宁全集（第 34 卷）．北京：人民出版社，1985. 172.

② 吴飞．马克思主义新闻传播思想经典文本导读．杭州：浙江大学出版社，2005. 174.

③ 毛泽东．毛泽东新闻工作文选．北京：新华出版社，1983. 40.

④ 毛泽东．毛泽东新闻工作文选．北京：新华出版社，1983. 56.

⑤ 毛泽东．关于领导方法的若干问题．毛泽东选集（第 3 卷）．北京：人民出版社，1991. 899.

毛泽东不但对以点带面、典型引路的重要性论述得详细深刻，而且对其所带来的效果也阐述得相当透彻。毛泽东特别强调通过典型带动全体。在宣传实践中，典型（无论正、反）除了验证该项宣传的正确性并充实其内容外，更在于它所具有的指导性。正面典型就是榜样和旗帜，引导人们学习仿效，向它看齐；而反面典型则是殷鉴和教训，启示人们警惕规避，免蹈覆辙；两者都能给现实以广泛、深远的影响。因此，毛泽东非常重视运用典型经验、典型事例和典型人物进行宣传。①

（三）树立旗帜

无论在战争年代还是和平年代，毛泽东都非常重视典型人物的榜样作用，1942 年 4 月 30 日《解放日报》头版头条刊登《模范农村劳动英雄吴满有　连年开荒收粮特多　影响群众积极春耕》的消息报道，毛泽东看到报道后，立即发出号召，要求边区农民向吴满有学习。在党报的广泛报道下，吴满有成为边区大生产运动的一面旗帜。②

1962 年 8 月 15 日，人民解放军的汽车兵雷锋因公殉职的事迹被报道后，毛泽东题词“向雷锋同志学习”，接着在全国 8 亿各族人民的范围内深入、持久地开展了学雷锋活动。

四、邓小平论宣传工作中社会效益放在第一位

有关典型报道的内容，邓小平没有过多的论述，但他对媒体宣传报道的效果和加强理想教育非常重视，并曾多次强调。他认为，衡量新闻宣传的社会效果，最终要看报道对内是否鼓舞和引导广大干部群众积极投身于“四个现代化”的伟大事业，对外是否增进各国人民对我国的了解。

（一）社会效益放在第一位

1985 年 9 月 23 日，邓小平《在中国共产党全国代表会议上的讲话》中指出，“思想、文化、教育、卫生部门，都要以社会效益为一切活动的唯一准则，它们所属的企业也要以社会效益为最高准则。思想文化界要多出好的精神产品，要坚决制止坏产品的生产、进口和流传”③。

“把社会效益放在第一位，是新闻宣传最根本的效果目标。在新闻性与政治性的比较中，要把政治性放在第一位；在评价新闻报道的经济效益和社会效益的优劣时，要把社会效益放在第一位。对任何媒体和新闻的评价，只有以社会效益为首要标准，才能确定它们对社会的重要价值。”④

（二）加强理想教育

理想建设是思想建设的核心。在“四有”建设中，邓小平首先强调“有理想”，

① 吴飞. 马克思主义新闻传播思想经典文本导读. 杭州：浙江大学出版社，2005. 278 ~ 279.
② 陈力丹. 马克思主义新闻观思想体系. 北京：中国人民大学出版社，2006. 562.
③ 邓小平. 邓小平文选（第 3 卷）. 北京：人民出版社，1993. 145.
④ 郑保卫. 中国共产党新闻思想史. 福州：福建人民出版社，2004. 417.

他说："我们一定要经常教育我们的人民，尤其是我们的青年，要有理想。为什么我们过去能在非常困难的情况下奋斗出来，战胜千难万险使革命胜利呢？就是因为我们有理想，有马克思主义信念，有共产主义信念。"①

树立远大理想，抵制腐朽思想侵蚀。邓小平指出，"一定要树立共产主义的远大理想，一定不能让我们的青少年作资本主义腐朽思想的俘虏，那绝对不行"②。

道德建设是思想道德建设的主要内容。1979 年邓小平指出，"我们要在建设高度物质文明的同时，提高全民族的科学文化水平，发展高尚的丰富多彩的文化生活，建设高度的社会主义精神文明"，"所谓精神文明，不但是指教育、科学、文化（这是完全必要的），而且指共产主义的思想、理想、信念、道德、纪律，革命的立场和原则，人与人的同志式关系等等"③。随着改革开放的深入，邓小平又强调，"我们现在搞两个建设，一个是物质文明，一个是精神文明"④。物质文明和精神文明，"两手抓，两手都要硬"。

五、江泽民论正确舆论导向

"江泽民同志十分重视新闻宣传工作，重视新闻宣传的舆论导向作用，就如何正确认识新闻舆论导向的重大作用，如何做好新闻宣传的舆论导向工作，如何为做好新闻宣传的舆论导向工作提供强有力的保障等有关新闻舆论导向的认识、方法、保障问题，做了大量理论联系实际的深刻阐述，形成了比较完整、科学的理论体系。"⑤

（一）宣传思想工作部门要注意抓典型

江泽民同志于 1996 年在全国宣传部长会议上讲话指出："越是改革开放，越要加强党内的教育，越要发扬党的高尚精神和优良传统。在这方面，宣传思想工作部门要注意抓典型。这几年大力宣传孔繁森、张鸣岐、李润五等先进人物，收到了很好的效果。我们要继续宣传在各条战线上涌现出来的优秀党员、优秀干部和劳动模范，同时要加强舆论监督，适当选择一些搞歪风邪气的典型，给他们曝曝光，有的还要绳之以法。要深入进行爱国主义、集体主义、社会主义的宣传教育，把我们党一贯倡导的高尚精神灌输到广大干部、群众的思想和行动中去。"⑥

（二）正面宣传为主，弘扬主旋律

正面宣传为主的方针，最早是中国共产党政治局常委、主管意识形态工作的李瑞环提出的。1989 年 11 月 25 日，李瑞环在中共中央宣传部举办的全国省、市、自治区

① 邓小平．邓小平文选（第 3 卷）．北京：人民出版社，1993. 110.
② 邓小平．邓小平文选（第 3 卷）．北京：人民出版社，1993. 111.
③ 邓小平．邓小平文选（第 2 卷）．北京：人民出版社，1993. 208，367.
④ 邓小平．邓小平文选（第 3 卷）．北京：人民出版社，1993. 156.
⑤ 陈富清．江泽民舆论导向思想研究．北京：新华出版社，2003. 10.
⑥ 中共中央文献研究室．十四大以来重要文献选编（中册）．北京：人民出版社，1997. 1676.

党报总编辑新闻工作研讨班上，发表题为“坚持正面宣传为主的方针”的长篇讲话，指出改进新闻工作需要研究和解决的问题很多，但关键的问题是新闻报道必须坚持以正面宣传为主的方针。

李瑞环认为，这是社会主义新闻事业必须坚持的一条极其重要的指导方针。坚持这个方针，就是要准确、及时地宣传党的路线、方针、政策，实事求是地反映社会现实生活的主流，让人民群众用创造新生活的业绩教育自己，形成鼓舞人们前进的巨大精神力量，造成一个有利于稳定局面的舆论环境。①

1989年11月28日，江泽民在会见研讨班的同志时肯定了李瑞环的观点，并指出：“瑞环同志在讲话中，对新闻如何做好正面宣传，提出了许多重要观点，讲得很明确，很具体。”“正如瑞环同志在讲话中强调的，要以正面宣传为主。”②

江泽民同志于1994年1月24日在全国宣传思想政治工作会议上提出了宣传工作的四项任务：“以科学的理论武装人，以正确的舆论引导人，以高尚的精神塑造人，以优秀的作品鼓舞人。”“培养有理想、有道德、有文化、有纪律的新人，是社会主义精神文明的根本目标。要围绕这个目标，在人民群众特别是青少年中加强以爱国主义、集体主义、社会主义为核心内容的思想道德教育，开展艰苦奋斗、勤俭建国的教育，职业道德、社会公德的教育，基本国情的教育和普及法律基本知识的教育。”“要重视引导人们特别是青少年树立正确理想、信念、世界观、人生观和价值观，反对拜金主义、享乐主义、极端个人主义，抵制资本主义和封建主义腐朽思想侵蚀。”③

江泽民同志在《努力开创社会主义精神文明建设的新局面》的讲话中说：“全国的报刊、通讯社、电台、电视台、出版社等，都要坚持正确的舆论导向，注意把好关，加强正面教育、正面引导，增强广大干部群众明辨是非的能力。”④

1996年国家主席江泽民在全国宣传部长会议上发表题为“宣传思想战线的主要任务”的讲话，要求贯彻“弘扬主旋律”原则。他说：“弘扬主旋律，就是要在建设有中国特色社会主义理论和党的基本路线指导下，大力倡导一切有利于发扬爱国主义、集体主义、社会主义的思想和精神，大力倡导一切有利于改革开放和现代化建设的思想和精神，大力倡导一切有利于民族团结、社会进步、人民幸福的思想和精神，大力倡导一切用诚实劳动争取美好生活的思想和精神。”⑤

（三）舆论工作是思想政治工作，新闻媒体是党、政府和人民的喉舌

1996年9月26日，江泽民在视察人民日报社时指出：“党的新闻事业与党休戚与共，是党生命的一部分。可以说，舆论工作就是思想政治工作，是党和国家的前途和

---

① 中共中央文献研究室．十三大以来重要文献选编（中册）．北京：人民出版社，1991. 742.
② 中共中央文献研究室．十三大以来重要文献选编（中册）．北京：人民出版社，1991. 765.
③ 中共中央文献研究室．十四大以来重要文献选编（上册）．北京：人民出版社，1996. 647～648.
④ 中共中央文献研究室．十四大以来重要文献选编（下册）．北京：人民出版社，1997. 2081.
⑤ 中共中央文献研究室．十四大以来重要文献选编（上册）．北京：人民出版社，1996. 656.

命运所系的工作。”①

江泽民担任中国共产党总书记后，在第一次关于新闻工作的讲话中就指出：“我们国家的报纸、广播、电视等是党、政府和人民的喉舌。”

（四）提高新闻宣传水平和效果

早在1989年全国新闻工作研讨班上，江泽民就指出：“要和新闻单位的同志一道，研究如何不断提高新闻宣传的水平和效果，把报纸、广播、电视办得有吸引力、感染力，使读者、听众、观众爱读、爱听、爱看。”②

1994年1月24日，他在全国宣传思想政治工作会议上指出：“反映主旋律的精神产品不仅思想内容要健康向上，艺术表现也应多种多样、生动活泼、精益求精，具有强烈的吸引力和感染力。”③

六、胡锦涛论“三贴近”和“八荣八耻”

胡锦涛关于新闻宣传报道要做到“三贴近”、树立社会主义荣辱观、着力创造昂扬向上的舆论氛围等论述，不但指出了今后新闻宣传工作的方向，而且强调了如何使新闻宣传报道更有实效。这些论述是正面人物宣传报道重要的理论基础。

（一）宣传思想工作要始终坚持“三贴近”

2003年3月28日，胡锦涛在主持召开的政治局会议上提出，要进一步改进会议和领导活动的新闻报道。会议要求“新闻单位要坚持正确的舆论导向，大力宣传党的理论、路线、方针、政策，多报道对工作有指导意义、群众关心的内容，力求准确、鲜明、生动，努力使新闻报道贴近实际、贴近群众、贴近生活，更好地为人民服务、为社会主义服务、为党和国家工作大局服务”④。

2003年12月6日，胡锦涛在全国宣传思想工作会议上强调，“宣传思想工作要坚持贴近实际、贴近群众、贴近生活，把工作做实、做深、做活。更好地宣传动员群众、引导教育群众、帮助服务群众”⑤。

中国共产党第十七次全国代表大会上，胡锦涛在讲到文化创新时，又进一步强调，“要坚持为人民服务、为社会主义服务的方向和百花齐放、百家争鸣的方针，贴近实际、贴近群众、贴近生活，始终把社会效益放在首位，做到经济效益与社会效益

① 江泽民总书记视察人民日报社并发表重要讲话. 人民日报，1996-09-27.

② 中共中央文献研究室. 十三大以来重要文献选编（中册）. 北京：人民出版社，1991. 777.

③ 中共中央文献研究室. 十四大以来重要文献选编（上册）. 北京：人民出版社，1996. 656.

④ 姜华宣，张尉萍，肖生. 中国共产党重要会议纪事（1921—2006）. 北京：中央文献出版社，2006. 1003.

⑤ 姜华宣，张尉萍，肖生. 中国共产党重要会议纪事（1921—2006）. 北京：中央文献出版社，2006. 1032.

相统一”①。

（二）树立良好的社会风气要坚持“八荣八耻”

2006 年 3 月 4 日胡锦涛等领导同志在看望全国政协十届四次会议委员时发表讲话，提出“八荣八耻”。在谈到树立良好的社会风气时，他说：“在我们的社会主义社会里，是非、善恶、美丑的界限绝对不能混淆，坚持什么、反对什么，倡导什么、抵制什么，都必须旗帜鲜明。要在全社会大力弘扬爱国主义、集体主义、社会主义思想，倡导社会主义基本道德规范，扶正祛邪，扬善惩恶，促进良好社会风气的形成和发展。要教育广大干部群众特别是广大青少年树立社会主义荣辱观，坚持以热爱祖国为荣、以危害祖国为耻，以服务人民为荣、以背离人民为耻，以崇尚科学为荣、以愚昧无知为耻，以辛勤劳动为荣、以好逸恶劳为耻，以团结互助为荣、以损人利己为耻，以诚实守信为荣、以见利忘义为耻，以遵纪守法为荣、以违法乱纪为耻，以艰苦奋斗为荣、以骄奢淫逸为耻。”②

（三）提出“五个必须”，提高舆论引导能力

做好新闻宣传工作，关系党和国家工作全局，要把提高舆论引导能力放在更加突出的位置，关键要做到“五个必须”，形成舆论引导新格局。

2008 年 6 月 20 日，在《人民日报》创刊 60 周年之际，胡锦涛和中共中央政治局常委李长春来到人民日报社考察工作并发表讲话，提出“五个必须”：第一，必须坚持党性原则，牢牢把握正确的舆论导向；第二，必须坚持以人为本，增强新闻报道的亲和力、吸引力、感染力；第三，必须不断改革创新，增强舆论引导的针对性和实效性；第四，必须加强主流媒体建设和新兴媒体建设，形成舆论引导新格局；第五，必须切实抓好队伍建设，增强凝聚力和战斗力。③“五个必须”可归纳为：着力营造良好的理论氛围、昂扬向上的舆论氛围、喜庆祥和的文化氛围、文明和谐的社会思想氛围、有利的外部氛围和积极健康的网络文化氛围。

（四）尊重舆论宣传规律，讲究舆论宣传艺术

胡锦涛运用“科学发展观”思想指导宣传报道工作，把坚持新闻、宣传的党性原则建立在尊重宣传规律的基础上。④

2002 年 1 月，胡锦涛在全国宣传部长会议上讲话强调，新闻媒体是党和人民的喉舌，一定要坚持正面宣传为主的方针，牢牢把握正确的舆论导向，努力营造昂扬向上、团结奋进、开拓创新的良好氛围，并且“要尊重舆论宣传的规律，讲究舆论宣传的艺术，不断提高舆论引导的水平和效果”，“与人民群众日常工作和生活的实践性统

---

① 中国共产党第十七次全国代表大会文件汇编．北京：人民出版社，2007. 35.

② 胡锦涛等领导人分别看望政协委员并参加讨论，提出关于“八个为荣、八个为耻”的重要论述．人民日报，2006－03－05.

③ 胡锦涛在人民日报社考察工作时的讲话．人民日报，2008－06－21.

④ 陈力丹．胡锦涛总书记新闻、宣传的新思维．新华网，2006－07－26.

一起来，使宣传教育工作做到形式多样，生动活泼，为群众所乐于接受，能够回答群众中存在的思想认识问题”。①

尊重舆论宣传规律，这是一种宏观的认识，要求“科学地认识和把握新形势下宣传思想工作的特点和规律，形成新思路，探索新办法，开辟新途径，取得新成效”②。

第二节　马克思主义典型报道理论的当代价值

一、马克思主义思想体现了宣传报道的内在规律

早在1843年，马克思就指出：“在人民报刊正常发展的情况下，构成人民报刊实质的各个分子都应当首先各自形成自己的特征。这样，人民报刊的整个机体便分成许多各不相同的报纸，它们具有各种不同而又相互补充的特征，例如，一家报纸如果主要关心政治学，另一家则主要关心政治实践；一家如果主要关心新思想，另一家则主要关心新事实。只有在人民报刊的各个分子都有可能毫无阻碍地、独立自主地各向一面发展，并使自己成为各种不同的独立报刊的条件下，‘好的’人民报刊，即和谐地融合了人民精神的一切真正要素的人民报刊才能形成。那时，每家报纸都会充分地体现出真正的道德精神，就像每一片玫瑰花瓣都散发出玫瑰的芬芳并表现出玫瑰的特质一样。”③

首先，马克思早就认识到报刊具有自己的内在规律。“马克思的这些论述，充分体现了革命导师鲜明的唯物主义立场，承认报刊具有自己的内在规律，就说明报刊传播活动是一种独立的社会现象，是客观存在的，是不以人们的意志为转移的。”④

其次，报刊具有自己的特色。不同报纸的定位不同，要根据自己的特点选择报道重点和形成自己的报道风格。

再次，报刊要和谐地融合人民精神的一切真正要素。

最后，报纸都要充分体现出真正的道德精神。

毛泽东、周恩来、邓小平、江泽民、胡锦涛等领导人，根据中国的实际继承和创造性地发展了马克思主义思想，依据宣传报道的规律，及时作出了明智的判断和选择。

---

① 胡锦涛．在全国宣传部长会议上的讲话．新华网，2002－01－11．

② 胡锦涛．关于进一步改进会议和领导同志活动新闻报道的意见．中共中央文献研究室．十六大以来重要文献选编（上册）．北京：人民出版社，2005. 288～290.

③ 马克思，恩格斯．《莱比锡总汇报》的查禁和《科隆日报》．马克思恩格斯全集（第1卷）．北京：人民出版社，1995. 397.

④ 吴飞．马克思主义新闻传播思想经典文本导读．杭州：浙江大学出版社，2005. 58.

周恩来认为，文艺作品中的英雄人物典型要尊重创作规律，并且对不尊重宣传规律而塑造文学典型的现象提出批评，“现在一提就是英雄人物。哪来那么多英雄人物？文学作品总是提典型人物，典型人物包罗一切，包括英雄人物……戏剧、电影还是要搞典型人物，不一定每个戏都要搞英雄人物。各种人物都可以写，正面的、反面的，大的小的，可以有各种典型……有人提‘高标准’的英雄人物，怎么会有那样的人物？性格是各人不同的，如果人人都说一样的话，还有什么听头？陈老总说话有他的方式，我说话有我的方式，怎么能有一个固定的标准呢？写出性格来就会有不同的人物，不能把活生生的生活写成死气沉沉的”①。周恩来讲的是文学作品中典型人物的创作规律。他认为文学作品中的典型人物标准太高，不符合生活实际，更何况新闻宣传报道中的典型人物？文学与新闻显然有不同的规律，但是“典型人物”的真实性和社会效果的规律却有相似之处。

周恩来在40多年前批评的“高标准”和典型人物的单一化现象不仅出现在文学作品中，而且在当今新闻报道中仍然存在，甚至还有制造假典型的宣传报道。重温周恩来的这段话，对新闻中的典型报道仍有现实意义。

邓小平认为，宣传好典型要讲清具体条件，不要说什么都好。他说：“从党的具体条件和群众意愿出发，这一点很重要。我们在宣传上不要只讲一种办法，要求各地都照着去做。宣传好的典型时，一定要讲清楚他们是在什么条件下，怎样根据自己的情况搞起来的，不能把他们说得什么都好，什么问题都解决了，更不能要求别的地方不顾自己的条件生搬硬套。”②

2003年胡锦涛在全国宣传思想工作会议中指出：“要尊重舆论宣传的规律，讲究舆论宣传的艺术，不断提高舆论引导的水平和效果。”

2008年6月20日，胡锦涛在《人民日报》创刊60周年之际的讲话，特别强调传媒宣传要创造“有利的外部氛围和积极健康的网络文化氛围”。这体现了重视新闻宣传规律、重视传媒舆论新环境的理念。

二、正面人物宣传报道是一种舆论导向，宣传艺术更加重要

任何时代、任何社会的媒体宣传都有舆论导向。西方社会同样如此。美国南北战争时期的总统林肯说过，“你有舆论的支持，无往而不胜；没有的话，无时不败”。美国和英国的主流媒体的新闻报道实践充分体现了他们的舆论导向性。对“9·11”事件、伊拉克事件的报道，他们很明显地站在本国的立场上，为本国的利益大造舆论。2008年3月美国的CNN和英国的BBC对西藏事件的歪曲报道，更是赤裸裸地表现了西方媒体的舆论导向。这是不同意识形态的矛盾，而不是文明的冲突。

---

① 文化部文学艺术研究院．周恩来论文艺．北京：人民文学出版社，1979. 167～168.

② 邓小平．关于农村政策问题．邓小平文选（第2卷）．北京：人民出版社，1983. 316～317.

马克思主义的典型报道理论之所以提倡“典型示范”主要是树立榜样，通过榜样的力量大造舆论，以推动社会建设和发展。邓小平指出“稳定压倒一切”、“发展是硬道理”的理论；江泽民提出“舆论导向正确是党和人民之福，舆论导向错误是党和人民之祸”的理论；胡锦涛提出的“五个必须”中有营造“昂扬向上的舆论氛围”的理论。这些理论和马克思列宁主义思想一样，强调正确的舆论导向可以保证和推动社会健康发展。

正面人物宣传报道属于营造“昂扬向上的舆论氛围”的重要内容部分，是正确的舆论导向，我们应当理直气壮地坚持。

然而，在社会主义市场经济条件下，舆论导向正确只是一个前提，只是做好了舆论的基础工作。舆论导向正确不等于宣传效果良好。也就是说方向正确不一定就能达到目的。还需要加强宣传报道艺术，争取取得良好的效果。

对于加强宣传报道艺术，马克思主义经典理论中已经有过不少论述。马克思批评那些为宣传而宣传的“典型示范”，认为强加于社会的“榜样”只会产生不好的效果，要善于利用时机宣传典型。列宁批评一些人不善于运用“榜样的力量”来宣传报道自己。江泽民指出要“把报纸、广播、电视办得有吸引力、感染力，使读者、听众、观众爱读、爱听、爱看”。这些内容谈的都是宣传报道要讲求引导艺术，才能产生良好的效果。

值得思考的是，以前的典型报道为什么会产生那么好的效果？现在又为什么不能产生那么好的效果呢？

革命战争年代和新中国成立初期的典型报道，宣传效果为什么会那么好呢？原因在于，首先，革命战争年代和新中国成立初期，直到20世纪80年代以前，革命的对象明确，建设的目标方向明确，尽管世界背景复杂，经济条件艰苦，但国内各阶层的利益关系不那么复杂；其次，中国国内的意识形态处于一元化阶段，人们的思想相对单纯。所以典型人物的宣传报道动机与效果容易趋于一致和统一。舆论宣传很快可以产生一呼百应的效果。

到了21世纪，中国已经走过了改革开放30年，开始迈进世界强国行列，国内的各种利益关系也相对复杂。另外，社会已经进入多元化时代，新技术的发展，人们接收信息的渠道增多，表达诉求的渠道相对自由和宽广，尤其是青年一代，更喜欢利用新技术接收信息。过去那种单一的灌输式宣传不大适合年轻人，传统的讲述方式比起人性化、个性化的新技术方式逊色很多。

因此，正面人物宣传报道的舆论导向虽然体现了中国社会主义核心价值观，体现了奋发向上、艰苦奋斗、自强不息的中华民族精神和时代精神，但宣传报道观念与当代人的接受观念不协调，宣传报道不大讲求艺术手法，同样不能收到良好的效果。

三、正面人物宣传报道旨在宣传中国特色社会主义的理想

一个国家要发展，必须有一条正确的道路；一个民族要振兴，必须有一个共同的理想。①

中国社会主义革命和建设之所以取得胜利，就是因为以毛泽东为代表的共产党人坚持马克思主义的理想，坚持共产主义的理想。邓小平要求青年做“四有”新人，应把“有理想”放在首位。他说，过去能在非常困难的情况下奋斗出来，战胜千难万险使革命胜利，就是因为有理想，有马克思主义信念，有共产主义信念。

中国共产党人的最高理想是实现共产主义。中国特色社会主义共同理想是实现中华民族的伟大复兴。两种理想层次不同，阶段性不同，要求不同，但实现的目标一样。

理想和信念是不可分割的，有理想也就是有信念。理想信念是一种强大的精神力量，是推动和鼓舞人们前进的强大精神动力，也是支持人们克服困难、经受严峻考验的坚强的精神支柱。②

邱少云为了不被敌人发现，宁可让自己的身体被烈火燃烧，黄继光用血肉之躯堵住敌人的机枪而光荣献身，刘胡兰面对敌人的铡刀无所畏惧，他们的行为都有一种理想信念的支持——为了中国革命的胜利。焦裕禄带领群众勇战自然灾害，牛玉儒心中总想着百姓，任长霞为保一方平安不畏恶势力而献身……他们有一种理想信念的支持——为了国家利益。张海迪身残志坚，洪战辉带着妹妹上大学……他们也有一种理想信念的支持——自强自立。

理想信念的内容包括爱国主义精神。爱国主义作为千百年来形成的对祖国的热爱，不仅是一种深厚的感情，而且更主要的是一种坚定的理想信念。③ 在当代，爱国主义信念是与中国特色社会主义共同理想联系在一起的。邓小平准确地阐述了爱国主义信念的基本内容：“中国人民有自己的民族自尊心和自豪感，以热爱祖国、贡献全部力量建设社会主义祖国为最大光荣，以损害社会主义祖国利益、尊严和荣誉为最大耻辱。”④

胡锦涛同志提出“八荣八耻”的社会主义荣辱观，既是基本的、具体的思想道德规范，也是理想信念的基本内容。

“八荣八耻”指出了什么是真、善、美，什么是假、恶、丑，以何为荣，以何为耻，为人们在社会主义市场经济条件下判断行为得失、作出道德选择、确定价值取

---

① 中共中央宣传部理论局．理论热点面对面·2007．北京：学习出版社，人民出版社，2007.9.

② 奚广庆．邓小平理论概论．北京：中国人民大学出版社，1998.291～292.

③ 奚广庆．邓小平理论概论．北京：中国人民大学出版社，1998.293.

④ 邓小平．中国共产党第十二次全国代表大会开幕词．邓小平文选（第3卷）．北京：人民出版社，1993.3.

向，提供了基本规范。“八荣八耻”既是基本要求，也是高标准要求。“八荣八耻”代表了先进文化的前进方向，体现了依法治国与以德治国相结合的治国方略。

总之，理想信念教育不可放松。正面人物宣传报道实际上通过报道正面人物的事迹，宣传中国特色的社会主义的理想信念。但在宣传报道的理念上应当不断创新。不只是高大的英雄人物，社会中涌现出来的平凡的小人物、草根阶层的平民英雄，他们身上的闪光之处同样反映了社会主义的共同理想信念，体现了社会主义道德和价值取向。

四、正面人物宣传报道传播中华民族的精神

《周易》所云“天行健，君子以自强不息”、“地势坤，君子以厚德载物”，这是中华民族的基本精神。

在中国的历史长河中形成的以爱国主义为核心的团结统一、爱好和平、勤劳勇敢、自强不息的中国传统文化，是中华民族赖以生存和发展的精神支柱，是凝聚炎黄子孙永恒的精神纽带。它不仅在过去为中华民族生生不息、繁荣发展提供了强大的精神动力，而且在构建社会主义和谐社会的伟大历史进程中仍然具有重要的价值。

英雄之所以成为英雄，就在于他的精神价值，这种精神价值能激起人们对他的精神之爱。中国历史上屈原、关羽以及清官包拯的形象，一度为人们所颂扬，尽管在今天看来他们身上有某些局限，但仍是人们信奉的典范。比如，关羽被生意人供奉为财神，因为从他的行为中提炼出了诚信的精神，这种诚信精神在市场经济社会也应当得到肯定。

《谁是最可爱的人》体现了志愿军的国际主义精神和爱国主义精神；雷锋的事迹之所以被全国乃至全世界人民仿效，是因为他的思想中体现了无私奉献的精神；焦裕禄的事迹体现了一种勤政爱民的精神；张海迪、洪战辉、郜丽华等则体现了当代人物自强不息的精神。

正面人物报道的存在与发展，对于传承中国传统文化、弘扬符合当前和谐社会的文化理念和价值观念具有重要意义。

中国文化精神也具有超越时空的普遍价值和时代意义，它具有对内凝聚中华民族力量，对外展示中华民族形象的重要价值功能。

“20 世纪 70 年代，美国有一批青年人自发地学习雷锋。他们派出代表到中国购买《雷锋日记》和介绍雷锋事迹的书籍；穿着胸前印有‘学习雷锋’字样的文化衫，走到街头扶老携幼，帮助行人解决各种困难。在上海留学的美国青年温戴克，一次到雷锋纪念馆参观，有人问他向雷锋学习什么，他回答道：学习雷锋对事业的态度，学习雷锋刻苦学习的‘钉子精神’，学习雷锋关心人、爱护人、支持人和理解人的品质。他说，雷锋的这些精神都是全人类应该共有的。他表示要和更多的美国青年一起，把雷锋精神弘扬到全世界。10 年后，《辽宁日报》报道说，全球已有 38 个国家和地区

的人民以不同的方式学习雷锋。”①

2008年的抗震救灾精神体现了中华民族至善、大爱的精神，这是中华民族精神的延续和发展，也是正面人物的精神所产生的效果。学习和宣传正面人物，目的是学习和传承他们的精神。从这个意义上说，典型人物或英雄人物的精神，包括平民英雄人物的精神，无论到哪个时代都不会过时，只会随着时代的变迁而不断丰富其内涵。

五、正面人物宣传报道体现社会主义先进文化

总的来说，正面人物宣传报道传播的是中国主流文化。

首先，正面人物宣传报道是一种政治文化的传播。

一个国家的政治信仰和政治体制规定了这个国家的主流新闻理论话语体系。我国的新闻话语体系是由中国共产党的政治信仰以及现行的政治体制所决定的。弘扬主旋律是我国新闻工作的主流，新闻宣传事业是党的工作的一部分，党的事业也是新闻媒体的事业。中国共产党要率领13亿人民实现中华民族的伟大复兴，作为新闻媒体责无旁贷应该为其摇旗呐喊。

典型报道之所以在我国得以发展，其原因之一在于典型报道体现了党报的性质和功能，通过选择、报道典型人物和典型事件来倡导、维护蕴涵其中的社会主流价值观，从而提高社会的凝聚力，促进社会的和谐发展。

因此，正面人物报道有鲜明的政治色彩，它与当前的政治密切相关，直接为政治服务。许多先进典型被称作“榜样”、“标兵”，是因为他们在党的政治任务的实施过程中很好地体现了党的主张。典型报道通过“典型引路”来实现其思想政策性即指导性，达到教育、引导人们的目的，确保党的路线、方针的顺利实施，提高政治凝聚力，起到维护政治稳定的作用。

其次，正面人物宣传报道是一种传媒文化的传播。

马克思主义典型报道理论之所以强调典型示范的作用，一个很重要的原因就是认识到传媒在传递信息过程中的教育力量是强大的。

“大众传播机构是一种教育工具，而且也许是最强大的；他们必须在陈述和阐明本共同体应该为之奋斗的理想中，承担起教育者那样的责任。”②

毛泽东、邓小平、江泽民、胡锦涛等领袖一再强调，精神文明重在建设。宣传先进人物，讴歌他们的先进事迹和崇高精神，是宣传思想战线的重要责任。

既然传媒文化是一种人们接受最广泛的文化现象，传媒的文化传播责任显得更加重要。《三字经》有云：人之初，性本善……苟不教，性乃迁。说明人一生下来性情

① 朱金平．典型报道论．北京：长征出版社，2003.2.

② ［美］新闻自由委员会．一个自由而负责任的新闻界．展江，王征，王涛译．北京：中国人民大学出版社，2004.14～15.

是善良的，如果不加强教育，性情有可能随着环境而变化。这很明确地强调了正面教育的意义。儒家文化是“向善”的文化。我们有些人教育小孩，为什么有些报纸自己办的却不敢带回家让小孩看，为什么怕小孩陷入网瘾的泥沼之中，原因是希望自己的孩子得到正面教育，以便健康成长。同样的道理，一个社会、一个国家，都应该注重正面引导的作用。

所以，宣传报道正面人物以树立榜样，努力形成振奋精神、艰苦创业、励精图治、无私奉献的社会舆论环境，以推进社会主义和谐社会的建设，至关重要。

六、“正面报道”与“负面报道”的理论探讨

“正面报道”与“负面报道”在几年前曾引发过讨论，最近学界又对此展开了争论。此争论与本课题相关，有必要作一专门分析。分析这一问题涉及宣传与报道、动机与效果等基本理论，因此先作一番梳理。

（一）宣传与报道

人们常常把宣传与报道并用，这在中国是一种普遍现象。其实新闻报道与宣传是两种不同的社会现象。李良荣认为：“新闻传播信息，宣传传播观念，这是两者最基本的区别。”①

另外，还有四点不同：第一，出发点不同。宣传的出发点是出于宣传者自身的需要，他们把一定的观念传播出去，让受众了解、理解、接受，从而争取受众的信任与支持；而新闻的出发点是出于受众的需要。第二，归宿点不同。宣传者在宣传之前，有自己的主观意图，通过宣传，力图影响人们的思想，让受众自觉自愿地按照宣传者的意图去行动；新闻本身没有自己的主观意图，任凭新闻接受者自己去分析、判断，作出决策。第三，传播方式不同。信息的传播从来都是一次性的，宣传却常常重复。第四，传播的要求不同。信息沟通要求定量的准确，宣传要求定性的准确。②

新闻与宣传的相同之处是：第一，都是一种传播活动；第二，无论信息也好，观念也好，都会影响人们的思想。

宣传与报道要分开。信息时代，人们更容易接受新鲜的事物。利用报道进行宣传是当代精神文化领域里的重要课题。现今中国的意识形态领域的状况往往是利用宣传进行报道，观念影响新闻报道，而不是通过新闻报道的事实影响观念。这导致新闻报道概念化，观念性太明显，让人一看就知道是宣传。

西方政府也在宣传他们所谓的“民主”，他们利用媒体报道事实进行宣传，通过具体事实、故事情节进行宣传，很能说服人。中国的典型报道积累了丰富的经验，但是根据时代的特点，我们应该吸收西方善于利用报道进行宣传的合理成分，以丰富正

① 李良荣．宣传学导论．福州：福建人民出版社，1989. 2.

② 李良荣．宣传学导论．福州：福建人民出版社，1989. 2 ~ 3.

面人物宣传报道的理论和实践。

（二）动机与效果

1. 动机与效果的关系

动机和目的是相应的两个概念。目的与效果是相近的两个概念，可以互换。

宣传报道的动机主要是传递信息，引导舆论，满足人们的精神需求。其目的是通过传递信息引导舆论，弘扬和培育民族精神与时代精神，坚持社会主义的核心价值观。如果达到了预期效果也就达到了目的。

宣传报道的特点是主要靠事实影响社会。如果传播的事实对社会产生了影响，也就达到了一定的社会效果。社会效果包括正面效果和负面效果。

动机与效果如果一致，那是一种理想的结果。宣传报道是一件复杂的事情，所以在思考动机时要考虑效果，因为动机只是一种愿望。

“凡是引起人去从事某种活动，指引活动去满足一定需要的愿望或意念，就是这种活动的动机”，“动机是人的活动的推动者。它体现着所需要的客观事物对人的活动的激励作用，把人的活动引向一定的、满足他需要的具体目标”①。

动机是一种愿望或意念。动机可以激励人们从事某种活动并朝着一定的目标努力。良好的愿望不等于就会达到目的，它只是一种前提或者必备的条件。

2. 新闻宣传报道既要有良好的动机还要有良好的效果

新闻宣传报道价值的生成只能够发生在人们的接受活动中，新闻宣传报道价值的生成过程也就是信息的主、客体认识社会的过程。在信息社会中，即使一件信息产品被制作出来，传递出去，也要真正进入接受过程，被人们消费，其信息价值才能得到最终实现。

马克思说：“因为只是在消费中产品才成为现实的产品，例如，一件衣服由于穿的行为才现实地成为衣服；一间房屋无人居住，事实上就不成其为现实的房屋；因此，产品不同于单纯的自然对象，它在消费中才证实自己是产品，才成为产品。”②

按照马克思的观点，信息产品被制作出来并传递出去，只是完成宣传报道的第一个过程，接受者是否接受了、接受了多少、以什么态度接受的、接收后是否满意，才是最重要的。也就是说，真正检验宣传报道质量的是接受效果，如果只强调动机不注重效果，往往会出现言者谆谆、听者藐藐的结果。

3. 正面事件报道为何产生负面效果

范以锦总结了两点：第一，宣传一个很好的典型，如果不实事求是，而是任意拔高，就会给人虚假感觉，导致负面效果；第二，宣传报道时机选择不当，也会出现负面效果。比如某领导是一个廉洁奉公的典型，但所在单位出现了类似安全事故的突出

---

① 曹日昌. 普通心理学. 北京：人民教育出版社，1980. 90.

② 马克思，恩格斯. 马克思恩格斯选集（第2卷）. 北京：人民出版社，1972. 94.

问题，如果在这个时候推出这个典型，人们就会猜测推出这个典型是为了掩盖单位存在的安全问题，这个典型的宣传就有可能产生负面影响。[①] 根据上面两点还可以增加一点，如果宣传报道方法简单（让人强制性接受），也会导致负面效果。最后一点在当代社会尤其值得注意。

2008 年 6 月 7 日凤凰卫视《一虎一席谈》节目中，汶川大地震中的教师范美忠就自己的“先跑事件”与节目嘉宾展开辩论，作为意见的反对方的郭松民以“无耻”、“畜生”等字眼对范美忠进行批评。本来是千夫所指的范美忠却得到了在场的大多数人的同情。真理似乎偏向了谬误。

当然，就媒体来说此事难免有炒作之嫌，也存在传播导向问题。但从传播效果的角度来说却值得思考，尤其在如何理解正面人物宣传报道的效果这一方面，更值得思考总结。

首先，即使真理在胸，使用简单粗暴的方法说服人，也会产生相反的效果。其次，平等交流、沟通成了当代精神领域中的一件大事，并且在社会生活中显得越来越重要。有一些事情和做法，可能并不完美甚至是错误的，但通过沟通交流，也许会互相谅解，从而和谐相处。即使是原则问题，也可以通过交流按照程序来解决。再次，灌输式文化必须适应时代的需要。否则，良好的动机却产生不了预期的效果，还会使对方产生逆反心理。

张昆从传播学角度对逆反心理总结了五种现象：一是对宣传的信息不予理睬；二是驳斥传播者宣传的论点；三是歪曲或误解外来信息；四是贬损信息来源；五是寻求社会支持。[②] 可见宣传报道工作既要讲求动机，更要讲求受众接受效果。一旦受众产生逆反心理，再好的宣传动机也难以奏效。

（三）“正面报道”与“负面报道”的理论探讨

前文指出，“坚持正面宣传为主的方针”是 1989 年 11 月 25 日李瑞环提出来的，之后被确定下来。

提出“正面宣传为主”的目的是弘扬主旋律，提出的背景是 30 多年前。那时中国仍处于改革开放的十字路口，经济领域里的争论主要是走市场经济道路还是继续走计划经济道路；思想领域的争论主要是西方模式还是中国社会主义特色的道路。经过 30 多年的改革开放，中国的大政方针已经确立，十七大制定的科学发展观路线更加明确，社会主义核心价值观已经被全国人民接受。在此背景下重新审视“正面宣传为主”的方针关系到今后的宣传报道如何改革和发展的问题。

事物的相互作用一般分为两类，正相互作用和负相互作用。有益的为正相互作用，无益的或有害的为负相互作用。“由于人文现象的复杂性和主体的评价标准的差

---

① 范以锦.“负面报道”不是“负面影响”. 南方周末，2007－11－22.

② 张昆. 大众媒介的政治社会化功能. 武汉：武汉大学出版社，2003. 271～272.

异，何者为利，何者为弊，并不容易把握。在某种情境下本来处于正相互作用状态，但由于更大范围内的情境改变，就有可能使正相互作用改变为负相互作用。反之亦然。”①

物理现象与人文现象中的正与负都有两个共同点：相互矛盾和相互联系。但也有不同点，物理现象中的正与负不受情境制约，也就是说，在一般情境下正与负不可改变；人文现象中的正与负却受到情境的制约，在一般情境下正与负可以改变，甚至改变为相反的状态。

在新闻宣传报道这种复杂的正、负面相互作用中，值得探讨的是，正面与负面究竟是立足于宣传报道题材，还是立足于宣传报道效果？学界和业界存在四种看法：

（1）题材论。赵永福主张立足于宣传报道题材。他认为：“正面是与负面相对的，是指好的、积极的一面。正面宣传就是好的、积极的一面的宣传。正面宣传讲的是宣传什么，讲的是内容，也就是说讲的是报道题材的规定。……宣传什么与宣传的社会效果是有联系的，但它们不是一个东西，不可混为一谈。”②

（2）题材扩张论。邵强同意报道题材的限定，但主张扩大深层次报道范围。他指出：“近年来崛起的一些思辨性、探索性的深层次报道，针对广大受众对当前形势的种种疑虑，指出克服困难、解决问题的途径，增强人们克服困难的信心和希望，无疑应当是正面宣传的重要内容。”③

之后邵强又撰文补充说：因为我们进行的一切宣传，其目的都是为了取得积极的社会效果，如果以社会效果的好坏来作为检验正面宣传与非正面宣传的标准，就不存在非正面了，也就无须提出以正面宣传为主的方针了。④

（3）效果论。喻国明认为应以效果来检验而不应以题材来划分。他说：“正面宣传本身对报道题材的选择没有什么绝对的限制，它所能包括的题材范围是极其广阔的——既包括成就宣传，也包括批评报道；既包括人民内部的民主协商对话，也包括对一些社会热点问题的探讨；既包括对社会舆论的积极引导，也包括对社会舆论的真实反映；既包括自上而下宣传党和政府的方针、政策，也包括自下而上对党和政府的民主监督等等。……社会效果的好坏是检验宣传是不是正确正面宣传的唯一标准。”⑤

范以锦也同意效果论。他认为“负面报道”的说法实际上是混淆了“负面报道”与“负面影响”这两个不同概念，也就是将新闻报道产生的“负面影响”简单归结为“负面报道”。其实，任何报道由于处理不当，都可能产生“负面影响”，包括我

---

① 林岗．符号·心理·文学．广州：花城出版社，1986. 127.

② 赵永福．正面宣传与非正面宣传不可混淆．中国广播电视学刊，1990（5）.

③ 邵强．搞好正面宣传还需端正认识．新疆新闻界，1990（4）.

④ 邵强．正面宣传浅议．中国广播电视学刊，1990（5）.

⑤ 喻国明．正面宣传：判断标准与操作定义．新闻记者，1990（4）.

们习惯说的“正面报道”。宣传一个很好的典型，如果不实事求是，而是任意拔高，就会给人虚假的感觉，导致“负面”效果。时机选择不当，也会出现这种情况。……同样的道理，那些所谓“负面”的“天灾人祸”的报道处理得当也会产生很好的正面影响力。①

（4）相关论。正面报道与舆论监督相关，否定一方，另一方将不复存在。新华社天津分社刘刚持这种看法：“在改进舆论监督报道时，强调报道要起到推动实际工作的作用，取得激励和鼓舞群众坚定党的领导和改革开放信心的效果。这样，舆论监督报道是否也属于广义的正面报道？持肯定态度的观点固然有一定道理，但从切实提高正面报道的质量来说，不宜从报道的社会效果来扩大其界定范畴，否则不利于改进正面报道和舆论监督等多种方式的报道工作。”②

从党的新闻宣传工作的历史上看，除了“文革”这一特殊时期外，对官僚主义、形式主义、腐败行为等的舆论监督报道一直存在。正面报道与舆论监督等报道，表面上看是切入报道的角度不同，实际上却主要是源于客观事实本身所具有的截然不同的性质。比如对一名贪官腐败行径的批评报道，尽管能够体现党和国家惩治腐败的决心，但与对一名廉洁自律、一心为公的领导干部的正面报道相比，其新闻事实的本质属性是不同的，这就决定了报道性质的差异性。因此，从严格意义上来说，正面报道与舆论监督等报道是有区别的。

就新闻题材来说，事件有正面事件和负面事件之分，如舍己救人、打人事件等。人物有正面人物和反面人物之分，如英雄人物、贪腐人物等。

新闻报道没有正负之分。第一，新闻报道按照新闻的价值规律选择事实；第二，客观报道仍是新闻报道遵循的一条定律；第三，如果按照正面报道为主的原则选择事实，新闻报道就会出现“报喜不报忧”的局面，这就不利于舆论监督。

值得注意的是，负面事件更有新闻价值。如果一味强调新闻价值规律而不顾社会效果，负面事件会充斥媒体，正面事件反而大量减少。

因此应从报道目的划分，不论正面事件还是舆论监督，如果怀着善意的目的，舆论监督则会有利于社会进步。如果不是善意的目的，正面事件也不会产生好的效果。无论是30年前提出的正面宣传为主，还是30年后提出的弘扬主旋律，都只有一个目的：反映社会主义的“民族精神和时代精神”。新闻报道不提“正面报道为主”，纯粹的宣传可以提“正面宣传为主”。如果一定要把“宣传和报道”并用的话，最好使用较科学的提法：弘扬主旋律。

第一，“原则”和“方针”宜粗不宜细。在宣传报道原则或者方针上坚持弘扬主

① 范以锦．“负面报道”不是“负面影响”．南方周末，2007－11－22.

② 刘刚．对正面报道的辩证分析．卓培荣．破解报道难题：2006年新华社新闻学术年会论文选．北京：新华出版社，2007. 44.

旋律。

第二，在具体报道实践中，虽然不提以正面报道为“主”，但新闻事件中仍有“正面”与“批评”之分。批评性事件尽管可以出现警示作用的正面效果，但在性质上与舆论监督迥然有别。因此，在新闻实践中可以提“正面事件”和“批评性事件”。否则，与“正面事件”相对应的舆论监督如何存在？又如何发展？

第三，2008年的雪灾和地震事件，属于“负面”事件，却产生了巨大的正面影响。因为这些都是自然灾害事件，容易引起人们的同情与支持。而人为事件如贪污腐败，即使再坚持人性化报道和客观报道，人们也会自然地产生其他想法和思考，如果超过正面事件的数量或气势，就会出现负面效果。

第四，处理好局部与整体的关系。一部分人只从新闻媒体自身考虑，只强调新闻规律，忽视了社会责任与社会意识，有时会偏离社会主义方向。另一部分人只强调社会效果而忽视了新闻规律和宣传规律，有时会走向片面，同样也会产生不好的社会效果。二者都只强调了问题的一面，应该二者兼顾或融合。

可以这样归纳：作为原则或方针，坚持弘扬主旋律，尊重新闻规律和特点，不因以正面宣传为“主”而限制新闻报道。在操作层面上，仍要区分正面事件和舆论监督。

综上所述：

（1）马克思主义社会关于典型示范的理论，强调舆论导向对社会发展的作用。这种作用在中国特色社会主义社会仍然具有重要的当代价值。

（2）毛泽东的典型报道理论体现了革命时代意识形态的思维模式——典型报道的激情宣传影响社会，作为推动党的工作的一种方法，曾起到了良好的效果。邓小平关于舆论导向的宣传，着重强调利用经济力量稳定社会，推动意识形态发展的模式，使意识形态稳定前进。胡锦涛的科学发展观理论，注重经济与社会和谐发展，重视无形文化软实力。激情式—稳定式—平衡式，三种舆论导向思维的不同，体现了各个时代的特点，也体现了中国对马克思主义理论的发展与创新，对于正面人物宣传报道理论的创新与发展，具有重要的理论价值和政治意义。

（3）社会主义特色的共同理想为正面人物宣传报道的提出和实践，奠定了理论基础。社会主义社会既有追求共产主义理想的先进人物，也需要代表社会主义共同理想的感动人物和平凡人物。不同层次的人物组成一个社会网络，共同推动社会前进。

第三章

正面人物宣传报道的历史经验

IMAGE-BUILDING & SOCIAL IDENTITY：A STUDY OF THE SOCIAL EFFECTS OF MEDIA PROMOTION TO THE POSITIVE FIGURES

第一节　延安时期到新中国成立前

第一波集中的正面人物宣传报道，起于抗日战争时期的抗日民主根据地（包括中共中央的所在地延安及其他的敌后抗日根据地）。日本侵略者的军事压力和国民党的第二次反共高潮，使根据地建设进入极其困难的时期，共产党的新闻事业面临着前所未有的挑战。在这样的背景下，共产党大力倡导用典型报道鼓舞士气、推进革命工作，诞生了第一批有影响的正面人物形象。

1939 年，毛泽东在《收集和宣传八路军新四军民族英雄事迹》的电报中说："在战争中，从我们八路军、新四军的干部与战士中涌现出许多民族英雄。表扬这些英雄及其英勇行为，对外宣传与对内宣传均有重大意义。"根据地报纸积极响应。以《晋察冀日报》为例，在总编辑邓拓的带领下，发表了多篇优秀的战地人物通讯。记者沈重采写的《棋盘陀上的五个"神兵"》，记述易县狼牙山五壮士英勇歼敌、舍身跳崖的事迹。记者仓夷采写的《马老太太——回民支队长的母亲》记叙了回民抗日英雄马本斋的母亲壮烈殉国的事迹。另外还有《爆炸大王甄坠子》、《平西跳崖五壮士》、《反"扫荡"中的李勇》等。对国际友人白求恩、柯棣华，《晋察冀日报》也给予了重点报道。这些可视为正面人物报道的前奏。

1942 年，延安整风运动开始，这是中国共产党在全党范围内进行的一次马克思列宁主义的教育运动。《解放日报》走在新闻界整风改革的最前面。1942 年 4 月 1 日，《解放日报》改版，发表社论《致读者》，提出党报必须具有的品质是"党性、群众性、战斗性和组织性"，要求党报"记载群众可歌可泣的英雄奋斗的事迹"、"响应党的、政府的号召，或者根据党的方针倡导各种群众运动，经常注视和指导运动的展开，具体帮助各种群众运动和工农大众的斗争"[①]。之后，《解放日报》开始大量报道各条战线的劳动模范，通过树立正面人物典型，动员群众投入大生产运动。

1942 年 4 月 30 日，《解放日报》头版头条刊登《模范农村劳动英雄吴满有　连年开荒收粮特多　影响群众积极生产》。这篇报道介绍了吴满有积极开荒，多交公粮，由一个佃农变成衣食有余的劳动模范的事迹，被公认为我国典型报道的开山之作。9 月 7 日，《解放日报》发表通讯《人们在谈说着赵占魁》，盛赞延安农具厂翻砂工赵占魁是"中国艰苦奋斗的产业工人的典型"，其后又连续发表《赵占魁同志》、《恭喜赵占魁》、社论《向模范赵占魁学习》等。这两个正面人物典型一经树立，立时轰动了陕甘宁边区和各根据地。《解放日报》随后推出了一大批劳动战线上的正面典型人物，

---

① 中国社会科学院新闻研究所．致读者——《解放日报》改版社论．中国共产党新闻工作文件汇编（下册）．北京：新华出版社，1980. 50 ~ 53.

如杨朝臣、张玉清、张振才、刘玉厚、李位、张秋风、申长林、马玉恩、马杏儿、贺保元、马清旺、张清益等。仅1943年上半年，《解放日报》报道的先进人物就有600多名，成为中国共产党正面人物报道的第一个高潮。

抗战结束后第三次国内革命战争时期，军事宣传和土地改革宣传是解放区新闻工作的两项基本内容。这一时期也出现了一批有影响的正面人物报道，如新华社的人物新闻《共产党员刘胡兰慷慨就义》、《优秀共产党员董存瑞舍身炸毁敌坚固碉堡》等。

本时期的正面人物宣传报道，主要有以下成功经验。

一、典型报道观念的推广和实践

典型报道观念的推广和实践，既是20世纪40年代正面人物报道最显著的特点，也是其成功的最直接原因。

典型报道的优势，首先是印证式的报道手法。所谓印证，就是以典型例子来论证党的主张、方针、政策的合理性、必要性以及巨大的威力，从而使广大干部群众了解、理解，并自觉地贯彻执行。典型报道观念最显著的特点，是“循着鲜明的主观意识去发现和报道适于推动工作的典型”①。

其次是报道典型与推广典型相结合。在“全党办报”的理念下，党报是党的一个工作机构，党报的任务不仅是选择、发现、报道先进典型，还要负责推广典型，组织、发动群众学习典型，“典型宣传同学习典型的群众运动互相穿插衔接，是典型宣传的一个显著特点”。以赵占魁的宣传为例，从1942年9月7日发表穆青、张铁夫的通讯《人们在谈说着赵占魁》开始，到1944年3月26日发表总结文章《赵占魁的收获》止，共发表通讯、报道、评论和社论60余篇。这一特点使典型报道的“议程设置”效果十分强烈。

由于这一阶段正面人物报道运用典型报道手法和观念获得极大成功，典型报道在很长时间内被置于党报主流报道观念和报道方式的地位，成为正面人物报道的惯常思维方式。

二、单纯突出的人物形象

这一时期正面人物报道的客体，主要是根据地建设中的劳动模范、抗战及国内战争中的战斗英雄。人物形象所呈现出的特点，首先是集中宣传之前名不见经传的小人物或小单位。其次是人物形象上附载着较强的道德伦理色彩。人物形象多为舍己为公、舍己为人、忍辱负重、任劳任怨、诚实坦白、高尚纯粹的人等。再次是审美标准趋向工农化，“从吴满有的报道开始，国际的、都市的、中上层社会的生活、文化被崇尚头缠白羊肚手巾、身穿自制土布衣裳，‘脚上有牛屎’的朴素、粗犷、单纯的美

---

① 陈力丹．新闻观念：从传统到现代．上海：复旦大学出版社，2004. 167.

所替代”[①]。这三个特点贯穿了这一阶段的正面人物报道，“为党的革命建设无私付出的小人物”的形象单纯而突出。

单纯突出的人物形象与当时中国的现实、中国革命战争的主体——农民更加贴近，给读者留下了深刻印象。

三、良好的采访作风和朴实的写作风格

这一时期正面人物报道的成功，与良好的采访作风、朴实的写作风格密切相关。《解放日报》改版开始时，正值全党大兴调查研究之风。在“到群众中去，到实际中去”的口号下，记者们打起背包，带上稿纸和墨水，纷纷下厂、下乡、下连队。记者们克服当时艰苦的工作和生活条件，进行深入采访。

在写作方面，处于兴起阶段的正面人物报道，形成了以通讯为主的体裁特征。为了切实增强思想性和宣传效果，逐步形成了两种较为群众喜闻乐见的写法：一是采取故事式，选取人物事迹中的几则生动的小故事合成一篇通讯，来表现人物的先进思想；二是集中、概括、突出先进人物的一个侧面，反映一个思想。[②] 受毛泽东在《反对党八股》中提出的整顿文风的影响，这一时期的正面人物报道一改以往的报道方式，放低姿态书写基层人物，记者笔法比较质朴，文风朴实无华。关于吴满有、赵占魁等人物的报道，语句都很口语化。有的人物新闻十分简短，如《英雄的女共产党员刘胡兰同志从容就义》（新华社晋绥 1947 年 2 月 7 日电），只有三百多字，集中叙述了刘胡兰就义的场景。

总体来说，这一时期的正面人物报道，成功地推动了当时的大生产运动和对敌作战，鼓舞了人们的信念和斗志，取得了良好的宣传效果。报道所塑造的许多正面人物形象，成为抗日战争时期民族精神的代表，成为中华民族宝贵的精神财富。

第二节　新中国成立后十七年

新中国成立后解放区的办报经验被推广到全国，“典型宜多、综合宜少”成为新闻工作的指导方针。同时，根据毛泽东的批示，“在开展反坏人坏事的广泛斗争达到了一个适当阶段的时候，就应将各地典型的好人好事加以调查分析和表扬，使全党都向这些好的典型看齐，发扬正气，压倒邪气”[③]，“以正面报道为主”的基调也确定下

① 陈力丹．新闻观念：从传统到现代．上海：复旦大学出版社，2004. 168.

② 李良荣．中国报纸文体发展概要．福州：福建人民出版社，2002. 114 ~ 115.

③ 毛泽东．要在报纸上揭发坏人坏事，表扬好人好事．中共中央文献研究室．毛泽东新闻工作文选．北京：新华出版社，1983. 174.

来。这些因素使得正面人物报道更为受重视，进入一个异常活跃的时期。

20 世纪五六十年代的正面人物报道，以“工农兵”为主体。抗美援朝中有罗盛教、黄继光、邱少云等英雄人物，工业上有王崇伦、郝建秀、孟泰、王进喜、耿长锁等先进人物，农业上有陈永贵、徐建春、邢燕子、李顺达等劳动模范。这些正面人物报道在社会上产生了巨大影响。据资料显示，出席第一次全国人民代表大会的劳动模范共计 155 人（工业战线 98 人，农业战线 57 人），基本上都是先由新闻机构的报道而为社会所认识和接受的。

由于“大跃进”和“左”倾路线影响，我国国民经济在 60 年代初期发生严重困难，政府和人民为争取国民经济好转而共同努力。这一时期诞生了一批广为传诵的人物报道，如欧阳海舍身救列车、王杰奋勇救战友、草原英雄小姐妹（龙梅、玉荣）等等。其中影响最大的，莫过于《县委书记的榜样——焦裕禄》以及《毛主席的好战士——雷锋》。

从新中国成立至 1966 年的 17 年间，新闻传媒报道的正面人物形象在整个社会引起了巨大反响，其中所传递的观念，影响了中国整整一代人。这段时间的正面人物报道仍然主要表现为典型报道方式，因此这一时期也被称为典型报道的“鼎盛期”。

本时期的正面人物宣传报道，主要有以下成功经验。

一、人物形象体现时代特征

穆青曾说，《县委书记的榜样——焦裕禄》等人物通讯，“比起过去战争年代的人物通讯，有了很大的不同。其主要区别，是这些人物通讯更深入地揭示了先进人物的精神世界，更鲜明、更深刻地体现了具有时代特征的主题”①。

（一）在人物选择上，这一时期的正面人物报道大量选择的，是与当时社会结构符合、与大众贴近的人物

有研究者对《人民日报》历年的典型报道进行抽样统计②，发现 1949 年至 1966 年间正面典型人物（包括群体）的身份表现，如表 3－1 和图 3－1。这种构成符合当时平行的社会结构特征，在心理上与受众贴近。

表 3－1　《人民日报》新中国成立后 17 年正面典型人物身份统计表

行业	人数	人物	所占百分比（%）
军人	7	刘胡兰、黄继光、邱少云、罗盛教、雷锋、舒积成、王杰	50.0
工人	3	赵桂兰、时传祥、王进喜	21.4

① 穆青．谈谈人物通讯采写中的几个问题．新闻散论．北京：新华出版社，1996. 173.

② 张莞昀．党报典型报道艺术论．清华大学硕士学位论文，2005.

（续上表）

行业	人数	人物	所占百分比（%）
农民	2	李顺达、大寨	14.3
政府工作者	1	焦裕禄	7.1
知识分子	1	张秋香	7.1
总计	14		100.0

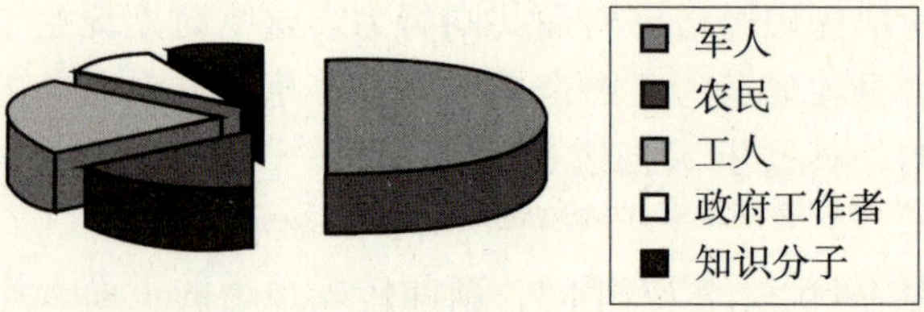

图 3－1　《人民日报》新中国成立后 17 年正面典型人物身份统计图

（二）着重挖掘人物性格、行为中符合时代精神的一面

正面人物报道不再平铺直叙，而是开始注重抽象概括，往往先将典型正面人物的事迹高度提炼成一种精神、境界，再在此基础上展开报道。这种提炼并非随意而为，而是与党政国策倡导的价值取向相契合，同时能够反映时代特征的主题。

50 年代，在新中国成立前历经苦难的老百姓，对新中国的幸福生活十分珍惜，也有着高昂的热情，对未来有着美好的憧憬，但国家又面临着许多困难，急于需要富强起来。这一阶段的正面人物报道对这一背景有很强的针对性。如王进喜等大庆石油工人，突出的是他们“艰苦奋斗、自力更生”、“心甘情愿地吃大苦、耐大劳，临危不惧，必要时甚至不惜牺牲个人的一切”的铁人精神。其他很多人物报道都有类似的主题。

60 年代是国家刚刚渡过三年自然灾害、群众生活困难的时期，人们的精神面貌很难昂扬起来。这时社会急需一种勇敢面对困难、克服困难的精神。《县委书记的榜样——焦裕禄》中着力刻画“在困难面前逞英雄”的革命性格，正符合这种社会需要。因此，当报道在河南省兰考县广播时，“街头的闹市一下子变得鸦雀无声，一些人听得脸上挂满了泪水。全县新增零售报纸 5.2 万份”。由于触发了受众共同的情感基础，这些人物报道在社会上引起了强烈共鸣。

新华社《伟大的战士雷锋》的报道中，将雷锋精神的价值概括为“平凡而又伟大”，引起了强烈的社会反响。这种提炼同样是有针对性的：雷锋是社会主义时代精神的典型。1963 年至 1966 年雷锋的典型报道，借助领袖的题词，达到了新中国成立后典型报道的顶点。

二、“仿效”的框架设置

这一时期的正面人物报道，与新中国成立前同类报道的不同点之一，是“榜样示范”的功能更加强化，提供给受众可供“仿效”的榜样。

一方面，正面人物来自现实生活，他们的工作态度、经验可供效仿。这一时期的典型人物大多是从事普通职业的普通人，只因在本职岗位上有突出贡献而成为全社会的行动样板，如王崇伦、郝建秀、马恒昌、时传祥、黄继光、邱少云等等。[1] 这拉近了人物与受众的距离。

另一方面，正面人物报道中伦理道德的强烈色彩，也为民众学习和模仿增加了神圣感。焦裕禄、雷锋、王进喜等正面人物形象无不具有完善的道德表现。

这种对“道德完善的平凡人”进行仿效的框架设置，成为当时人物报道获得巨大反响的因素之一。首先，它符合中国历史长期以来所形成的伦理格局。“树立典型进行道德教育在中国社会有很深的传统，尤其从宋代以来，就不断树立典范人物，他们的共同特征是：来自民间，承载道德。其次，更为重要的是，它与当时社会政治、经济背景中的受众心态极其吻合。另一方面，在僵化的经济模式下，在强调政治统帅一切的环境中，社会的行为规范要求人们埋头苦干，那些标新立异的开拓，那些真正敢作敢为的行动都被当作异端。同时，在这样的政治、经济背景下，读者自觉地把自己置于被教育者的地位上，自主意识淡薄，接受他人导向意识浓重。这使得报纸上一切典型在人们心中长驱直入，发挥了一种‘魔弹’的威力。”[2]

三、新闻采写观念和方法的发展

正面人物报道在采写观念和方法上都有了新的发展。观念上强调“记者要和英雄人物的思想感情息息相通”（穆青语）；采访上强调深入实际的调查研究；写作上调动多种文学手段为表现人物服务，使报道具有强烈的感染力。

记者穆青的人物报道集中地体现出这些特色：首先是对被报道者强烈的感情认同，其次是通过高超的采写技巧将人物形象和这种感情表达出来。

另外需要强调的是，深入调查采访对人物报道成功与否的作用仍然很大。如《工人日报》记者李冀曾两度采访王进喜。王进喜的精神支柱究竟是什么？李冀发现，王进喜固然有报恩的思想在，但事实上，这种思想已慢慢发展成为中国人争气、不屈服于外来压力、自力更生，一定要把大庆油田拿下来的高度觉悟。正因为此，王进喜才会喊出“宁可少活20年，拼命也要拿下大油田”的豪言壮语，李冀认为王进喜的这种精神正是当时的时代精神的写照。由于正确地把握了王进喜的个性特征，李冀的通

---

① 彭远方．典型报道的“议程”．苏州大学硕士学位论文，2004.

② 李良荣．中国报纸的理论与实践．上海：复旦大学出版社，1992. 99.

讯《工人阶级的光辉榜样——王铁人》把人物写活了，对大庆精神的挖掘也更深了，全国 50 多家报纸纷纷转载这篇通讯。[①]

1966 年至 1976 年的“文革”动乱期间，夸大渲染、虚构编造、以偏概全的所谓的“典型报道”充斥了报纸版面，正面人物报道受到极大干扰。不过也有好的作品问世，如 1972 年 12 月 29 日《人民日报》发表的《人民的好医生李月华》，忠于事实，写得真挚自然，不去硬套阶级斗争公式以趋时讨好，体现了新中国成立后 17 年人物报道的优秀作风。

第三节 改革开放至 20 世纪 80 年代末

1976 年，“文革”结束。1978 年十一届三中全会的召开，使我国进入改革开放的历史新时期。新闻界开始拨乱反正，以《光明日报》的评论《实践是检验真理的唯一标准》为由头，整个社会展开了关于真理标准问题的大讨论。正面人物报道配合着国家的各项方针、政策，重新进入了一个活跃期。

“文革”刚结束之时，在社会上产生较大反响的正面人物报道有《为了周总理的嘱托——记农民科学家吴吉昌》、《一篇没有写完的报告》、《要为真理而斗争——优秀共产党员张志新同林彪、“四人帮”进行殊死斗争的事迹》等。这些报道通过对人物经历的描述，对“文革”进行了深刻反思。有关李四光、高士其、姚雪垠、巴金等老一辈科学家、文学家的突出报道，也在社会上引起了较大反响。

1981 年至 1983 年，为配合党的知识分子政策的落实、调动知识分子建设“四个现代化”的热情，媒体先后推出了一大批知识分子的正面人物报道，如对陈景润、罗健夫、蒋筑英、张海迪等人的报道，同时也宣传了陈秀云、贝兆汉等爱惜人才、尊重知识分子的典型。

1984 年，以城市为重点的经济体制改革全方位展开，经济体制改革中有典型性的正面人物在媒体上得到了充分的反映，推出了步鑫生、马胜利、关广梅、鲁冠球等一系列新型的企业家形象。另外体育、文艺等各领域都产生了许多优秀的正面人物报道。

纵观这一时期的正面人物报道，依然带有较浓重的典型报道色彩，延续了 20 世纪 40 年代以来中国典型报道的一些传统观念和做法，因此多被称为典型报道的“调整期”或“持续期”。但从整体来看，正面人物报道的观念和实践在从传统向现代过渡，与以往相比有了很大的突破和发展，在社会发展中也起到了积极作用。

本时期的正面人物宣传报道，主要有以下成功经验。

① 张涛．中华人民共和国新闻史．北京：经济日报出版社，1996. 190.

一、反思社会问题，推动观念进步

这一时期的正面人物报道，不仅仅局限于人物事迹、品德的呈现，更注重以人物经历来透视社会问题，探寻观念进步，由此引发读者的共鸣与反思。从个人素质角度说，“他们身上具有的本质意义的东西并不是某种先进的思想道德品质，而在于他们的行为的改革意义和探索意义”，报道这种人物，“是要启发人们从他们的行为经历中进行思考，改变观念，调整自身行为，借以推进改革开放事业”。[①]

“文革”刚结束时，穆青采写的《为了周总理的嘱托》、《一篇没有写完的报道》中的两个人物，给人的思想启示都是多方面的，如百折不挠、全心全意、科学精神等，但作者认为，这些主题“没有能够回答现实斗争中的重大课题，也没有揭示出吴吉昌、‘老坚决’身上最有时代意义的思想特征”。《报道》最后的主题就是“老坚决”的那句话：“今后可不能再折腾了！”[②]

20 世纪 80 年代初期的知识分子报道，不仅赞叹科学家们为科学事业献身的精神，也对为什么他们会英年早逝提出疑问，从而引发了当时对改善知识分子待遇的思考。80 年代中后期的经济人物报道，在报道企业家们敢想敢为的事迹的同时，亦突出了他们与计划经济条件下陈腐观念的冲突。其中以 1987 年对“关广梅现象”的报道最有代表性。《经济日报》决定抓住关广梅来信中反映出的苗头展开一场报道和讨论，让读者通过讨论深化认识，理清思想。这场读者讲座共进行了 40 多天，收到读者来信 1 000 多封，引起了全社会的强烈反响。而且讨论本身也成为世界关注的热点，先后有 20 多家国外通讯社对此进行了报道。[③]

这一时期的正面人物报道，通过报道引导社会舆论、推动社会观念进步的特点，比之前的任何时期都显得突出。

二、人物形象贴近真实

正面人物报道开始注意全方位书写人物，对其个性情感和生活环境进行了更为真实的描述。“具有典型意义的普通人才是这个时代最恰如其分的象征。”[④] 这里的“普通人”与之前正面报道中“平凡而伟大的普通人”内涵已经不同，他们不仅身份普通，在心态、情感和环境背景上也有着普通人困惑、软弱的一面。

报道者开始用辩证眼光看待正面人物，表现“杂色”的人物。如郭梅尼、徐家良的《生命的支柱——张海迪之歌》，给人印象深刻的细节是张海迪也曾经迷茫与痛苦、

① 魏永征．关于典型报道的问题．新闻界，1998（3）．

② 穆青．谈谈人物通讯采写中的几个问题．新闻散论．北京：新华出版社，1996. 172 ~ 190.

③ 蔡雯．现代新闻编辑学．成都：四川人民出版社，1995. 63.

④ 孙玮．典型报道的社会功能．新闻大学，1997（春季号）．

甚至有过自杀的念头。报道“真实描写她走过的心路历程，没有刻意地夸张和删减，所写的是一个既坚强有毅力，也有悲伤、孤独和绝望的真实人物。海迪自杀的一段文字非但不会有损她的光彩，反而让读者更深刻地理解她经历的痛苦与挫折，感受到她克服种种困难、重新振奋起来的勇气和毅力，也更让读者感受到生命的可贵”①。

徐迟写《哥德巴赫猜想》时，首先了解到的是“对陈景润众说纷纭，都担心这个人不好写”。理由写《扬眉剑出鞘》，遇到的困难也是“对生活当中的某些真实素材，到底能不能写”？栾菊杰出国与欧洲运动员练剑，遭到轻蔑和拒绝。我国的击剑器材生产技术不过关，影响比赛效果。栾菊杰的弟妹较多，家庭生活比较困难……在当时特定的社会语境中，使用这些材料写一位为国争光的时代英雄有一定的风险，可能会引起争议。但理由认为“如果作者只写没有争议的东西，不去写有争议的东西，生活中的真实素材就所剩无几了。……前面提到的那些问题构成了这篇文章的主要情节、铺垫和背景”②。

另一方面，正面人物的类型多样、内涵丰富，从整体上也更为贴近社会真实。正面人物的媒介形象开始分层化，单一性的“集体群像”的特征开始被打破。另外还出现了多种视角的人物分层，如《一封终于发出的信——给我的爸爸陶铸》（陶斯亮）从父女亲情的视角透视人物等。

三、报道方式与写作手法的创新

“文革”结束后，举国上下拨乱反正，新闻改革应运而生，改革矛头直指新闻报道程式的单一化、僵化和教条化。这一阶段，改革与创新几乎同义。“生动”、“信息”成为新闻写作的关键词。这些新闻改革在这一阶段的正面人物报道中集中地体现出来，并成为其成功的重要元素。

这一阶段的正面人物报道，一改以往以人物通讯为主的单一表现手法，出现了多种新的报道方式和题材。主要包括：

（一）讨论式报道

前述的关广梅报道就是一个典型的实例。又如1982年，解放军第四军医大学学员张华为抢救一位老农而英勇献身。《文汇报》抓住这一事件中的认识分歧，以一封读者来信为契机，策划了一场“大学生冒死救老农值得吗”的讨论。讨论进行了一个半月，报社共收到稿件5 200多篇。通过策划讨论，使读者在思考中进行自我判断，也充分实现了媒体对思想和价值的引导。

（二）散文式新闻

新华社记者郭玲春的人物新闻《金山同志追悼会在京举行》（1982年7月16日）

---

① 丁柏铨，胡素华．通讯范文评析．北京：新华出版社，2001. 36～37.

② 刘海贵．新闻传播精品导读：特写与报告文学卷．上海：复旦大学出版社，2004. 335.

是其中的代表。报道的特色在于：由惯常的全知全能单一视角的讲述变为融入限知视角描述的复合视角叙述；除了言语表述，还突出运用了现场景物及人物行为动作等非言语因素来表达；新闻主角由领导人变为金山，事件类型由领导主持变为金山事迹；营造气氛的方法手段突破传统的格式和语言；叙述程序上将领导名单改置于文末，新闻最主要的内容变为逝者的功绩。

（三）报告文学

在全国科学大会的推动和提高“整个中华民族的科学文化水平”的社会思潮的影响下，徐迟、黄宗英、理由、柯岩、陈祖芬、乔迈、祖慰、肖复兴等一大批作家投身于报告文学创作，对科学家等知识分子进行报道赞颂。他们将文学创作的构思立意、表现手法灵活运用到人物报道中，给新闻写作带来丰富的技巧。如《哥德巴赫猜想》用诗情和散文笔法进行叙写，作品构思精巧，笔法多变，叙事灵活，语言生动，极富艺术感染力，表现出情思飞扬、笔致俊逸、诗意浓郁、文采斐然的风格。《扬眉剑出鞘》移植了“小说笔法”，开篇即扣人心弦，营造出紧张的气势，随后才用倒叙的手法追述运动员的成长历程；将击剑运动术语还原为生动形象的日常语言也加强了作品的可读性。《大雁情》全文四个部分，分别以“她……”、“她?”、“她”、“她??”为标题，四个带有不同感情色彩的“她”恰到好处地构筑起全文精致、新颖的叙述结构，反映了各部分之间的内在联系，并以最简练的文字传达出无限宽广的韵味，带有含蓄、细腻的抒情散文色彩。①

从叙事学角度来看，上述报道方式的变化也带来了作品叙事角度的变化。人物有限视角被广泛应用，纯客观视角进入报道实践，复合视角增多，均挑战了传统单一的全知全能的叙述方式。更重要的是，视角的变化实质上是叙述者对事实阐释方式的变化。叙述视角从全知到人物有限视角再到纯客观视角的变化，叙述者对事实的阐释方式也就相应地从独白阐释到多元阐释再到无阐释演变。打破传统单一的写作视角，也就意味着新闻对事件由独自阐释，终极结论向多元解读事实和相对开放结论的默许，是语言“暴政”、意见“专断”的终结。②

以上特点均与这一时期的社会变迁紧密相关。从受众角度分析，最主要的变化表现在两方面：一是价值取向多元化，社会由集中走向分散，虽然不能否认社会统一价值系统的存在，但随着人群按不同价值取向分成众多的社会层面，包容在统一价值系统内的子系统增多了；二是个体意识增强，现代人首先将自己认知为一个独特的个体，然后才是某个群体乃至社会的一分子。③

---

① 刘海贵．新闻传播精品导读：特写与报告文学卷．上海：复旦大学出版社，2004. 325，350～353.

② 黎明洁．叙述学视角下的新闻写作改革研究．上海：复旦大学出版社，2004. 42～45.

③ 孙玮．典型报道的社会功能．新闻大学，1997（春季号）.

第四节　20 世纪 90 年代

20 世纪 90 年代，有中国特色的社会主义市场经济在我国经济领域的主导地位被确立，改革开放政策进一步得到贯彻深入。计划经济时期单一的机关报模式已经远远不能满足读者的信息需求，报纸的类型日益多样化。

新的社会环境中，正面人物报道的外延大大拓展，人物形象和报道观念都开始了向多元化的转变。1994 年至 1995 年，《中国青年报》的《冰点》专版、中央电视台《东方时空》节目的《生活空间》栏目，将平民百姓作为新闻主体加以传播，开创了新闻报道的"平民意识"。《冰点》上刊出的《北京最后的粪桶》、《别问我从哪儿来》、《五叔五婶》、《离开雷锋的日子》等报道在读者中引起广泛反响。在各类媒体上，经济人物、政府官员、公共人物、成功人士等形象大量涌现。《东方时空》节目的《东方之子》栏目、《南方周末》等都推出了许多有影响的人物形象。典型人物报道依然备受重视，苏宁、徐洪刚、徐虎、孔繁森、李素丽等典型人物报道，贯穿了整个 90 年代，成为新时期的社会楷模。

本时期的正面人物宣传报道，主要有以下成功经验。

一、平民意识与平视视角

平民意识，指新闻从业人员在进行传播活动时，以一种平民化的价值取向和平视生活的视角来观察和思考问题，使传播和接受获得严格意义上的心态同步、情绪共鸣，体现一种对时代、对生活、对受众的尊重与回应。它通过对普通中国人生存状态的关注，对他们于平凡生活中散发出的精神气息的平实记录，触摸我们这个时代的深层律动，展现我们民族的底蕴。[①]《冰点》与《生活空间》成为中国新闻报道平民意识发轫的代表，它们将"普通人不普通的命运"（李大同语）纳入人物报道的视野之中。

随着新闻报道平民意识的渗透，以平视视角报道英雄、模范成为这一时期典型正面人物报道的新特征。1996 年获第七届中国新闻奖特别奖的两组人物通讯，一组报道上海水电修理工徐虎，一组报道北京公共汽车售票员李素丽。两组报道共同的特点是：写普普通通的岗位、普普通通的服务工作、普普通通的人。《北京有个李素丽——21 路公共汽车 133 号车跟车记》选择了人物工作中的 17 个片断，将其形象展示为"一位在平凡的岗位上，兢兢业业工作的平凡人；一位执著、勤恳、令人钦佩的新时代劳动者"[②]。又如《领导干部的楷模——孔繁森》中，大量叙述了孔繁森面对

① 王伟．论新闻报道的"平民意识"．暨南大学硕士学位论文，2006.

② 丁柏铨，胡素华．通讯范文评析．北京：新华出版社，2001. 94～95.

妻子、母亲和西藏百姓时的种种感受和表现。“心里一阵阵发酸”、“声音哽咽”、“流着泪给母亲深深磕了一个头”等白描式的叙述，与人物一心为公的形象并不矛盾，反而拉近了人物与读者的距离。据研究者对《人民日报》90年代正面典型人物的抽样统计，这一时期22个典型中，有18个典型的报道写到了典型与亲人之间的感情，还有1个在典型报道之后专门报道典型的内心世界。两者相加，这一时期展现正面典型人物感情的报道占到了总数的86.3%。[①]

人物报道平民化的成因是多方面的：①时代特征——平民的时代而非英雄的时代。②新时期社会心理的嬗变。现代都市人对世纪初以来经久不衰的政治热情和社会热情逐渐淡化，而功利主义、世俗主义、物质主义等观念却日渐成为部分市民的主导意识。[②] ③媒介体制的转轨。市场经济的发展带来了媒介体制和属性的变化，“事业性质、企业管理”使媒介的竞争在市场展开，从“以传者为中心”向“以受者为中心”转变。④新闻传播活动自身的运动规律。新闻传播是受、传互动的双向交流的社会活动，其最本质的功能是信息功能，新时期人物报道同时烙有娱乐化的深深痕迹。正面人物报道的平民意识与平视视角，契合了这些时代变化与时代要求。

二、多元功能与多元观点

这一时期的正面人物报道，在80年代“分层化”的基础上，逐渐由相对单一的“群像”转向特征丰富的个体形象。人物的身份类型、报道功能和观点表达都呈现出多元化特征。

学者刘明华等将人物通讯的报道对象划分为四类：①先进模范人物——典型人物；②新闻人物；③凡人奇事，奇事凡人；④冰点人物。[③] 媒体工作者徐列则将人物类型分为三类，认为各自的采写风格有不同的规律可循：①新闻人物；②公众人物；③民间人物。[④] 这些分类虽然不统一，但都反映了人物类型和报道功能的多元化特征。

媒体从业者的主体意识增强，使得他们在面对人物时，更多地运用多元视角进行审视、观察，而不是盲从社会上的一般看法。《南方周末》的《惩治腐败裁减官员实施新政　董阳变法遭强敌惨败河口》（1998年5月22日），选择的是一个“上级领导不喜欢”、被扣上“违反组织程序”帽子的新闻人物。记者如实呈现了其刚直不阿、一身正气的品德，引发了关于“董阳现象”的大讨论。

仅着眼于典型人物一类，也可发现其身份类型较新中国成立初期更为多样化。这一点从1990年至1999年《人民日报》典型报道的抽样统计[⑤]中可以清楚看到（见表

---

① 张莞昀．党报典型报道艺术论．清华大学硕士学位论文，2005．
② 罗坤瑾．试论人物报道的“平民化”．广西大学硕士学位论文，2004．
③ 刘明华，徐泓，张征．新闻写作教程．北京：中国人民大学出版社，2002. 405～409．
④ 徐列．在追问中逼近真实——《南方周末》人物报道手册．广州：南方日报出版社，2006. 3～6．
⑤ 张莞昀．党报典型报道艺术论．清华大学硕士学位论文，2005．

3－2和图3－2）。典型报道议程的“多元”框架明显，整合、仿效和时代特征三种社会功能都得到了一定程度的实现。[①] 如《领导干部的楷模——孔繁森》在领导干部贪污腐化行为屡见报端、人们对部分干部失去信心之时刊出，提供了整个社会的精神楷模，是“整合”功能的成功运作。又如对徐虎、李素丽的报道，强调“平凡岗位上温暖千万家，自己分内事，不怕脏，不怕累”的敬业精神，易于得到公众认同，使他们愿意模仿。

表3－2　《人民日报》20世纪90年代正面典型人物身份统计表

行业	人数	人物	所占百分比（%）
军人及军属	6	苏宁、徐洪刚、韩素云、李国安、李向群、柏耀平	27.3
工人	3	包起帆、徐虎、李素丽	13.6
医生	1	吴登云	4.5
农民	3	史来贺、傅显忠、王廷江	13.6
商人	2	马恩华、范玉恕	9.1
学生	1	冯敏	4.5
政府工作者	3	孔繁森、吴天祥、邱娥国	13.6
知识分子	3	王启民、刘让贤、秦文贵	13.6
总计	22		100.0

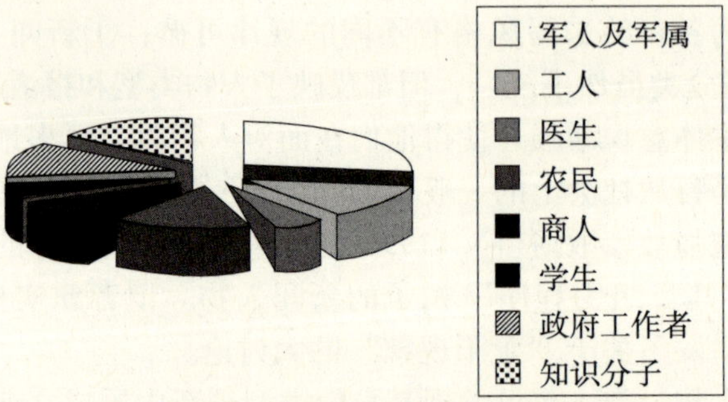

图3－2　《人民日报》20世纪90年代正面典型人物身份统计图

多元功能和多元视角是这一阶段的特点，是对20世纪80年代以来“从独白阐释到多元阐释再到无阐释演变”趋势的延续和发展。它们再次印证了“新闻对事件由独

① 彭远方．典型报道的“议程”．苏州大学硕士学位论文，2004．

自阐释、终极结论向多元解读事实和相对开放结论的默许，是语言‘暴政’、意见‘专断’的终结”。就人物形象而言，这使得媒体基本上摆脱了传统的对“道德圣人”的惯性刻画，将人物“还原为具有丰富个性化特征的现代‘自然人’”。①

三、报道形态创新与新闻精神坚守

（一）传播渠道的创新

随着传媒科技和新闻事业的发展，自20世纪90年代起，我国开始进入混合媒介时代。除了纸质媒体，电视与广播也在正面人物报道中发挥了重要的作用。电视可以通过画面、解说、现场同期声、音响和字幕等诸多手段来快速传递信息，用细节来反映人物本质，使得人物报道形象、直观、富有感染力。广播的普及率高，受众众多，节目制作不断进步，也使得人物报道别具一格。国际互联网开始起步，为人物报道的传播展现了新的途径。

以电视媒体为例。1991年，中央电视台4集大型纪录片《望长城》问世，“借长城说国人”，展现了许多真实而生动的人物形象。电视工作者们开始用真实客观的手法表现人物形象。1993年，大型杂志型电视节目《东方时空》开播。其分栏目《生活空间》，以“讲述老百姓自己的故事”为口号，用严格的电视纪实手法，展示了底层百姓的生活状态和奋斗历程。另一分栏目《东方之子》以“浓缩人生精华”为口号，以其开创性的“对话”形式，营造了一个更真实、更开放的谈话空间，以此来探求新闻人物的内心世界，力图为当代中国留下一份珍贵的口述的历史。1996年《实话实说》节目推出，采用国外风行已久的“脱口秀”形式，通过群体现场交谈，主持人、嘉宾、观众共同参与和直接对话，在生动活泼的气氛中，展开社会生活、人生体验的某一话题，也为人物展示提供了不同的视角。

（二）新闻体裁和写作手法的创新

除了传统的通讯体裁外，大特写、调查报告、访谈、深度报道、组合报道、摄影报道、口述实录等样式，被不拘一格地运用到正面人物报道中。“调动各种手段，形成舆论合力”成为各媒体的通用手法。

报道形态变化，而新闻报道的核心不变。坚守深入采访、真实记录的新闻精神，依然是正面人物报道成功的根本保证。《南方周末》记者刘天时采写《四个乡村教师的现实》（1999年8月28日）时，住进山西省偏僻乡村老师的宿舍，进行旁观式的体验采访，帮老师拉风箱烧火做饭、在因停电而“黑咕隆咚”的屋里聊天。“当时村里人都觉得她不是记者，因为在他们的印象中，记者都是由县里领导陪着来的，而且也不会在他们那儿吃饭，在他们那儿住，问他们那么多琐碎的事情，这么细致地关心

① 麦尚文．新时期中国典型人物“媒介形象”的变迁与突破．新闻大学，2006（夏季号）．

他们的生活，临走还给他们买东西”[①]。《中国青年报》记者王伟群采写《北京最后的粪桶》时，为得到目击性细节，换上一件“脏兮兮的米黄色棉夹克”，全程跟踪背粪工人的劳作过程。马克思“它生活在人民当中，它真诚地和人民共患难、同甘苦、齐爱憎。它把它在希望与忧患之中从生活那里倾听来的东西，公开地报道出来”的论断，在这些记者的行为中得到真实的体现。

第五节　21 世纪以来

进入21 世纪后，我国的媒体环境发生了新的变化。在强调信息传播和舆论引导主渠道功能的前提下，加强了服务功能，“以人为本”、以受众为中心的理念日益深入人心；新闻法制建设方面，以 2003 年的 SARS 报道为契机，通过信息公开、舆论监督来促进法制建设迈出了新的步伐。2002 年十六大和 2007 年十七大相继召开，建设和谐社会、坚持科学发展观、保障社会公平正义等理念的提出，使我国的民主政治建设进入了新的时期。

新的社会环境中，正面人物报道进一步发展。2002 年，中央电视台策划推出了《感动中国》人物评选节目。2003 年初，2002 年度十大“感动中国”人物评出，这是中央电视台第一次举办跨行业的人物评选活动。之后每年连续评出的“感动中国”人物，在全国范围内引发了受众的广泛参与，在引起社会密切关注的同时，也带动了多家地区性媒体的人物评选活动。一些关系社会公共领域的人物报道引发社会持续关注，如 SARS 事件中仗义执言的老中医蒋彦勇、向总理讨工钱的农妇熊德明、挑战传统经济思维的郎咸平等。正面典型人物报道方面，2004 年掀起了一个新的小高潮。中央媒体与地方媒体合力所进行的一些典型报道，包括许振超、任长霞、牛玉儒等，以平民化的报道视角、网络媒体与传统媒体的积极互动等，在受众中产生了较大的反响。这一时期还发展出新型的人物类媒体及人物类专栏。2004 年，《南方人物周刊》和《时代人物周报》先后问世。《中国青年报》的《冰点》专版改版，增设《冰点·人物》专栏。电视节目中，先后出现了《面对面》（中央电视台）、《鲁豫有约》（凤凰卫视）等有影响力的人物访谈栏目。这些综合性人物媒体或人物专栏，以“人物”为视角，主题则包含政治、经济、社会、文化、娱乐等各个方面，将人物报道的外延扩展开来。

本时期的正面人物宣传报道，主要有以下成功经验。

① 谢春雷．揭开真相——《南方周末》知名记者报道手册．杭州：浙江人民出版社，2004. 209.

一、人物聚焦与社会变迁“共振”

新世纪的正面人物报道，总体上延续了20世纪90年代以来的“多元”框架，人物类型多样而不拘一格，呈现出丰富多彩的社会现实。而通过人物聚焦与社会变迁“共振”，反映社会变动，关注社会矛盾，是成功的正面人物报道中共通的理念。

作为这一时期具有广泛社会影响的人物报道节目，《感动中国》鲜明地体现出这一特点。历年的“感动中国”年度人物，在职业、地位、年龄、事迹等方面都呈现出多元化的特色，包括徐本禹、田世国、丛飞、王顺友等普通公民，成龙、濮存昕、刘翔、姚明等文体明星，钟南山、袁隆平、桂西恩、黄伯云等大家学者。然而这些人物的核心价值观却极其统一，每个人身上所体现出来的人格精神都是中华民族历来崇尚的主流价值观，如孝悌、爱心、坚强、勇敢、爱国、诚实等等。这种人物价值取向直接对应着当前的社会矛盾：在经济杠杆特别是金钱作用明显增大的情况下，主流价值观受到了极大的冲击和挑战，人们在价值标准的选择上也处于一个迷茫的阶段。《感动中国》所树立的价值标准正好给了彷徨中的人们一个及时的答案。[①] 从媒介功能的角度来看，《感动中国》在履行传播信息基本职能的前提下，更进一步地延伸到价值导向功能，成为社会主义市场经济环境下，媒体对引导公众和传播理想社会价值观的一次重要尝试。

又如《南方人物周刊》，以“记录我们的命运”为宗旨，关注那些“对中国的进步和我们的生活产生重大影响的人、在与命运的抗争中彰显出人类的向善力量和深邃驳杂的人性魅力的人”，清晰地体现了其关注时代进程的追求。通过对人物的观察和报道，展现时代变迁背景下的各种思想和感情变化，提升了人物报道的思想性。

二、传播方式更加遵循新闻规律

经过20世纪90年代的转型与调整，新世纪的正面人物报道在专业化的道路上继续前行，以更加遵循新闻规律的方式进行传播，更加契合新的媒体环境和受众心态。

从报道传播过程来看，本时期的正面人物报道更加偏向自然态的传媒议程设置。大众传播学中的议程设置（Agenda-setting）理论认为，人们倾向于关注和思考那些大众传播媒介注意的问题，并按照大众传播媒介确定的各个问题重要性的次序分配自己的注意力，安排问题的轻重次序，从而间接达到影响舆论、左右人们思想和观点的目的。传媒议程可以划分为两种：一是自然态的传媒议程，二是主观态的传媒议程。影响媒介议程的因素有内部和外部两个方面。内部因素主要指影响媒介依据管理需要和新闻规律为媒介自己的行为设置议程的因素；外部因素在我国的现行体制下则主要是指党政部门对媒介的影响。在内部因素的作用下形成的媒介议程，一般处于一种无控

① 张培．淡化了的典型报道——以“感动中国”为例．声屏世界，2007（4）．

制或相对很少控制的自然状态。在这一过程中，媒体主要关注的是新闻事件本身的重要性，是自然态的传媒议程设置过程。在外部因素的作用下形成的媒介议程一般处于党政部门的控制之下，以劝服性的宣传为传播动机，这一过程是主观态的媒介议程设置。① 从本时期报道的整体状况来说，自然态的议程设置占据了越来越大的比重。个体性正面人物的选择，更多地遵循着“由事件而人物”的路径。前述的蒋彦永、熊德明、郎咸平都是经由这样的路径进入传媒视野，进而进入公众视野的。抗击“非典”期间，央视《面对面》栏目对北京市时任代市长王岐山、医学专家钟南山的访谈十分成功，也是建立在新闻事件本身重要性的前提之上的。以集约方式报道正面人物的媒体和专栏，定位、运作的自然态也相当明显。如《时代人物周报》将理念设为“和有价值的人在一起，彰显人的价值”；《中国青年报》的《冰点·人物》周刊，常设“封底人物”、“钩沉”、“印象”、“传奇”、“评点”等栏目，两家媒体各自拥有关注人物的独特视角。虽然主观态的媒介议程设置在我国传统正面人物报道中曾经占据过重要的地位，但自然态的议程设置方式无疑更符合新闻运作的规律。

从报道的表现形式来看，本时期的正面人物报道更自觉地追求专业化：准确、客观，以表现人物实际面貌为目的，更注重把事实传递出去，不过多地对人物进行显性评价。以深度和专业见长的《南方周末》，其人物报道手法多样：或以事件切入，如报道安徽省利辛县县委书记夏一松的《拒礼金立新规涤荡积弊　县委书记改革重重遇阻》（记者伍小峰、江鸟，2001 年 5 月 10 日）；或以人物引发，如《亿万富翁孙大午的梦与痛》（记者万静波，2003 年 11 月 5 日）；或与人物直接对话或间接采访，如采访著名作家龙应台的《罢政治课　复作家身》（记者朱强，2003 年 6 月 19 日）等等。这些报道虽然手法有所差异，但均以“还原真相，逼近真实”为准则。专业化的报道表现，还原了人物报道的本质，那就是“表现任何重要的时代变革、社会变迁，除了直抒胸臆式的概括、描述和评论外，还可以从低处着手，从普通人的命运和经历开始，普通人身上一样有时代潮流留下的风云激荡。这就是事实的力量，新闻的力量”②。

三、网络传播与媒体联动

新世纪以来，互联网迅速成为正面人物报道的重要载体。网络传播给正面人物报道带来了全新的特征以及与以往截然不同的传受关系。

网络传播的特点，首先在于融文字、图片、视频、音频等于一体的多媒体形式，海量信息和超链接的结构方式。这些特点使正面人物报道能够更加多角度、多侧面、多形式地展示人物形象。其次，网络传播融大众传播、组织传播和人际传播为一体，

① 彭远方．典型报道的“议程”．苏州大学硕士学位论文，2004.

② 徐列．在追问中逼近真实——《南方周末》人物报道手册．广州：南方日报出版社，2006. 1 ~6.

传受交互性强，反馈及时，受众覆盖面广。这些特点不仅扩展了正面人物报道的受众范围，还改变了人物报道的议程设置方式。

以“感动中国”为例，网络传播是其运作模式中的重要组成部分。“感动中国”人物的推选，是组委会根据“推委会”的推选情况，再经公众投票和最终评议而确定的。为数众多的读者通过网络投票参与、候选人与网友进行在线交流等方式，使受众加入到人物推选的过程中来，“在一定程度上反映了公众主动意愿”①。其中有些人物，本身就是先经由网络传播引起关注，然后才进入“推委会”视野的。2004 年的获奖人物徐本禹的事迹，就是先在网站“天涯社区”由网友发帖而始为人知的，从“感动天涯”到“感动中国”，形成了网络环境中新型的人物报道议程设置过程，与传统人物报道中的经由政治议程流向媒体议程和受众议程的模式形成反差。

在从政治议程起始的典型正面人物报道中，网络传播同样起到重要作用。以 2004 年的许振超报道为例，八家中央重点新闻网站同时在首页开辟“许振超”专题。新华网推出专题、访谈和专栏，一周内共播发文字和图片稿件 106 篇，音、视频节目 400 多分钟，头版头条 5 个，吸引网民跟帖或发表留言 1 156 篇。许振超在新华网在线与网友交流，点击率达 15 万人次，创造了新华网的在线直播纪录。人民网的相关报道也较为突出，4 月 13 日，读者反应、网友评论还首次上了《人民日报》头版头条。②在 2004 年的任长霞报道中，各网站通过开办网上纪念馆、利用音频视频、提供图片画面、推荐网谈话题、征集网民留言、设置网上献花献歌等多种互动形式，吸引了大量网民参与。据新华网的一次网友调查显示，47% 的网友是通过互联网了解任长霞事迹的。网络传播的介入使这些报道在传播深度、广度和宣传效果方面都有了新的突破。

除了对网络平台的积极利用，媒体联动也成为正面人物报道普遍采用的模式。多家媒体、多个栏目、多种传播介质、多种体裁同时聚焦于人物，可以各展所长，形成合力，使人物报道的宣传覆盖面更广、影响力更大。如在许振超报道中，中央人民广播电台推出许振超典型宣传直播日；中央电视台制作播出了公益广告《劳动创造人生价值》，《实话实说》、《新闻会客厅》等专题节目也加入到报道中来；《经济日报》、《中国青年报》等平面媒体推出许振超摄影专版等等。媒体联动实现了报道形式的多样化，为人物报道的发展与改进提供了新的经验与模式。

① 麦尚文．新时期中国典型人物“媒介形象”的变迁与突破．新闻大学，2006（夏季号）．

② 夏林等．许振超典型报道何以成功．中国记者，2004（7）．

第四章

正面人物宣传报道中存在的问题

IMAGE-BUILDING & SOCIAL IDENTITY：A STUDY OF THE SOCIAL EFFECTS OF MEDIA PROMOTION TO THE POSITIVE FIGURES

20世纪40年代以来，中国内地通过正面人物宣传报道，推出了无数深具代表性的正面人物，反映了中国人不同时代的精神风貌，塑造了几代人的灵魂，其主要成绩是不可抹杀的。然而正面人物报道中存在的一些误区，也给社会建设带来了负面影响甚至灾难。在充分肯定我国正面人物宣传报道经验及成绩的前提下，也必须指出它们存在的问题。

第一节 政治观念上的误区：臆造典型，误导社会

我国的正面人物宣传报道，尤其是正面典型人物报道，自诞生起就与社会政治有着极其密切的关系。主要表现为：

一、鲜明的政治性

典型之所以成为典型，是因为它能够代表党的政治的前进方向，以榜样的姿态告知全社会的人民如何做才是党和政府所希望的。显而易见，典型报道首要的特点就在于它的鲜明的政治性。典型报道不仅是在党和国家领导人的倡导下大力发展起来的，而且它始终和政府的方针政策相一致，受到国家的支持。“当代中国各时期的典型报道，无不是为宣传党的方针政策而推出的，典型报道自始至终都肩负着政治使命。”① 用学者李良荣的话来说，典型是“活化了的时代精神、社会规范或政治主张”②。

二、强烈的主观目的性

典型报道在实际宣扬某种精神、宣传某种方针政策的过程中，为确保达成特定的目的以推广理想中的价值观，往往没有避免或者无法避免浓郁的主观性。作为党的喉舌，社会主义的媒体，尤其是党报，为配合党和政府的各项工作，贯彻各类政策，积极主动地铸造有利于社会发展的精神武器。在这个前提下，“媒体从业人员也会带着特定的价值标准去发现典型，去挖掘材料，则不可避免会体现其主观倾向”③。

三、大规模的组织宣传

大量典型报道循着鲜明的主观意识去发现和报道适于推动工作的典型，一开始就有较强的宣传和组织色彩。“如果说社会主义新闻常常夹带组织策划的意味，在典型报道上则发挥到了极致。对典型的发现、宣传的过程其实就是党和政府的各级组织积

① 张威．典型报道：中国当代新闻业的独特景观．传媒学术网，http：//www. mediachina. net/academic.

② 李良荣．宣传学导论．福州：福建人民出版社，1989. 249.

③ 喻茁．试论新形势下的典型报道．暨南大学硕士学位论文，2006.

极参与，媒体紧密配合执行的过程。”①

在整个社会运行中，新闻制度受制于政治制度。“任何国家的新闻事业，必须服务它所依附的政治制度及其生存社会的价值标准，此乃一项必然的逻辑。”② 同时，新闻传播对政治活动具有巨大的能动的反作用。正面典型人物报道的上述特点，进一步加强了二者的关联。当政治制度或政治理念出现偏差时，正面人物报道也会随之产生巨大的负面影响。

延安《解放日报》的人物报道，由于边区大生产运动是以毛泽东为中心的共产党中央的人为创造，免不了为适应形势、营造氛围而进行超越客观环境、急于求成的人工操作。一些劳动英雄就其素质来说，与劳动英雄的称号是不尽相符合的。如1944年9月安塞县进行的劳动英雄民众选举中，竟有48个旧“英雄”落选。“想营造一个轰轰烈烈的大生产运动中的政治意图和革命热情在某种程度上淡化了对其真实性的细致考察……对某些环节带有修饰色彩的描述，营造了一种超越现实的繁荣。”③ 这样一种政治导向明显、人为痕迹较多的新闻传播，与真实、客观的准则发生偏离。

这种带有虚造成分的做法，在新中国成立后日渐变成严重的“图解政治”。“为宣传上的‘急功近利’，强调典型配合形势，把典型完全当作党的路线和政策的活样板。典型报道不从典型本身实际出发，而从某一政治概念出发来‘塑造’先进人物。典型被‘政治化’了，除了满嘴豪言壮语外，缺乏个性，缺乏人情味。”④ 50年代中期至70年代中期，我国的社会主义建设进入曲折发展时期，“大跃进”、“人民公社”、“文化大革命”阻滞了社会发展的步伐。相应地，新闻事业的发展也深陷畸形发展的泥潭。这一时期的典型报道处在一片虚假繁荣之中，它的政治宣传功能也被发挥到了极致。“放卫星”式的典型报道成为一种政治高压，逼着农民一夜之间进入“共产主义”，迫使人们不得不说假话。“大跃进”的浮夸风吹到了新闻单位，假典型举不胜举，介绍无中生有的经验。“新闻宣传工作为‘大跃进’运动推波助澜，也犯了严重的‘左倾’错误。”⑤ 而虚假的正面人物报道正是其中重要的一部分。

“文革”期间，由于国家大政方针上的失误，全国陷入了是非不分的混沌状态。新闻媒体对那些虚假人物报道在未经证实或是明知不可能却不能捅破的情况下被动地大造舆论，煽起了全社会的狂热。1969年中国共产党第九次全国代表大会前后，报刊上突出报道了一批“有路线斗争觉悟”的党员、干部、战士典型。这些典型中，有的是以假充真，甚至是假典型；也有很多典型人物，本人确是兢兢业业工作的好同志；有的是死于事故。可是某些领导却以大张旗鼓地宣传、表彰典型来搪塞和逃避追查事

---

① 喻茁．试论新形势下的典型报道．暨南大学硕士学位论文，2006.

② 李瞻．新闻学——新闻原理与制度之批评研究．台北：三民书局，1973. 4.

③ 朱清河．典型报道：理论、应用与反思．武汉：武汉大学出版社，2006. 145.

④ 李良荣．中国报纸的理论与实践．上海：复旦大学出版社，1992. 100.

⑤ 方汉奇．中国新闻事业通史（第3卷）．北京：中国人民大学出版社，1999. 218.

故的责任。在极左路线的控制下，对典型人物的宣传有很大的扭曲，过分渲染他们对毛泽东个人的“忠”，以鼓吹个人崇拜。报道往往极力突出典型人物的“路线斗争觉悟”，以此作为报道的主体内容，而这些内容恰恰是渲染、夸大以至完全捏造的。[①]“文革”中后期的“白卷英雄张铁生”、“反潮流的英雄黄帅”等典型报道，可以说是彻头彻尾的政治产物，甚至是为迎合政治的需要，随意塑造出来的。“‘文革’中的许多典型报道，从政治上看，它的特征就是和‘四人帮’的政治阴谋紧密相关，尤其像‘两校’（清华大学、北京大学）的教育改革，‘风庆轮’报道，张铁生交白卷等等，完全成了整人的‘政治棍子’。这并不奇怪。‘文化大革命’就是一场被林彪、江青反革命集团利用的政治阴谋，典型报道不过是这场政治棋局中的一步棋而已。”[②]

臆造典型、误导社会，使得新闻传播中的正面人物报道为“文化大革命”助纣为虐，对社会起到了巨大的破坏性作用，新闻事业本身也受到严重破坏和摧残，声誉扫地。典型人物中，许多政治人物的变化令受众失去了信心，比如聂元梓、蒯大富、陈永贵、林彪、王洪文等风云人物在前一个时期是“英雄”、“模范”、“标兵”、“领袖接班人”，但在后一个时期又成了“反革命”、“阴谋分子”，“这种与政治的密切联系和主观随意性令人从怀疑到抵触”[③]。

改革开放后，随着国家政治生活的逐步正常化，正面人物报道的政治色彩也在逐渐淡化。然而多年来沿袭下来的旧观念和旧模式仍然在影响、束缚着新闻媒体。臆造典型、误导社会的做法，远未在正面人物报道中绝迹。一个典型的例子是 1999 年湖北省十堰市丹江口市均县镇闵家沟村党支部书记闵德伟，在患病去世后，被湖北省各新闻单位作为重大典型集中宣传，并为此组织了数十人的采访团。然而新闻报道中这位时代的楷模、“三讲”活动的典型，在现实中却是个不折不扣的“村霸”，报道中的感人事迹全是假的。这个假典型的出炉，原因就在于当地领导要通过树立典型来宣传自己的政绩，并得到扶助典型的各种实利，于是市、镇、村三级干部联合起来弄虚作假，当地媒介也在其中起了很坏的作用。[④]

历史的惨痛教训不应完全归罪于正面人物报道本身。新闻实践是受政治权力控制的。政治控制有时发挥积极作用——促进新闻传播的发展和传播水平的提高；有时又有消极作用——阻塞传播渠道，限制正当传播内容，或者干脆占夺传播工具，最终使公众丧失知情权。从当代中国政治发展的整体走向来说，“党和政府对新闻实施的政治控制从其本意上说，体现的是一种正面控制的愿望”[⑤]。但不能否认一些暂时、局部的负面控制使得新闻传播产生了恶性的社会效果。由于新闻从业者主体性的缺失，使

---

① 方汉奇．中国新闻事业通史（第 3 卷）．北京：中国人民大学出版社，1999. 354.

② 李良荣．中国报纸的理论与实践．上海：复旦大学出版社，1992. 100.

③ 张威．典型报道：中国当代新闻业的独特景观．传媒学术网，http：//www. mediachina. net/academic.

④ 李大同．冰点故事．桂林：广西师范大学出版社，2005. 359 ~ 372.

⑤ 田中初．新闻实践与政治控制：以当代中国灾难新闻为视阈．济南：山东人民出版社，2005. 20.

得新闻工作者成为被驯服的工具。“一旦失去主体地位，丧失独立自主性，新闻媒介只懂‘让怎么报道就怎么报道，让报道什么就报道什么’是十分危险的。一旦中央或地方上级党委的决策错了，领导人的作风或个人品质出了问题，新闻媒介没有表示怀疑、否定或揭露批评的权利，其后果是不堪设想的。”①

然而新闻媒体仍然需要承担自己的责任。由于只强调党报是党的喉舌的作用，忽视甚至否定了做“人民群众喉舌”的作用，“报纸丧失了党和人民群众之间的桥梁和纽带作用，为党的失误和错误决策起着推波助澜的作用”②。就正面人物报道失实来说，除了负面政治控制的因素外，也与我们新闻工作中长期对正面人物尤其是典型人物报道的片面认识有关。媒体工作者应切记：“先进人物和典型经验应是在群众斗争实践中产生的，而不能是为了某种政治需要而拔高甚至编造出来的。先进人物和典型的确定，应该是实事求是、全面、科学地考察的结果。历史反复证明，人为地‘树’起来的先进人物和典型，是没有生命力的。”③

第二节　思想认识上的误区：形象极端，单面灌输

一、人物形象极端化

在传统的典型报道观念中，“典型”被简单界定为“正面典型”和“反面典型”。长期以来，“人们对典型报道（典型人物、典型事件或典型经验）的认识，往往循着两个极端去寻找：要么，绝对好，要么，绝对坏。处在中间状态的事物，似乎便不会有典型的‘份’”④。这种极端化观念渗透到各类正面人物报道中，问题便随之产生。

一方面是对正面人物极端化的“高大全”形象塑造。劳动英雄似乎都是每条战线上的全能手，生产、生活、学习样样全能，样样都是群众学习的典范。“这也许是党和群众的期望之所在，从这一点来说的话，本也无可厚非。但将其落实到新闻传播之中则会有违客观真实性，不符合劳动英雄作为一个个体人的实际特征。”⑤ 事实上，为了人物形象的“高大全”，一些媒体不惜违背新闻的真实性原则，对人物的事迹进行取舍和拔高。如60年代对于雷锋的报道中，绝口未提雷锋爱穿皮夹克、戴英纳格手表、喜爱拍照片、有女朋友等事实，雷锋“时髦青年”的一面被彻底过滤掉了。这样的报道呈现出的虽然是一个更纯粹的“无产阶级战士”，却违背了新闻“用事实说

① 童兵．主体与喉舌——共和国新闻传播轨迹审视．郑州：河南人民出版社，1994. 106.

② 方汉奇．中国新闻事业通史（第3卷）．北京：中国人民大学出版社，1999. 411.

③ 方汉奇．中国新闻事业通史（第3卷）．北京：中国人民大学出版社，1999. 363～364.

④ 单波．20世纪中国新闻学与传播学：应用新闻学卷．上海：复旦大学出版社，2001. 249～251.

⑤ 朱清河．典型报道：理论、应用与反思．武汉：武汉大学出版社，2006. 144～145.

话”的基本要求。

当取舍拔高还不足够时，一些报道更进一步走向造假，“高大全”变成了“假大空”。造假在“文革”中所谓的“正面人物”报道中盛行一时，在“文革”后也仍然存余不断。2002 年，“中国杂交水稻之父”袁隆平与武汉中学生进行面对面交流，一位学生提及，他看过一篇报道，说袁隆平搞研究一连多天不睡觉，累倒在稻田里还不放弃研究，赞美他痴迷于科学研究忘我工作的高尚境界。袁隆平连忙澄清：“一定别受误导，累倒还工作不值得提倡，身体才是最重要的。另外，我也从来没有累倒在田里，那是耍笔杆子的人杜撰。”① “感动中国”人物洪战辉在评说媒体对他的报道时说：“我觉得关于我的有些报道太夸张，比方说有的媒体说我背了两百公斤的弹簧，我从来没有做过这个事情，只是承包了那么多弹簧去做，和同学一起做，赚了钱一起分，是这样的，不是说我背着弹簧到了怀化。”② 脱离实际、以偏概全、夸大其词塑造出的神人、圣人典型，结果只能适得其反，造成受众的反感和抵触。

另一方面，寻求极端化的做法也使部分正面人物报道丧失了公允的立场。在人物被颂为典型时，报道专注于其优点，丝毫不提其存在的缺点；人物出了问题时，却又集中放大其不足，将人物写得一无是处。比如 20 世纪 80 年代对大邱庄禹作敏的报道，无不将焦点聚集于禹作敏如何富有才智，带领大邱庄在盐碱滩上起飞，从贫困村变成中国首富村。然而 1993 年，禹作敏从辉煌的顶点跌入犯罪的深渊，涉及他霸王作风的各种媒体报道扑面而来，极尽揭批之能事。这种同一人出现两极化报道的现象，在步鑫生、牟其中、褚时健等多个改革人物身上都曾出现过。“成也媒体，败也媒体”，这种一元化的宣传引发受众普遍的反感与抵触，它对新闻传播的专业品质的损害也是不容忽视的。

“典型，即使只是某一方面的典型，它能够作为典型起码在某一方面必须是十全十美的，否则便不成其为典型了，然而，世间并不存在十全十美的人和事。多年来，典型报道总是在这一矛盾中挣扎：一方面读者不断地批评‘高大全’，一方面记者又在不断地写着‘高大全’，就是增加‘还有某些不足’之类的新套话，也不能帮上多少忙。在这种恶性循环中，典型个人不是死了也是活着不舒服的，或病危或残疾，正常的人很少；即使是正常人，从此也无法正常生活，他骑在典型的虎背上，身不由己了。由于典型报道不可避免的‘高大全’，他本人在单位的声誉与报道量成反比。”③ 改革开放以来，随着新闻改革的推进，这种人物形象极端化的报道观念已经得到了很大程度的纠正。但长期形成的极端式思维，对传者而言，深受的影响难以一时完全摒弃；对受者来说，也需要时间来改变自己的固有印象。

---

① 吴津生．袁隆平“未晕倒田间”，典型宣传能否打破固定模式．中国青年报，2002－02－10.

② 洪战辉访谈实录，http：//www. sina. com. cn，2005－12－23.

③ 陈力丹．新闻观念：从传统到现代．上海：复旦大学出版社，2004. 164.

二、孤立展示人物形象

部分正面人物报道，习惯于孤立地展现人物形象，而忽略了纵横交错的社会关系、人物行为发生的背景，使人物行为成为无本之木，不仅突兀而且难以使读者信服。如对任长霞的报道，为了突出任长霞就任前登封市的恶劣社会治安环境，《中国青年报》报道："一连数年，恶性事件频发，发案率高，破案率低，在全市30多个局委行风评议中，公安局连年倒数第一……"这句话虽然是依据事实的报道，却容易引起读者对登封市公安局多年来工作的误解，并没有讲出其中的缘由，也没有为任长霞如何找到工作突破口做铺垫。但从其他报道中可以看到，登封市"吸引了全国各地的打工者，这座一共只有62.7万人口的县级市，每年流动人口倒有100多万。可以想见这个城市的治安形势有多复杂了"。这样的叙述交代了登封市治安不好的外在原因，也使读者更好地了解了人物生活的社会背景。

而对孔繁森的一些报道，虽然感人至深，却也忽略了背景的介绍，非常容易引起读者的误读。其中一段是描述孔繁森到中央讲述阿里地区的灾情的："阿里的灾情引起有关负责同志的重视，破例为阿里解决了一大笔救灾款和项目资金。"在这一段中，孔繁森为阿里奔走的情景的确动人，但单凭孔繁森的反映就可以获得中央对地方的大力援助，从侧面显示了确定救灾款项中的人为因素和政府工作制度的不完善。另一段描写孔繁森对孤寡困难群众的照顾："孔繁森副市长冒着寒风来到敬老院，发现老人的鞋子破了，脚被冻得又红又肿，便心疼地把老人的双脚抱在自己的怀里。……他看到一位藏族老阿爸的脚因烫伤溃烂发炎了，便打开随身携带的药箱，为老人擦洗涂药，然后用纱布把脚裹好，还把自己穿的灰风衣脱下来披在老人身上。"孔繁森对两位老人的关怀是无微不至的，但是生活在敬老院中的老人为什么脚被冻肿却没有人照顾，因烫伤而糜烂却没有得到及时救治？敬老院中的老人遭到这样的待遇，如何体现我们党对于老年人的关爱？孔繁森的前任、现任的各级干部都会受到不同程度的质疑。"典型报道的作用不仅是体现典型的先进性，也要体现党的先进性。如果典型的事例增加了群众对党的事业的误读与质疑，那么，即使典型个体再感人，也不能算作成功的典型报道。一篇报道为了树立一个典型，而将前一段时间的整个社会进步都否定掉，它所引起的长期效应将是受众对典型报道、新闻媒体，甚至是社会秩序的困惑与否定。"①

人为地割裂人物与其生存的环境，往往缺乏对事实含义的准确把握，带来基本价值观的偏差。在2003年关于非典的报道中，"用大量的篇幅和时段去歌颂医务人员，基调是他们如何不顾家庭、不顾个人安危，牺牲自己的生命去抢救病人。但要知道，医务人员被感染和死亡，不单纯是一个'为民牺牲'的问题，它首先是事故，非常重

---

① 张莞昀．党报典型报道艺术论．清华大学硕士学位论文，2005.

大的责任事故。而我们的记者却把一起起关涉生命的重大责任事故，写成已牺牲或被感染的医务人员如何为了病人不怕死。这种基调是一种惯性思维造成的。因为在我们的传统文化中，生命并不是最重要的”，“但在法治的社会里，人的生命权是最重要的人权，是社会追求的基本价值。不重视生命权将导致人的生命意义的工具化和对生命价值的贬低。我们现在的报道实际就是把别人的死作为宣传材料使用”。①

三、受众主体观念的匮乏

在现代新闻传播观念中，受众是与传播者平等的主体，“不是一大群被动等待政治启蒙或引导商品消费的愚氓，而是按照自己的需要和追求，来寻找、获取新闻信息的充满积极主动特性的个体或群体”②。然而在我国正面人物报道的历史中，受众的主体地位长期处于被忽视的状态，传者“宣传灌输”观念与受众自主意识之间存在着深刻的矛盾。

宣传灌输是社会主义政治教育一贯坚持的观点和方法。在一些正面人物报道中(尤其是典型人物报道)，向受众灌输的是先进人物的卓越业绩和不俗品行，希望将人物事迹以规模化、体系化、条理化的形式灌输到受众思想中去，“通过可行的手段和方法并使其内化为人们的内心信念，人们的思想认识水平得到提高并指导自己的行动”。这种灌输通常表现为：①价值观相对单一，内容上反复强化某一思想主线；②采用连篇累牍、铺天盖地的轰炸式报道；③单向传播为主，不注重受众的参与和反馈。

在新中国成立前后，单向的宣传灌输曾发挥了较大的作用，但必须考虑到当时特殊的社会环境：“人民文化水平低下或不算高，没有独立思考能力或正在形成这种能力。在这种情况下，需要走在人民认识前面的俯视人物或先进政党通过榜样的力量引导他们前进。”③ 还有，“受众可能对典型报道产生不信任，但对党的态度、对毛主席的崇拜以及对党报的信任，足以支撑他们服从典型报道所宣讲的内容。但这种刺激与反应的效果来自于盲目崇拜的单纯社会关系，以及沉默螺旋大量存在的社会状态下。这种认可往往掩盖了人民所具有的辨别力”④。

然而受众本身是具有自身特殊利益和接受倾向的主体，他们是按照自己的价值模式、认知图式去对待传播内容的。即使是在对政治的盲目狂热之下，群众的辨识能力仍然在支配个体的认知选择。比如《县委书记的榜样——焦裕禄》刊出后，连续又刊出9篇评论。这些评论中，“毛主席”一词共出现了17次，“毛泽东”26次，其中

① 陈力丹．传媒论典：与传媒名家对话．北京：中央编译出版社，2004. 152.
② 黄旦．新闻传播学．杭州：浙江大学出版社，1997. 222.
③ 陈力丹．新闻观念：从传统到现代．上海：复旦大学出版社，2004. 162.
④ 张威．典型报道：中国当代新闻业的独特景观．传媒学术网，http：//www. mediachina. net/academic.

"毛泽东思想"15 次。后来，这些评论并没有广为流传，而没有泛政治化的通讯本身却仍流传下来，成为典型报道中的经典之作。这说明，"受众在接受典型的时候会考虑报道本身的价值"①。

改革开放以后，随着社会主义市场经济体制的不断完善，受众在思想观念、价值取向和生活方式等方面发生了一系列变化，其需求也日益多样化。但一些正面人物报道并没有意识到这种变化。"二十多年后强令各种宣传工具集中报道某一典型的现象仍然经常出现，典型报道还被视为教育群众的灵丹妙药。其实，被教育者正在要求平等对话，对典型报道已经有了抗药性。……人的思想发生了这样的变化，而典型报道却仍在强化按照上面树立的典型决定生活方式的意识。"② 这使得报道收不到传者预期的效果。如 20 世纪 80 年代，《中国青年报》曾经报道过两位青年工人的先进事迹：一位是石油战线新长征突击手，她长年累月埋头苦干，最脏最累的活抢着去干，生活上艰苦朴素，连一件好衣服也不肯穿；另一名青年也是勤勤恳恳地工作，不要资金，不要加工资，结婚前厂里分配给他一间小房也坚决不要。这样的青年当然是难能可贵的，但报上用大量篇幅加以宣传以后，在青年群众中却引不起反响。后经调查了解，许多青年人认为：这样的人不是他们思想中的先进人物，当代青年的思想矛盾在他们身上找不到答案。与此相反，同时期报道的张海迪却吸引了众多青年，因为张海迪对这些问题作出了回答。③

自上而下的单面灌输的传播方式，也违背了新闻报道和受众之间的互动规律。从新闻传播的完整过程来看，受众不只是新闻生产与创造的参与者，而且在一定的环节中是真正的直接的生产与创造主体。然而多年来，大量正面人物的宣传报道中受众被视为被动的接受者，对新闻生产过程的参与远远不够。主要表现为：

（一）消息来源：来自民间的人物推荐偏少，公众缺少话语权

许多正面人物是由党政部门指定的（中宣部是其中的代表性部门），20 世纪 90 年代这种情况仍然大量存在。以此时期三个较有影响力的报道为例：①1995 年对军嫂韩素云的报道。"总政领导指派宣传部组织人民日报、新华社、中央人民广播电台、中央电视台、光明日报、解放军报、中国青年报等 7 家中央、军队新闻单位的记者用 20 天的时间，到韩素云的家乡山东和广东、广西实地采访后，确定将这一先进群体作为重大典型在全国、全军进行深入宣传。"②1996 年对模范团长李国安的报道。"中宣部、水利部、总政治部联合邀请首都各大新闻单位的总编辑、社长和主要领导，召开宣传李国安先进事迹新闻协调会。会上决定把李国安作为 1996 年的'国字号'重大典型进行宣传。"③1999 年对抗洪英雄李向群的报道。"《人民日报》、《光明日报》、

① 张莞昀．党报典型报道艺术论．清华大学硕士学位论文，2005．

② 陈力丹．新闻观念：从传统到现代．上海：复旦大学出版社，2004. 163．

③ 李良荣．关于典型和典型报道．新闻战线，1981（3）．

《解放军报》、中央人民广播电台、《中国青年报》等首都主要传媒，都在显著位置、时段播发了李向群的事迹。……自此，拉开了在全国范围内集中、广泛宣传李向群事迹和成长道路的‘宣传战’。”[①] 而来自民间的人物推荐，无论是在数量上还是在报道力度上，都难以与官方的“宣传战”相平衡。

（二）信息反馈：受众本来应该是最重要、最直接的反馈主体，却未能得到充分的重视

一个明显的表现是媒体上负面反馈的缺失。受众对正面人物报道的“热情赞扬”可能被登在后续报道中，以证明报道的成功，但质疑与批评的声音却常常无法得到呈现。在社会政治环境严酷的时期，发出负面反馈的受众甚至要承担被批判的风险，“任何对典型的怀疑当然就会像异端那样遭到无情的打击，于是出现了‘砍红旗’的专有罪名，出现了对冯定《平凡的真理》的批判，因为他竟说黄继光堵枪眼只是‘正义的冲动’”[②]。

第三节　实践操作上的误区

一、人物形象模式化

正面人物宣传报道在长期的运作中，形成了较为严重的模式化倾向，许多报道呈现出的人物形象惊人地类似。有学者认为典型报道往往形成如下模式：“上学三好生，参军活雷锋，工作当标兵；假日不休息，有病不肯看，家庭当旅馆；领导夸奖他，老婆埋怨他；去世的，同志们怀念他。”实证研究也证实了这种模式的存在。如对1990年以来38个典型报道的统计显示，“有病不肯看”的典型达到34.2%，“假日不休息”的比例达到31.6%。另外，其中12位去世的典型受到了追悼和缅怀，相当一部分形成了“送葬场景—追怀功绩—普天痛哭”的模式。[③] 这种政治色彩浓厚、偏重道德价值标准的模式化表达，在早期取得过很好的宣传效果，但随着时代的进步，其弊端日益凸显。

对于具体的人物个体来说，陈旧单一的模式不利于传达人物特征。尽管模式化的内容可能在各个正面人物报道个体中都是真实的，因为优秀人物的成长途径、道德品质、行为举止、为人处世往往具有共通之处，但是“当每一篇典型报道都围绕同样的内容，以同样的视角来关注不同的人，典型的真实故事就变得苍白无力，或者在读者

---

① 张威．典型报道：中国当代新闻业的独特景观．传媒学术网，http：//www. mediachina. net/academic.

② 陈力丹．新闻观念：从传统到现代．上海：复旦大学出版社，2004. 171.

③ 张莞昀．党报典型报道存在的问题及成因．清华大学硕士学位论文，2005.

就读的感动后，很难留下对典型独特之处的记忆”。更为严重的后果是，当刻画形成一种套路时，就会对受众造成“负向的模范示范”。“受众是很容易从大众传媒内容中获得行为模式信息的。当‘典型过劳死’的模式被受众了解、记忆，典型就不再具有被受众学习的可能性。‘文’和‘质’是不可分割的两个部分。当真实可以用模式来总结的时候，真实就不再是生活的本真，即使再感人的描写都不能增加典型在读者心目中的分量。”①

从整体层面来说，模式化也会带来新闻整体真实的缺失。“新闻真实”在客观上有两种表现，一种是单一的、个别的新闻的具体真实；另外一种是由个别的、单一的新闻组合起来共同塑造的整体真实。整体真实又可分为三个层面：微观、中观与宏观，分别指具体报道的整体真实、个体新闻媒体在一定时空范围内所作全体新闻报道的真实、一定时空范围内所有新闻媒体全体报道的真实性。② 模式化人物报道对整体真实的影响，集中表现为中观及宏观层面的某人物群体形象的再现失真。

以农民形象为例，2001 年至 2002 年的《人民日报》报系建构的标准农民形象是“一位来自中西部地区的中年男性农民，其主要行为是致富和扶贫帮困，同时致力于建设农村基础设施，其主要品质是为群众着想、公正、廉洁，因为工作突出，他先后获得多次荣誉，而他对于自己的身体健康却全然不顾，对家庭的照顾也非常少，有时为了工作甚至牺牲家庭和家庭成员的利益”。这种再现有明显的简单化、脸谱化的倾向，未能真实再现复杂多变的农民群体。③

一些新型媒体中的正面人物报道，虽然不再重复上述旧模式，却形成了新的单一化模式。以伴随着市场经济改革而出现的“成功人士”为例，2003 年的《经济日报》和《21 世纪经济报道》再现的“成功人士”形象为：“46 ~ 55 岁左右中年男性，其资产在富翁榜上有名，书生模样，行为方式神秘低调，富于冒险精神。”有关形象并非完全失真，但问题在于媒体将模式中的某些特性夸大了，将“成功人士”的学历拔高，行为过度神秘化、虚幻化，从而造成对“成功人士”再现的不真实。④

人物形象模式化导致群体形象再现失真，其原因是多方面的。首先，由于长期形成的重宣传、轻传播的倾向，媒体对符合宣传政策和报道机制的，往往给予浓墨重彩的报道，反之则有意淡化。“《人民日报》报系对农村干部群体的集中再现即是一个典型佐证，过分强调宣传价值导致农民再现中的模式化现象严重，报道千篇一律，流于

① 张莞昀．党报典型报道存在的问题及成因．清华大学硕士学位论文，2005.

② 杨保军．新闻真实论．北京：中国人民大学出版社，2006. 43 ~ 53.

③ 卢迎安．媒介形象再现与社会真实建构：国内主要报纸对农民形象的再现研究．苏州大学硕士学位论文，2004.

④ 邓曦．新闻报道中“成功人士”形象的内容分析与叙事模式分析．苏州大学硕士学位论文，2006.

形式，缺乏深度。”[①] 其次，商业化影响也使一些报道存在明显的跟风和炒作现象。再次，由于媒体对各社会阶层的关注度不均衡，对于中国社会阶层中的不同层次，媒体更偏重强势集团，间或涉及中间阶层，而较少关注弱势群体。这些使得正面人物报道的整体真实性受到严重的影响。

二、报道手法公式化

多年来，正面人物报道在报道手法上形成了一定的公式与套路。就典型人物报道来说，一个“完整”的套路为：上级领导机关（宣传部门）确定先进典型人物及报道主题→新闻媒体进行采访或者走通稿路线，转载新华社的相关通稿→媒体按照预定的计划同步展开“地毯式”的宣传攻势，开辟专栏、专题在显著版位或时段进行集中、突出、持续的报道→典型人物受到上级领导的接见和表彰，学习先进的活动随即展开→典型事迹报告团在地方或全国巡回报告以扩大影响力，媒体跟进报道→侧面采访：典型人物所在单位、家庭，并关注社会人士的反应。[②]

如前所述，这种主观议程设置的套路，曾经是典型人物报道成功的有力保证。然而多年不变、不考虑报道对象的不同特点，亦不考虑受众与环境变化时，单一的套路不仅不利于人物报道，更成为一种痼疾。具体而言，其不足在于：

（一）时效性差

因为典型上报、审批的程序时间太长，而导致人物报道的时效性差。即使是 20 世纪 90 年代以后，许多人物报道仍然大大迟于事件的发生。如 1993 年对苏宁的报道，其本人是 1991 年 4 月 21 日组织部队进行手榴弹实弹投掷时发生意外，为抢救战友，身负重伤，经医院抢救无效，于当年 4 月 29 日牺牲的。而对苏宁的大规模报道是在 1993 年春天才真正形成高潮，形成声势的。[③] 其中相隔近两年。又如徐洪刚勇斗歹徒发生在 1993 年 8 月 17 日，而次年的 2 月 18 日《人民日报》才对他作典型报道，迟了整整半年的时间。进入新世纪后，正面人物报道的时效性虽然有所增强，但和其他报道相比仍然有很大差距。这样的时效是不符合新闻规律的。

（二）报道形式单一

以党报典型为例，其写作方式大体分为四个部分：一是通讯，对典型事迹进行重点报道；二是对典型人物的亲友进行访谈，或者让典型人物谈成长体会；三是由各类向典型人物学习的报道（消息、侧记、诗歌等）组成；四是组织进行评论，并刊登理论文章。类似的四部分写作方式甚至连刊出顺序都是一样的。[④] 单一以通讯为主稿的

---

① 卢迎安．媒介形象再现与社会真实建构：国内主要报纸对农民形象的再现研究．苏州大学硕士学位论文，2004.

② 麦尚文．中国典型人物报道创新研究．暨南大学硕士学位论文，2005.

③ 程俊嵩．强烈的时代责任感在典型宣传中的作用——关于苏宁宣传的一点回顾．新闻与成才，1994（5）.

④ 张莞昀．党报典型报道存在的问题及成因．清华大学硕士学位论文，2005.

形式，也带来文字长、篇幅大、占版面多的缺陷。长达数千字甚至上万字，从第1版转到第3版，再好的人物也会被这样的篇幅所淹没。随着社会变迁，生活节奏的加快，单一的长文章模式可能已经成为受众阅读的障碍。

与此形成对照的，是其他文体或传播手段的缺乏，如报纸媒体的人物报道中，视觉传播符号仍然未得到充分利用。视觉传播是用以图像符号为基本构成元素的视觉语言，进行信息交流的一种传播手段。较之文字传播方式，它的传播对象更为大众化、广泛化，内容可信度更高，方式更为形象直观，因此在塑造人物形象方面具有自己独特的作用。但这一传播方式在目前的媒体中并未得到充分的应用。首先是视觉传播方式不够多元，媒体经常使用相似的视觉传播角度进行人物报道，手段运用也不够丰富。其次是视觉传播领域不够宽泛，传播媒介在运用视觉传播报道时，还是比较集中在娱乐、体育等明星云集的领域；视觉传播更多的是被作为吸引受众的关注和眼球来使用。再次是视觉传播效果不够冲击，视觉传播行为更多的是展现表面的冲击力，视觉形式被舍本逐末，忽略了最关键的新闻性展示。最后是视觉传播泡沫大量存在，图片虚大、虚多、虚重和虚美。① 种种不足，不仅不能充分发挥视觉传播在不同媒体中的优势特点，也不能将人物形象塑造得更丰满和立体。

（三）易使受众产生逆反心理

连篇累牍、铺天盖地的轰炸式报道往往适得其反，容易超过受众接受度而引起逆反心理。

逆反心理是指社会个体对外界引导在态度方面的非常规性质的逆向反应，属于态度范畴。在新闻信息传播中，它是受众对媒介信息作简单的逆向思维和反思理解的心理意识，因而会在新闻传播者和受众之间筑起一道抵御信息顺向传播的心理防线，使媒介信息的含义扭曲、变性，使信息传播的力度减弱、转向。② 心理学研究表明，同时的刺激物在刺激强度过大，刺激时间过长时，容易引起对反应性质的变化。受众在接受新闻信息时有一把心理尺度，把那些过量重复的信息杜绝在其接受范围外，对自己不愿接受而媒体硬塞的信息会产生厌烦情绪。

三、其他操作误区

正面人物报道在采写实践中，除了上述问题外，还存在其他一些具体问题，影响了报道效果。

（一）有些人物报道采访水平不过关，显得粗糙浮浅

如在关于任长霞的报道中，《光明日报》将其中一位重要采访对象的姓名“刘春雨”写成了“刘春玉”。而《人民日报》在对徐洪刚的几篇重要报道中，基本事实有

---

① 汪茜．人物报道中的视觉传播研究．南京师范大学硕士学位论文，2005．

② 申雪凤．尊重受众：从受众心理看典型报道的传播效果．青年记者，2004（12）．

着重大出入。一些报道中还出现了照录采访对象语言的情况，虽然这样非常尊重采访的真实性，但不加选择地完全照抄，由于脱离了采访的上下文和语境，使读者很难理解引语的意图。另外，由中宣部或其他中央单位牵头、多家媒体共同组成采访团进驻采访地点的方式，往往使记者对典型的了解过于表面，并且无新东西可挖。①

（二）一些人物报道写作上不够用心

报道只是“观点＋例子”、“人物＋事迹＋口号”的简单叠加，对材料缺乏必要的整合与提炼，行文缺乏创新，官话、套话和空话偏多。如2006年12月23日，《农民日报》刊发了一篇人物报道《为老百姓多做实事是人生最大的乐趣——记湖北省沙洋县县委书记黄爱国》。该文记者何红卫自认为“挖出了‘新时期焦裕禄’”，参与报道的通讯员刘明达也认为自己做了一件“也许是可以载入史册的”工作。然而报道在网络上却遭遇“滑铁卢”，很多网民都认为该报道“太肉麻了，受不了”，还有人给黄爱国以“黄作秀”的外号。报道失败的原因之一，就在于写作硬伤明显，“给人感觉是‘泥不够水来凑’”，陈述不够朴实，豪言壮语比较多，对人物的溢美之词也过多，而实质内容并没多少，这些直接引语即使完全是真实的，也容易让人们产生“这是吹捧阿谀”的判断，难免会产生“肉麻”的感觉。②

（三）有些人物报道不遵循职业规范，由商业利益驱动的炒作行为增多

对正面人物的追踪报道是必要的，但如果为了赢得商业竞争，对人物的报道力度超过了人物应有的新闻价值，使报道流于炒作，则往往会适得其反。如2003年9月，南京市民陈思在长江大桥上救了一位自杀者，之后各大传媒竞相报道他的事迹，有的将其偶尔的一次义举夸大为“已经救过26人”，某家杂志用煽情标题“生命的守望：一个自杀终结者的故事”来报道陈思事迹，某电视台甚至跟随陈思整整一个星期，并让他在桥上对着摄像机，不停地摆着各种造型，有时一个动作竟然要重复十多遍。这样的例子不胜枚举。由于传媒的炒作，人物正常的家庭生活秩序被打乱，其隐私权也得不到应有的尊重，使之不胜其烦。③“这类记者全然不顾职业操守，无所谓人格尊严，为达到直接创收、广告提成或其他目的，常常不择手段，还自鸣得意，自以为只要‘表扬利剑’在手，就能无往而不胜。”④

作为新闻传播体系的子系统，正面人物报道应该遵从新闻传播最基本的事实原则：真实、客观、全面。“作为新闻传播事实原则的三个分原则，真实、客观、全面的内在精神是完全一致的，它们追求的共同目标就是：‘让事实说话’，以再现新闻事

---

① 张莞昀．党报典型报道存在的问题及成因．清华大学硕士学位论文，2005．

② 靖鸣，陆先念．新时期先进典型人物报道的出路浅探——《农民日报》一篇县委书记的报道遭遇“滑铁卢”的启示．新闻记者，2007（4）．

③ 陈全忠．典型为何面临困境．新闻记者，2004（5）．

④ 靖鸣，陆先念．新时期先进典型人物报道的出路浅探——《农民日报》一篇县委书记的报道遭遇“滑铁卢”的启示．新闻记者，2007（4）．

实世界的本来面目，并尽可能反映整个事实世界的最新变动状态和情况，在求实的基础上努力达到求真的境界。”① 但如本节所述，我国的部分正面人物宣传报道，在这三个分原则上都曾出现过或多或少的偏差。诸多问题累积长久，使得正面人物报道（尤其是典型人物报道）在受众心中的公信力下降，传播效果受损。

2003 年，广电总局“宣传党的意志与反映人民呼声”课题组对 6 个省市的听众观众和 29 个省市的广电系统以及中央三台的新闻从业人员这两个领域分别进行了抽样调查，结果显示，在“您认为新闻宣传最应该减少的报道内容”一项中，“先进典型的报道”不约而同地被排在了第三位，仅仅名列“会议的报道”、“党和国家领导人活动的报道”之后，两个领域的受调查者观点空前统一；而在“您认为新闻宣传工作必须改进的方面”一项中，“典型宣传”则被新闻工作者排在了所有类项的第一位，听众观众则将其列在第二位，仅排在“会议报道”之后。②

同样是 2003 年，新华社“舆论引导有效性和影响力研究”课题组在全国范围内进行“受众对媒体接触、信任与满意度问卷调查”，显示 68% 的被调查者认为典型报道的主要问题是“都是优点，没有缺点”；61% 的被调查者诊断是“模式化、概念化”；50% 的被调查者认为是“空话、套话多”；39% 的被调查者认为是“对典型人物的个性特点挖掘不够”；32% 的被调查者认为“对典型人物的时代特色挖掘不够”。③

这些调查显示，正面人物报道不仅存在着如上缺点，也使受众对主流媒体的宣传不再像以前那样笃信无疑，而产生怀疑、厌烦甚至排斥的逆反心理。当受众带着固有成见面对正面人物报道的时候，会不自觉地将预先设定的标签贴在其上，使得舆论引导的有效性和影响力严重下降。正面人物报道存在的种种问题，已经到了亟待改革的时候。

① 杨保军．新闻理论教程．北京：中国人民大学出版社，2005. 167.

② 梁建增，孙金岭．增强公信力是改进典型宣传工作的重中之重．新闻记者，2004（12）.

③ 中国记者编辑部．主流媒体如何增强舆论引导有效性和影响力之三：重视对几类重要报道领域的改革与创新．中国记者，2004（1）.

第五章

《感动中国》人物形象传播策略及其社会效果研究

IMAGE-BUILDING & SOCIAL IDENTITY：A STUDY OF THE SOCIAL EFFECTS OF MEDIA PROMOTION TO THE POSITIVE FIGURES

第一节 仪式化的“精神史诗”：《感动中国》形态解析

《感动中国》至今已成功举办六届（2002—2007 年度），它突破了单一电视栏目的局限，在社会层面上收获了超乎想象的形象评价，比如，“让整个民族为之动容的精神史诗”、“中国人的年度精神品牌”等。作为一档大型年播栏目，《感动中国》的影响力与公信力来之不易。近年来国内媒介频繁推出人物评选活动，尤其是年度人物评选，不少有影响力的媒介都倾力打造。那么，为什么《感动中国》能脱颖而出，在栏目品牌及社会效果上卓越超群？

我们以为，《感动中国》的成功，主要因素有三：一是人物选择具有深厚的社会基础，这是栏目情感力量的源泉；二是栏目形态追求创新，在人物表达方式上突破传统框架，以别开生面的媒介仪式刺激着公众的“情感消费”欲望；三是《感动中国》的正面人物形象传播，契合了社会转型时期公众在情感上的需求变化，也顺应了人们在价值观上因彷徨困惑而产生的导向期待。

用视听语言书写社会的“精神史诗”，这在我国电视媒介发展史上还是第一次。我们以截至 2008 年 2 月播出的共六届《感动中国》年度人物为考察样本，梳理其传播手段与节目形态的总体特征及创新过程，从仪式传播的角度透视“精神史诗”的媒介笔法，以观照一个媒介栏目与社会思潮、民族精神的互动关系。

一、作为媒介仪式的“人物榜单”

打造榜单是现代媒介常用的议题设置手法，尤其在报纸的年度策划、杂志的封面策划中使用最为频繁。“榜单”能形成品牌效应，以活动营销生产“媒介事件”，从而带动媒介品牌影响力的提升。在国外，打榜的运作已进入成熟时期，《时代周刊》封面人物、最有影响力女性，*People* 最美丽 50 人，《福布斯》名人榜，《财富》人物榜，《商业周刊》“最佳雇主”和胡润慈善榜等，独树一帜，导引着人们对社会的关注视线。

在我国，自新世纪以来，随着市场化媒体领军者进入平稳发展时期，尤其是时政杂志在近五年获得初步发展，新闻竞争进入了第二阶段，它的最大特征是“策划取胜”。在这种发展背景下，总体上媒体开始重视并引入“造榜”手法，最常见的便是媒介的年度人物评选活动，比如中央电视台的“感动中国年度人物”、“经济年度人物”，《南方周末》年度人物等。随后，一些新闻杂志将“打榜”手法运用在日常的封面报道中，使之成为常规的新闻策划方法，甚至尝试将“榜单与概念”捆绑结合，推出有观点的“榜单”，比如《新周刊》的思想榜、《南方人物周刊》魅力榜、《南方周末》点评“改革开放 30 年年度人物”等。

“打榜”是最为强势突出的媒介手法，它是新闻竞争进入更高阶段的产物，同时也是未来新闻竞争的重要领域。作为议题设置的最高形式，它对媒体的新闻资源二度开发能力提出了更高要求，尤其是时政人物、公共人物资源的全景开发，未来可深入掘进的空间很大。有公信力的榜单生产，是以媒介成熟发育及充分的媒介竞争为基础的。从这个意义上考量当前国内的媒介榜单，其运作总体上仍处于初级发展时期，有影响力的榜单不多。目前主流大型日报仍无法介入榜单运作，侧重个性化表达的互联网媒体难以做出榜单权威。而电视传媒及时政杂志则依托丰厚的新闻资源，在榜单生产上先行一步，以“榜单”之名介入社会机理。

从另一个层面上说，“榜单”是传媒介入社会的带有仪式性的“媒介事件”。在人类学家看来，“仪式是一种文化建构起来的象征交流的系统”①，在文化传播领域，借助“媒介仪式”，能够在社会上构筑“认同空间”，提供“认同的力量”。这正是《感动中国》年度人物这一国家媒介“榜单”的影响力的生产机制所在。

《感动中国》无疑是当前国内最具影响力的人物榜单。它的影响力生成，在人物的“感动”内涵之外，最重要的来自人物形象的仪式化传播。这种“仪式”并非局限的条框，而是富有包容性的创造性形态，它有助于人物形象的表达，推动情感力量的生产。《感动中国》的仪式传播主要体现在：

一是逐渐成型稳固的年度颁奖典礼。这一源自娱乐产业的榜单创意，在经过电视媒介的新闻式融合改造后，成为最具视觉效应的宏观仪式。二是议题包装的“无形”榜单形态。《感动中国》是没有排序的“无形”榜单，在最终榜单出炉前，历经了多层议题运作，包括人物资源开发程序、广泛的专家委员推选程序以及公众意见推选程序。进入定榜时期后，榜单形态被淡化于无形，进而突显人物形象的“感动力量”。三是模式化的人物形象表达。《感动中国》以情景化舞台为依托，通过电视媒介丰富的视听手段，在背景设置、故事叙述及现场交流三个方面建构起人物形象传播的流程仪式。

从整体形态上看，《感动中国》通过视觉化的仪式传播，创造性地改观了中国人的媒介形象。通过这种仪式化、多元化的人物故事及道德精神的表达，电视媒介源源不断地生产“感动”力量，进而推动公众的情感消费。从公众对《感动中国》的接触效果及信息消费程度看，这种新颖的媒介仪式，初步显现了作为民族精神的文化传承样式的重要功能角色。

截至2008年2月，六度“发榜”，共产生64名感动人物（含6个群体性人物），在社会上引起了巨大反响。中央电视台通过《感动中国》创造出公众的独特的情感消费仪式，其“认同空间”是十分广阔的。这可以从栏目播出对公众的注意力聚焦程度进行直观观照。从收视表现来看，2006年2月播出的“感动中国2005年度人物”仅

① ［英］菲奥纳·鲍伊. 宗教人类学导论. 金泽，何其敏译. 北京：中国人民大学出版社，2004. 51.

首播时段一天就获得了5.9%的收视率，观众规模近2.3亿，中央一台赢得了14.6%的收视份额，两个小时的节目，观众人均收看时间近40分钟，忠实程度很高（见表5-1）。

表5-1 《感动中国》首播的注意力聚焦度

	收视率（%）	收视份额（%）	平均到达率（000）	人均收视分钟数（观众）	时间段贡献（%）
《感动中国》	5.9	14.6	228.157	37.8	26.4

在过去，我国媒介在典型人物报道中塑造了“脸谱化”的正面形象，它契合的是自上而下的政治传播意图，这种“泛政治化”的人物表达方式，本质上是一种刻板的、高度统一的政治仪式传播。新时期以来，正面人物的媒介形象发生了很大变化，主要表现在人物形象由单一走向多元，由传统道德形象向现代形象转型。[①] 但是正面典型人物报道仍局限在传统政治传播框架之内。

在这个方面，《感动中国》所呈现的媒介仪式具有突破性意义。有研究者称之为“淡化了的典型报道”或“改良型的典型报道”，这一分析仍将《感动中国》放置在传统典型报道框架中。实际上，无论是在人物议题的运作上，或在表达方式上，还是在社会效果的层面上，《感动中国》都远远突破了传统正面典型报道。从根本上说，《感动中国》创造了正面人物形象的仪式性传播模式。

所谓仪式性的传播模式特指由电子媒介发起并传播的带有仪式感的媒介事件或媒介活动。[②] 仪式传播“以共同的理解与情感为基础”，“属于庆祝性的、享受性的以及装饰性的，而非功利性的”。从这个层面上看，《感动中国》作为年度媒介事件，正是依托在强大的社会情感基础之上，以仪式性的形态，包容着多元化的人物个体及群体形象，在喧嚣的社会热点中进行冷静的表述，在繁杂的人性生态中坚持对感动力量的生产与传播。

《感动中国》以仪式性的传播模式，实现中国人传统与现代的形象的糅合表达。可以说，《感动中国》是正面人物形象传播的现代仪式，这一年度媒介仪式据此书写现代“精神史诗”，并感染着整个社会，形成“共同认可”的情感消费现象。

二、《感动中国》的仪式组合与表达

德国社会学家涂尔干认为：“任何社会都会感到，它有必要按时定期地强化和确

---

① 麦尚文．新时期中国正面典型人物“媒介形象”的变迁与突破．新闻大学，2006（夏季号）．

② 张兵娟．媒介仪式与文化传播．现代传播，2007（6）．

认集体情感和集体意识，只有这种情感和意识才能使社会获得其统一性和人格性。这种精神的重新铸造只有通过聚合、聚集和聚会等手段才能实现……于是就产生了仪典。”①《感动中国》正是借助电视进行聚合与传播的现代仪典，它以模式化的年度颁奖典礼为集体情感认同的场域，并使之成为仪式化的媒介事件。

通过电视呈现的“媒介仪式”，它的重要作用在于“唤起和重申社会的基本价值并提供共同的关注焦点”，为人们提供一种“民族的、有时是世界的事件感”，使得某些核心价值感和集体记忆醒目起来。②《感动中国》作为“中国人的一部年度精神史诗”，展示了恢宏而庄严的中国人的精神风貌及价值体系。借助一个个鲜明的有标志性意义的人物形象的叠加，《感动中国》搭建起民族精神的表达平台。从社会影响力来看，《感动中国》年度人物在重塑和复制后成为中国人的形象标志，并转而成为社会传颂的精神符号。而《感动中国》栏目本身，亦成为国内公众体验核心价值感、共享情感盛宴的仪式性场域。

这一媒介仪式的中心，便是《感动中国》颁奖晚会，它聚焦着最广泛的公众注意力。经过中央电视台的录制播出、重播，并以光碟形式在社会上传播，颁奖典礼最终变成中国人形象传播及情感消费的一次声势浩大的媒介仪式。从六届颁奖典礼的形态看，每年晚会的主体元素基本是一致的，遵循着模式化的程式：介绍事迹的短片、获奖者的访谈、宣读推举辞和颁奖辞、颁奖，每一个环节都有独特的象征。这种形态上的连贯与统一，更能强化公众对《感动中国》的情感记忆。从微观层面观照《感动中国》颁奖典礼，其仪式性传播主要体现在三大形态的组合表达上：

1. 情景仪式：精心设计的“情感化场域”

在一次仪式传播中，情景（背景）的衬托与铺垫十分重要，起到突出主题、烘托气氛的现场效果。不同的媒介仪式，应有相应的情景设计，以契合表达需要。作为国人共享的情感消费活动，《感动中国》颁奖典礼精心设计“情感化场域”，把舞美设计、灯光布置、活动形象标志及镜头节奏等技术性“硬元素”，与主持人语言、背景音乐、授奖安排等“软元素”巧妙结合起来，聚集各种元素的表现魅力，着力铺垫情感气氛。在典礼的起始与闭合，以及每个人物的独立表达段落，都有较为定式的情景。经过六年的探索，《感动中国》颁奖典礼的“规定情景”基本确立，每年会根据人物的特质进行适当的调整和创新。定格化的“规定情景”有助于调动公众对“感动”的联想，更能强化他们的“情感记忆”，使之处于极具感染力的“情感旋涡”之中。

颁奖典礼的“规定情景”作为“情感化场域”的组成元素，同时也是公众情感

① ［德］爱米尔·涂尔干. 宗教生活的基本形式. 渠东，汲哲译. 上海：上海人民出版社，1999. 562.

② ［法］丹尼尔·戴扬，伊莱休·卡茨. 媒介事件：历史的现场直播. 麻争旗译. 北京：北京广播学院出版社，2000. 3.

体验与消费的仪式。借助这一视听兼备的仪式，公众的认知与情感被牵引进入《感动中国》的时空之中。在主题音乐上，自2002年度开始使用的《感动中国》主题曲，取名《感动》，直抒胸臆，在典礼开端处带领人们进入一种圣洁、肃穆的氛围中。由韩红演唱的这首《感动》已成为《感动中国》的强有力的有声符号。在舞台设计方面，2002年开办以来，前四届都使用了对称的舞台，2007年开始采用不对称的舞台设计，更显灵活、大气，给人耳目一新的感觉。在人物的出场方式上，前四届的感动中国年度人物都是由舞台的后台走上前台，2007年起设计了一条由获奖人物走过的长长的甬道，这一甬道从观众席中间延伸出来，其形状也暗合了感动中国的奖杯形状，这一铺满鲜花的红色大道既隐喻人物不平凡的人生历程，也是向人物致敬的方式。

2007年度《感动中国》颁奖盛典，在"规定情景"的基础上进行形式创新，现场嘉宾和电视观众身处极具感染力的视听仪式之中，享受丰富的精神盛宴。除了往年惯常的辉煌甬道、精练的颁奖词外，专门制作的音乐感染力强，别具一格。这些综合的视听艺术和表现手段，将2007年度《感动中国》人物平凡而伟大的一生，展现在璀璨的舞台之上。《感动中国》颁奖典礼总导演樊馨蔓有这样的评价："今年的《感动中国》整体感非常强。包括服装、舞美、音乐都是非常协调的，在音乐方面我们会花很多工夫来弄它。"所有的表达元素的设计与创新，都服务于《感动中国》"情感化场域"的设计，进而提升仪式性传播的效果。

2. 叙事仪式：立体化的新闻表达

媒介仪式的最基本层面，是对议题（事件或人物）的直观表达与程式化传播。这是仪式传播的告知功能。在《感动中国》的整体仪式中，颁奖典礼是重要的组成部分，在此之外，相关的新闻报道与表达亦是不可或缺的环节。《感动中国》将颁奖典礼与新闻节目巧妙嫁接起来，使新闻表达元素融入整个典礼仪式中，成为《感动中国》的叙事仪式。这种叙事仪式主要体现在颁奖典礼的短片播放和现场访谈环节的设计上。

《感动中国》的新闻表达从类似于人物特写的短片放映开始。在每一个人物颁奖段落，短片运用多种电视语言的表现手法，以新闻文本的形式进行叙述，对人物生活的场域、行为的过程尽可能进行还原，展示获奖者最鲜活的特点和最感人的细节。短片用事实说话，让观众从事实中去感动，便于受众对这些获奖者事迹的全面接收和理解。故事短片的生产制作，是媒介深入挖掘并报道人物故事的过程，这是《感动中国》栏目最为鲜活生动的环节。短片在颁奖典礼的每个段落开头播出，这一仪式安排类似于电影颁奖、广告颁奖的作品展示环节，是一种放大的仪式传播，也是人物形象充分表达并"感动"社会的事实基础。

对获奖者的访谈是整个颁奖典礼再一次凝聚情感的版块，也是最具感知度的仪式。从感性的介绍到理性的总结，观众已经置身于情感的旋涡中，他们更希望直观地洞悉当事人的言行。在这一仪式中，主持人变身公众的代言人与获奖者交流，架设起沟通的桥梁，而之前“对获奖者的主观臆想与实际之间的契合与落差再次拨动观众的心弦”①。

在颁奖典礼进行过程中，从短片的故事细节，到现身现场访谈，再到接受颁奖，各种仪式场域的转换体现了获奖者的角色置换：从日常生活到面对媒体，从普通百姓到大众关注的中心。这种以立体化新闻叙述为特色的仪式变换所引发的情感张力，带给公众更饱和的信息体验，更强烈的情感共鸣。

3. 宣读仪式：极富现代语感的评论

宣读推荐词和颁奖词是《感动中国》颁奖典礼上最为庄重的仪式。评选委员会的推荐词以及颁奖词通过主持人的朗读，加深了观众对获奖者价值的判断，同时表达了媒体和公众的态度。这些语汇简洁优美，以文学性修辞为特色，其评论表达极富现代语感，对人物时代精神进行了高度的理性概括。从整体上说，这些对人物的意见评价和陈述已经上升为整个社会的普泛价值。

法国学者戴扬等将媒介事件的素材划分为“竞赛”、“征服”和“加冕”。② 这三种媒介事件类型恰好分别对应着韦伯的三种权威类型：合理性、超凡魅力和传统。

在颁奖典礼这起影响巨大的媒介事件中，饱含褒扬和赞美之情的宣读环节，无疑是一种符合主流价值观的“加冕仪式”。这一仪式的中介形式是主持人富有感情的宣读语言，它的主角是获得“加冕”的获奖者，而仪式的参与者、评估者，却是广泛的社会公众。通过宣读仪式，获奖者获得“国家偶像”式的“超凡魅力”，并充分表达和张扬开来。宣读仪式以符合人物特质的评价性的文字艺术，使大众对于获奖者产生了对偶像般的虔诚与崇敬。不仅如此，这一仪式过程更是将具有普适价值的人物形象表述，包装整合为民族精神，并以仪式化的媒介事件样态，在社会上广为传播，进行人文精神的宣扬和构建，从而起到弘扬主旋律、确立精神导向的作用。

第二节　情感生产与偶像塑造：《感动中国》正面人物表达机制创新

电视被誉为当代社会的电子纪念碑和文化中心，它是希尔斯所说的“支配着社会的符号秩序、价值和信仰中心”。《感动中国》通过仪式化的符号系统，创造性地表达出一系列契合社会主流价值观的正面人物形象，并使之成为公众偶像乃至国家偶像，从而在某种意义上成为中国人的“信仰中心”。

---

① 邵成武. 精神史诗：媒介打造——《感动中国》形态解析. 齐鲁艺苑，2006（4）.

② ［法］丹尼尔·戴扬，伊莱休·卡茨. 媒介事件：历史的现场直播. 麻争旗译. 北京：北京广播学院出版社，2000.1.

那么，《感动中国》这部仪式化的“精神史诗”，是如何通过创新的正面人物表达来塑造偶像的？而偶像的社会影响力的基础——情感力，又是通过怎样的情感生产方式实现的？要回答这些问题，必须深入探究《感动中国》的生产机制及其运作路径。

一、以情感力构筑“认同空间”

作为一档“以社会主体精神情感为主要表现对象和内容”① 的电视情感类栏目，《感动中国》的影响力超越了常规电视情感类栏目的角色期待及功能极限。它既是仪式化的“年度精神史诗”，也是情感化的“信仰中心”，更是传统语境下“典型人物”的生产平台。在《感动中国》的舞台上，人物形象没有被划分为极端性的“非好即坏”的政治典型，人们称之为“感动人物”；从学术上进行界定，由于符合社会对人物形象的总体评价，可描述为“正面人物”。

《感动中国》的“超越常规”主要体现在两个方面：一是在正面人物形象表达上，突破了传统典型人物报道的政治议程框架，创造出全新的正面人物报道机制，在理念上以“正面人物”取代“典型人物”，在策略上把国家叙事与公众叙事巧妙融合，在议题上以“平行议程”代替“垂直议程”；二是在情感的生产与传播上，有别于当下“荧屏情感”的喧嚣与泛滥表达，在选材上体现了多层次人物的情感，舍弃了噱头式的“明星大腕个人情感记忆”②，在情感生产方式上使用平民主义话语策略，深入挖掘人物的“感动点”，创设“面对面”式的情感交流空间，并使这种情感力在社会上自然传播并自主复制。这是以“碎片拼贴”和“情感作秀”为生产特征的其他电视情感栏目所无法比拟的。

通过这种创造性的情感生产方式，年度人物的正面形象品格所内含的情感力得到视觉化呈现，在社会上广泛传播后转换为影响力，正面人物最终成为某种意义上的道德榜样、精神偶像。比如支教青年徐本禹的人生选择和精神境界，经过《感动中国》的仪式化呈现和情感包装，对当代大学生青年群体的价值观和人生观产生巨大影响和认同效应，徐本禹本人成为事实上的精神偶像。

我们说《感动中国》构筑了中国人的“认同的空间”，这种源自情感的“认同的力量”正是来自该栏目对正面人物的突破性的偶像式塑造。而它的全部内核，在于以一种国家层面的媒介仪式，对正面人物形象符号进行符合公众精神需求的情感力开发、生产与传播。

二、正面人物报道机制：以“媒介事件”增进社会记忆

报道机制是隐藏在《感动中国》中并不显著的运作环节。公众能直观感知到的只

---

① 范愉．社会转型与公众精神需求．现代传播，2004（6）．

② 丁宁．情感记忆的生产与消费．北京电影学院学报，2003（4）．

是仪式化的颁奖典礼，颁奖典礼最终体现了报道机制的集约化成果。实际上，《感动中国》作为一种新闻表达，在新闻生产机制尤其是正面人物报道机制上有诸多的创新与突破。主要体现在以下两个方面：

第一，将《感动中国》策划成重要的媒介事件，并使之仪式化、模式化，有助于人物形象在社会上引发巨大的集体认同与情感共享，从而构成社会记忆的重要组成部分。《感动中国》以年度人物榜单的形态，集中报道中国人的传统与现代形象，并通过仪式化的颁奖典礼，在中国人最重要的文化时间节点——春节期间传播开来。这种借助集约化的媒介事件的造势与渲染，比单一的粗放型的个别典型人物宣传报道更能产生良好的社会效果。经过评选活动的造势和颁奖仪式上的层层铺垫，感动人物被塑造成了新时期的大众偶像，他们所代表的社会核心价值也被凸现出来——国家利益、民族精神、社会责任等，并被广泛传承和记忆，进而转化为公众的价值想象与行动参照系。

第二，《感动中国》栏目的新闻生产采取平民主义话语策略，将公众议程、专家议程引入正面人物资源开发及形象塑造环节，并与媒体议程相互合力，体现出开放式的议程设置特征（见图5－1）。公众议程与专家议程和媒体议程一起，共同组成当下正面人物表达的三大平行议程方式。这样的“平行议程”，相对于传统的自上而下的带着政治仪式的“垂直议程”（见图5－2），具有更强的表达优势，更有助于公众叙事的介入。立体化的议程设置带来多种新闻内容元素的注入，也让《感动中国》正面人物群体形象更具层次感，更能反映社会个体的多元化价值与形象特征，从而使正面人物具有广泛的可信度。平民主义的话语策略使正面人物转化为公众偶像成为可能，公众议程的开放也使得偶像形象更契合大众的精神诉求及社会记忆的思维习惯，这是偶像塑造的情感力基础。

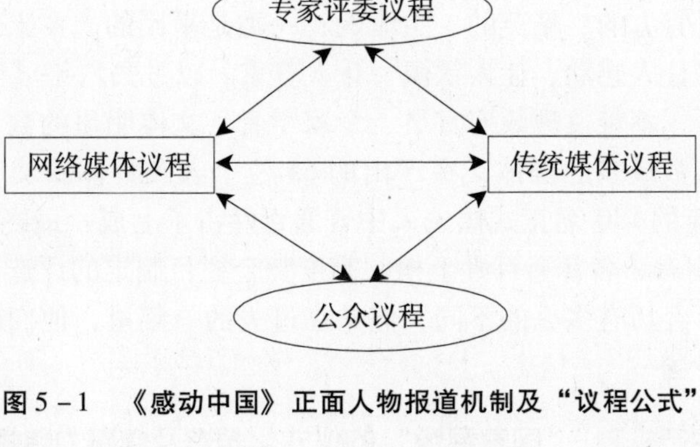

图5－1 《感动中国》正面人物报道机制及“议程公式”

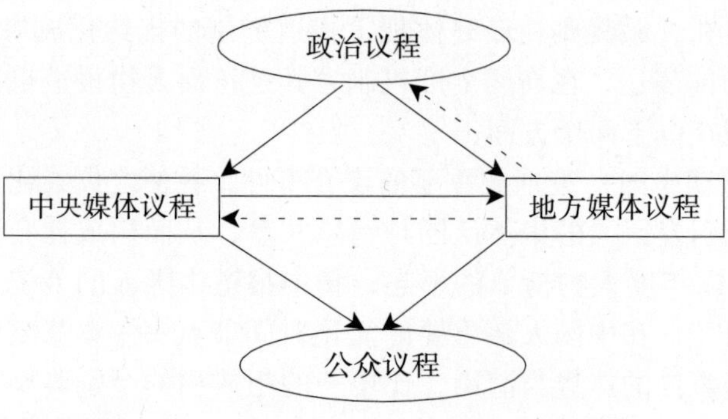

图5－2　典型人物报道的传统“议程公式”

从正面人物资源开发的信息来源看，几乎所有的感动中国年度人物都来自地方媒体或网络媒体的报道，具有广泛的社会基础。《感动中国》栏目组广泛收集社会上对这些人物的评价意见，确定入围名单进入评选环节，在这一过程中，媒体议程与公众议程（意见）共同发生作用。在评选环节，公众议程、专家议程的分量进一步凸显，公众可以通过手机、互联网等新媒体投票，在20人入围名单的确定过程中，公众的意见作用最为突出。在最终的感动中国年度人物评选环节，尽管公众议程不能直接决定结果，但同样是重要的意见参照。在正面人物逐渐多元化的转型时期，其新闻生产过程发生了很大的变化，从以往完全由媒体和政治合力主导的政治精英话语时代，逐渐过渡到具有广泛社会心理认同的公众话语时代，公众自主议程成为媒体不能忽视的环节。

议程公式的变化直接作用于正面人物形象的塑造，尤其是公众议程的角色愈发突出，放大了普通公众在感动中国年度人物中的比例。《感动中国》中的获奖者主要有两类人物：一类是官方的、精英的、主流的；一类是平民的、乡土的、底层的，他们的事迹和人格同样让人感动、让人钦佩、让人尊重。以过去六年《感动中国》获奖者作为样本进行分析，不难发现政府官员、专家学者、文体明星的数量在减少，普通百姓反而成为入选人数最多的群体，在评出的64位个人和集体获奖者中，近半数都是草根人物，2006年的130名正式候选人中普通百姓占了七成，最终当选者中有5名平民英雄，2007年度有7名普通百姓上榜，高度契合栏目制定的评选标准——“无论他们的身份、背景、经历有多么的不同，但是在过去的一年里，他们的所作所为却感动了公众，感动了中国”。

三、情感的生产机制：“国家偶像”的仪式化塑造及情感力传播

依据仪式传播观，仪式功能的发挥是“以共同的理解与情感为基础”的。在这里，“共同的情感”是润滑剂，直接促成公众的“共同的理解”行为，然后以此为基

础形成"共同的认可"，最终产生情感力即"共同的力量"。《感动中国》作为极具社会感染力的年度媒介事件，它的影响力正是依托在强大的社会情感共鸣的基础之上的，而这又与它独特的情感力生产机制息息相关。

那么，《感动中国》的"共同的力量"是如何缔造的？也就是情感力是如何按照公众的精神情感需求生产出来并被消费的？

1. 生产背景：荧屏情感泛滥却无法满足公众精神需求

在接受理论方面的研究者鲍埃尔看来，个人情感倾向是受众期待最重要的部分。[①]一方面催生了新世纪以来我国电视媒介将文化工业生产方式注入情感类栏目制作的"繁荣景象"，另一方面也直接造成电视"荧屏情感的泛滥"，只给公众带来"短暂的情感满足"、"廉价的感动"。[②] 这归因于电视对公众情感诉求的捕捉的缺失。

不仅如此，我国媒体上最常见的新闻品种——传统的典型人物报道，总是通过榜样力量去"推销某种规范或训诫"，与受众的情感需求产生了较大距离，"典型本身对人们规范性的榜样作用和现代化进程中人们开放型的心理文化要求产生了冲突"。正是基于这些原因，《感动中国》年度人物评选活动从举办开始就要"在特别浮躁的社会中树立道德标尺，引导道德价值回归"，因为"总有一种力量，震撼着我们的心灵"。《感动中国》以仪式化的情感笔法，在我们的社会记忆中借助"共同的情感"凝聚起"共同的力量"。这正如《感动中国》制片人朱波所说的，让这种感动凝固下来，化为一种力量，融入人们的记忆，是因为他们就在我们的身边。

2. 生产素材：多元化的正面人物，"感动"中国的形象特质

作为一档以人物为表达对象的情感类栏目，《感动中国》是一个巨大的正面人物形象"生产车间"，它的生产资料包容了社会各个层面的人物形象类型，被誉为"中国人形象档案"，而所有的人物形象内核都指向一个标尺——感动。可见，《感动中国》的情感生产资料具有很强的社会性。

当下电视情感类栏目最为普及的情感素材，便是噱头式的"明星大腕个人情感记忆"，或者按照文化工作产品模式把人物"明星化"，使"明星情感记忆"成为电视卖点。"文化工业的意识形态首先利用了明星制度，而这一制度是从个性主义的艺术及其商业开发中挪用过来的。它的操作方法和内容越少人性，文化工业就越能努力地、成功地宣传想象中的巨大人格，并能让人心跳地运作。"[③] 阿多诺认为明星情感生产缺乏"人性"及人文精神，而这正是当下电视情感栏目只能带来"短暂的情感满足"、"廉价的感动"的根本原因。

---

① 陈力丹. 舆论学——舆论导向研究. 北京：中国广播电视出版社，1999. 157.

② 丁宁. 情感记忆的生产与消费. 北京电影学院学报，2003（4）.

③ ［德］阿多诺. 文化工业再思考. 高丙中译. 陶东风，金元浦. 文化研究（第1辑）. 天津：天津社会科学院出版社，2000. 200.

《感动中国》摒弃了浮躁的情感生产素材，通过“感动”人物的挖掘与评选，赋予正面人物以社会意义。软性的“感动”也可以是个普遍的实在的衡量标准，因为人类共通的情感诉求和这个诉求的真诚不欺，恰恰赋予了“感动”人物以“可信性”和“广泛的关注度”。《文汇报》发表评论文章指出：“他们（当选人物）也许只是茫茫人海中一个默默无闻的背影，他们也许根本不需要‘感动中国’这样一顶光环，是我们需要他们，需要那股亘古动人的力量。”

以最宽广的“感动”为标尺，《感动中国》栏目将人物评选的视角集中于一年当中的新闻人物和新闻事件，大面积、全方位地搜索符合“感动”标准的候选人。被推选的人物必须具备以下一种或几种特点：①为推动社会进步、时代发展作出杰出贡献，获得重大荣誉并引起社会广泛关注；②在各行各业具有杰出贡献或重大表现，国家级重大项目主要贡献者；③爱岗敬业，在平凡的岗位上做出了不平凡的业绩；④以个人的力量，为社会公平正义、人类生存环境作出突出贡献；⑤个人的经历或行为，代表了社会发展方向、社会价值观取向及时代精神；⑥个人在生活、家庭、情感上的表现特别感人、体现了中国传统美德和良好社会风尚。

“感动”中国的六大形象特质，在社会上具有可探寻性，保证了“感动”人物的可再生产、复制与传播。这一“感动”标尺大大超越了传统的“典型人物”标准，使得《感动中国》的正面人物极具延伸性。从另一个层面上说，这些形象特质也是一个国家、一个民族的精神丰碑，是“国家偶像”，《感动中国》通过极具包容性和社会性的“感动”标尺，为现代“国家偶像”生产准备了充分的素材。

3. 生产方式：仪式组合，情感力生产与偶像传播

从栏目的运作过程看，《感动中国》已探索出一套完整的正面人物生产与传播流程。其中包含了前期的新闻生产环节、议题选择环节、颁奖典礼环节以及社会传播环节“四位一体”的表达程序。每年的年度人物评选及传播，在这样的固定的生产框架之内，不断根据人物特质及社会变迁作出调整与创新，它的整个生产流程具有很强的自我调试能力及创新冲动，从而保证了《感动中国》作为精神品牌的可持续发展。

在整个生产流程中，情感力的生产是《感动中国》最引人注目的领域。从总体策略上看，它在情感生产方式上采用宏大叙事策略，以仪式化媒介事件推出公众偶像、国家偶像，建构起“中国人的形象档案”，这是国家意识、民族情感的生产层面；在核心的情感开挖环节，通过电视传媒的视听元素深入表现人物的“感动点”，使抽象的人物特质转化为具象的形象语言，搭建起普通人的情感共鸣平台；在偶像塑造出来后，通过辐射性很强的社会传播途径，偶像走下颁奖“仪典”进入社会，成为现实中的情感消费对象。《感动中国》的情感生产方式已然形成有效的社会互动机制，在这样的机制下生产出来的正面人物或国家偶像，因情感的魅力而具有永久保存的生命力。这是以“碎片拼贴”和“情感作秀”为生产特征的其他电视情感栏目所不能达到的。《感动中国》的情感生产方式主要包括以下三种机制及其运作过程：

（1）偶像的仪式化生产机制。

社会学家涂尔干认为，仪典可以通过“聚合、聚集和聚会”等手段“按时定期地强化和确认集体情感和集体意识”。《感动中国》正是借助电视媒介的聚合手段与元素实现“情感聚集”的现代仪典。一年一度的感动人物评选，以年度为时间周期，以正面人物形象为素材，确立集体情感和集体意识，从这个意义上说，它也是一起由媒介主导的国家仪典。《感动中国》以仪式化的年度颁奖典礼为集体情感聚合与认同的空间场域。而“感动中国年度人物”这个榜单则是最具品牌价值的宏观仪式，借助颁奖典礼这一微观仪式场域实现了对公众的召唤。纵观六届“感动中国”人物的评选与传播，模块化、仪式化是其偶像生产的流程特征，这样的仪式化生产优势在于可以建构标准化的“情感化场域”，从而使得年度偶像可以持续生产并传播。《感动中国》无疑是国内最具影响力的偶像生产的媒介仪式。

（2）“感动点”的视听表现机制。

长期以来，由平面媒体特别是机关报主导的我国传统典型人物的“媒介形象”，由于极端的“崇高化”及“脸谱化”表达，多停留在抽象的概念或模糊的形象识别层面。《感动中国》创新了正面人物的表达方式，它以仪式化的情感场域为空间，以电视视听表现元素为符号，使正面人物形象从抽象转为具象，从抽象的纸媒文字报道过渡到电视时代。这在《感动中国》颁奖典礼这一仪式化情感场域中体现得淋漓尽致。颁奖典礼上，理性的笔触转向了感性的表达，比如人物故事短片对“感动”细节的放大、颁奖词酝酿的偶像想象空间、现场访谈创造的言行直观感知机会等。这些视听手段的综合运作，构成了《感动中国》正面人物“感动点”的开发与表现机制。制片人朱波如此形容这种表达机制的效能：“他们的事迹不是我们包装出来的，更不是我们杜撰出来的，我们只是把他们实实在在地摆在观众面前，让事实说话，让观众从事实中去领略和感受那种崇高的精神。”注入了视听元素的人物“感动点”，与互联网的“遥远的亲密感”不同，与短暂体验的电视情感类谈话节目迥异，它获得了“近距离的情感共鸣”。

（3）情感的社会传播机制。

社会传播是电视情感生产十分重要的环节，它决定了公众对偶像的“认同的力量”，社会传播力度越大，认同的效果就越明显，社会记忆就更具深度。《感动中国》栏目建立起了一整套偶像情感的社会传播机制。在仪式化的颁奖典礼环节，偶像的情感生产过程，同时也是一次情感社会化的过程。在这样的仪典中，电视媒介创造了公众联结正面人物的情感场域，即“面对面”的交流空间——典礼仪式的现场空间，可以说演播厅是正面人物形象向社会延伸的核心情感源。《感动中国》偶像情感的社会传播机制，还体现在中央电视台与国内电视媒介的联盟式报道上，在颁奖典礼这个情感“生产车间”以外，中央电视台《东方之子》栏目滚动展播候选人的事迹与形象，《面对面》栏目对获奖人物的深度访谈，《新闻联播》的介入报道更是赋予获奖人物以“国家偶像”的符号价值，以此为基础，按“体制规则”进行转播报道的地方电视台也成为偶像形象及情感力的“散播器”。此外，互联网作为信息社会的公众生活部落，同样也是“认同力量”的强大生长机器。借助互联网这个巨大的集结平台，偶像形象迅速传播开来，并在社会上进行自发复制。网状的、具有穿透力的社会传播机制是《感动中国》栏目介入社会的制度保障，再加上作为民族精神品牌的滚动传播，使得《感动中国》作为一档电视栏目本身，与它所生产的情感力量和国家偶像一起，逐渐转化为中国人对民族精神凝聚、对个体乃至群体形象变迁的社会记忆。

第三节 从“感动空间”构筑到“认同力量”生产：对《感动中国》社会效果的调查与分析

被誉为“中国人的年度精神史诗”的《感动中国》栏目，从作为一个媒介品牌的影响力经营来讲，无疑是成功的。在前文中我们也分析过，《感动中国》的成功，在社会传播的层面，主要基于三方面因素：一是人物选择具有深厚的社会基础，这是栏目情感力量的源泉；二是栏目形态追求创新，在人物表达方式上突破传统框架，以别开生面的媒介仪式刺激着公众的“情感消费”欲望；三是《感动中国》的正面人物形象传播，契合了社会转型时期公众在情感上的需求空白，也顺应了人们在价值观上因彷徨困惑而产生的导向期待。在此基础上，本书将重点探究《感动中国》的社会传播效果，尤其是对受众的影响程度及其评价体系，并在这个基础上深入考察其影响力生产机制。

一、“影响力”考量：《感动中国》社会效果的几个维度

《感动中国》在创办一期后就因其成功地介入社会而被有意无意地纳入官方的评价体系。在第一届《感动中国》年度人物颁奖后不久，中宣部新闻局阅评组以“中央电视台《感动中国》专题创意新效果好”为题专门撰文对“感动中国”评选活动及颁奖晚会给予了高度评价，并要求把“感动中国”作为一个品牌持续地坚持下去。中宣部新闻局的意见和观点得到了李长春同志的赞同和批示：“完全同意阅评的观点，望继续办好。”《感动中国》之所以被官方高度评价，主要是因为它创新了社会价值导向模式，从舆论管理的层面上看，它契合了“社会主义主流价值观”或者说“主旋律”的传播需求。在官方语境中被认可，这是《感动中国》社会效果的“价值指标”之一。

已成为一种媒介现象和媒介事件的《感动中国》的社会效果的“指标”，还体现在这些方面：

一是高收视率和收视贡献率，从侧面体现了社会的注意力聚焦程度。2006 年 2 月

播出的“感动中国2005年度人物”仅首播时段一天就获得了5.9%的收视率（时段贡献率26.4%），观众规模近2.3亿，观众人均收看时间近40分钟，忠实程度很高。近两年来收视率和观众规模更是大幅增长。由收视表现构成的“效益指标”是《感动中国》维持栏目再生产的动力所在。

二是深入的社会参与及反馈度，包括公众推选候选人、网上投票与话题热议，由此促成了个人、家庭乃至社会的集体性“情感消费”。在社会互动效果上，《感动中国》是中国严肃类题材电视栏目的佼佼者。“2007年度《感动中国》人物评选”活动中，央视国际网络推选主帖点击量近5万，留言3 764条；网络投票人数逾5 647万人次，投票总数突破9 640万次。[①]《感动中国》基于新媒体的互动传播也是其社会影响力的重要来源。由中国广播电视协会等权威机构推出的《中国电视网络影响力报告(2008)》中，《感动中国》位列“2007年度最具网络影响力的电视事件”第3位，仅次于《快乐男生》、《赢在中国》，在“知名度”、“关注度”和“网络收视度”等网络影响力的三个评价指标上都获得了高分值。“网络影响力”构成了《感动中国》社会效果的“互动指标”。

“价值指标”、“效益指标”和“互动指标”均是偏质化的指标，它们共同组成了电视栏目社会影响的质化评价体系。在更精确的层面上，电视栏目的社会影响力还体现在对受众心理认知和行为层面的影响和改变上，这是电视栏目社会效果测量最重要的参照体系。在当前有关《感动中国》的研究中，传播效果层面的研究数量较少，而且以质化定性分析为主，大多从《感动中国》的运作策略出发进而评述其社会影响力。建立在这些质化指标研究基础上，我们尝试从受众分析的实证研究视角切入《感动中国》的社会效果研究。

本研究试图解答：①受众是如何接触《感动中国》的？接触程度怎样？对正面人物形象的认知度如何？②《感动中国》年度人物是否感动了受众，在心理状态上产生这种效果的原因是什么？对受众的人物形象评价有何影响？③受众在行为层面是否会受到《感动中国》年度人物的影响？影响程度有多大？通过对媒介接触、心理状态改变和行为方式改变三个层面的指标测量，本书重点研究《感动中国》借助“媒介仪式”在社会上构筑“认同空间”并生产“认同的力量”的过程，进而解读《感动中国》这一国家媒介“榜单”的影响力生产机制的现存问题与未来发展。

二、“影响力”调查：《感动中国》对受众心理与行为的作用方式

1. 研究设计：以“受众消费评价”为指标的舆情测量

为了考察《感动中国》栏目本身及其正面人物形象的生产与传播对社会成员的影响程度，本研究选取了“受众消费评价”这样的大指标，在这一指标之下设置三个变

① 2007年度《感动中国》人物评选投票总数接近一亿. 中新网，2008－02－15.

项：一是对《感动中国》栏目及年度人物的“媒介接触方式与程度”；二是对栏目及其人物形象的“心理状态的改变”；三是这一媒介消费对受众个人的“行为方式的影响”。研究目标在于通过这些变项的值，来测量观看和接触《感动中国》及其年度人物形象这一媒介消费行为对受众的心理和行为层面的直接影响度。

本研究采取问卷调查及统计的方式，根据设定的三个变项设计好调查问卷，然后与新浪网广东频道合作，于2007年5月17日至27日将问卷挂在广东频道主页，调查题目为“2006年度《感动中国》传播效果调查问卷”，为期11天，共有18 552人参加问卷填写。

本次借助网络进行问卷调查的可信度和有效性，经过论证，我们认为是符合常规问卷的要求的。调查问卷的可信度和有效性基于这样几个原因：一是《感动中国》栏目作为一个全国性的电视媒介事件广受关注，《中国电视网络影响力报告（2008）》中，《感动中国》位列“2007年度最具网络影响力的电视事件”第3位。《感动中国》网络影响力较大，保证了网络社会中人们对该栏目的认识与现实社会的契合度。二是《感动中国》年度人物来自于过去一年国内媒体或者公众的推选，在入选前已有相当的话题热度和关注度，这就保证了人物形象的社会性。三是基于新浪网网民构成的广泛性，本次调查对象在年龄层次、身份职业类别和文化程度的层次结构上较为均衡（见表5-2~5-4）。这样可以弥补网络调查因主动性和隐匿性所造成的“失真”，使得该项调查具有高度接近于现实社会调查的可信度和有效性。

表5-2　性别构成

选项	比例	票数
男	55.5%	93 222
女	44.4%	74 670

表5-3　年龄层次

选项	比例	票数
15岁以下	1.96%	365
16~25岁	45.4%	8 423
26~35岁	28.1%	5 214
36~50岁	24.5%	4 548
51岁以上	0.01%	2

表 5-4 文化程度

选项	比例	票数
初中	4.31%	800
高中/中专/中技	26.7%	4 963
大专	37.0%	6 882
大学本科	29.3%	5 449
研究生	2.46%	458

表 5-5 职业与身份类型

选项	比例	票数
学生	14.2%	2 654
职员	18.3%	3 429
专业技术人员	8.86%	1 654
管理人员	13.3%	2 485
个体户	8.98%	1 675
待业人员	10.8%	2 027
自由职业者	0.88%	165
工人	9.35%	1 745
退休人员	1.71%	320
商业服务业人员	12.5%	2 345
农业劳动者	0.82%	153

2. 分析结果："感动"程度及改进空间的发现

（1）在受众对《感动中国》及其年度人物的"媒介接触方式与程度"方面，电视并非受众接触《感动中国》的具有绝对优势的媒体，受众的媒介使用是交叉型的，报纸、杂志、电视和网络的选择比例相近。值得注意的是，受众接触渠道的多元化并未带来对年度人物形象的高认知度。

受众在"了解'感动中国人物'的媒介选择"上的交叉型特征与当前我国受众媒介接触的总体情况是一致的（见表5-8）。作为一档电视栏目被接触和认知，电视（约占25%）不占据优势角色，一方面印证了《感动中国》作为电视事件的"网络影响力"，另一方面也体现了网络新媒体的影响力上升（约占20%）。不仅如此，这个结果还同时在受众"对《感动中国》节目播出的知晓度"中得到反映（见表5-6）：

超过八成的受众并不知晓《感动中国》在中央电视台播出的具体细节。而这个结果又是受众“对于‘感动中国人物’及其事迹的认知度”总体不高的直接原因之一（见表5-7）。超过25%的受众表示不知道感动中国人物及其事迹（这部分受众只大体知道《感动中国》这个栏目），了解部分人物或者全部人物的总共约50%，这与我们对《感动中国》在公众心目中的知晓度和认知度的预测存在较大落差。

总体上看，受众对《感动中国》及其人物形象的接触渠道是丰富多元的，但受众对人物形象的认知度却较低。解决这个“悖论”需要完善《感动中国》年度人物形象传播策略，在流通渠道尤其是最具情感力的“颁奖晚会”的拓展传播上深入探寻。

表5-6　对《感动中国》节目播出的知晓度

选项	比例	票数
知道	17.1%	3 185
不知道	82.8%	15 367

表5-7　对于“感动中国人物”及其事迹的认知度

选项	比例	票数
不知道	25.6%	4 754
听说过但不了解	23.1%	4 286
了解其中部分人物	42.3%	7 848
对所有人物都很了解	8.96%	1 664

表5-8　了解“感动中国人物”的媒介选择

选项	比例	票数
电视	24.8%	4 608
网络	19.1%	3 557
报纸	26.8%	4 986
广播	2.99%	556
杂志	26.1%	4 845

（2）在接触感动中国人物形象后的“心理状态的改变”方面，《感动中国》的形象传播效果显著，绝大部分受众都为人物事迹所感动，心理状态发生明显的改变，这主要源自感动中国人物形象的真实性、感染力和节目形态的创新优化。而从受众对人物形

象的喜好程度看，义利兼能、德艺双馨的“复合型形象”更符合受众的心理期待。

这个变项的考察设置了三个层面的测量。第一个层面是对年度人物的感动力量的测量（见表5－9），超过90％的受众认为感动中国人物的事迹令人感动，受众的心理状态因人物形象的影响而直接发生改变。这是《感动中国》社会效果测量的核心指标，能直接体现“感动中国人物”选择和形象塑造的成功运作与社会价值。第二个层面是促使受众心理状态转向“感动”的根本原因的探究。我们通过对比性评价来测量，将传统的典型人物形象譬如雷锋、焦裕禄、张海迪、孔繁森、牛玉儒等，与当下感动中国人物形象并列在一起让受众评价（见表5－10），超过六成的受众认为后者“更加真实”，其次是“更具感染力”（占16.6％）、“更好看”（占15.5％）。受众对《感动中国》人物形象及其传播方式的总体评价完全压倒传统的典型人物报道，《感动中国》对正面人物形象塑造与传播的创新运作在社会层面获得了认可。第三个层面是受众心理状态的改变在不同的感动中国人物形象上的差异性测量。从受众对2006年度感动中国人物的评价来看（见表5－11），排在前四位的分别是霍英东（占36.3％）、丁晓兵（占27％）、华益慰（占14.7％）和孔祥瑞（占10.5％）。在形象特征方面，最受喜爱的感动中国人物都具有“复合型形象”，比如霍英东的“聚散有道，义利兼能”的爱国商人形象、丁晓兵“20多年来都是英雄”的独臂勇士形象、华益慰因“医术高超与人格高尚的完美结合”而成为“值得托付生命的人”。在形象上，兼具传统道德与现代特性的年度人物更符合国内受众对完美角色的心理期待；在表现上，这类人物形象在真实传播和感染力方面具有优势。契合“感动”的复合型人物形象是未来《感动中国》应着力开发的年度人物资源类型。

表5－9　感动中国人物事迹的“感动力”

选项	比例	票数
很令人感动	41.6%	7 731
比较令人感动	48.1%	8 938
不太令人感动	0.70%	131
不令人感动	5.26%	976
无所谓	4.18%	776

表5－10　感动中国人物（传播）相比传统典型人物（报道）的优势

选项	比例	票数
更好看	15.5%	4 148
更真实	63.4%	16 864

（续上表）

选项	比例	票数
更具感染力	16.6%	4 436
差不多	2.08%	554
不及前者好看、真实、具有感染力	2.21%	588

表 5－11　最喜欢的感动中国人物（2006 年度）排序

选项	比例	票数
霍英东	36.3%	11 565
丁晓兵	27.0%	8 615
华益慰	14.7%	4 682
孔祥瑞	10.5%	3 354
季羡林	2.71%	865
林秀贞	2.64%	841
微尘	2.49%	794
王百姓	2.24%	715
黄舸	1.07%	341
叶笃正	0.17%	55

（3）在感动中国人物对受众“行为方式的影响”方面，调查显示受众行为方式的被影响程度并不显著，这契合现代媒介对社会成员的间接“涵化”功能发挥的过程特征，大众媒介只是行为方式改变的影响因素之一。从“打动人心”到“影响行为”，《感动中国》社会效果的突破有赖于对人物形象塑造与传播创新的至善追求。

“行为受影响程度”测量表明（见表 5－12），超过四成的受众认为自己的行为方式会受到感动中国人物的影响，这个结果契合我们的研究假设，就是行为影响的程度不会十分显著，这也符合《感动中国》栏目制作方的效果预设。近六成的受众认为个人行为“不会受到影响”或“说不清楚”，这是由个体的差异性和年度人物的形象特性等因素所决定的。《感动中国》颁奖晚会主持人敬一丹这样说：“《感动中国》的节目有多大作用，它会让一个人彻头彻尾地改变吗？不会的，但它足以让人心里热一些，传播感动是持久的，是温暖的。”同是《感动中国》颁奖晚会主持人的白岩松把感动中国的影响形容为“一种力量”，“会伴随你们一辈子的不可名状的东西”。

《感动中国》作为国人的“年度精神史诗”，它的影响深度主要集中在公众心理状态和社会认知层面上，即“发现生活中的感动”，并使得“心理的向善之心和这种感动产生共鸣”。尽管如此，在依然获得良好的社会评价的基础上（见表5－13），在未来发展中，《感动中国》在社会价值观形塑乃至在个体行为方式上的影响力量要有突破，取决于其人物形象塑造和偶像传播的持续创新。

表5－12 行为受到感动中国人物影响的程度

选项	比例	票数
会受到影响	42.3%	7 863
不会受到影响	33.0%	6 132
说不清楚	24.5%	4 557

表5－13 对《感动中国》栏目的总体评价

选项	比例	票数
很喜欢	12.5%	2 334
比较喜欢	47.1%	8 743
不太喜欢	2.62%	487
不喜欢	2.37%	441
无所谓	35.2%	6 547

三、“影响力”生产：从“感动的空间”到“认同的力量”

通过对以上调查结果的分析，我们对《感动中国》的社会效果体系，尤其是“受众消费评价”有了深入认识。在这个基础上，结合对本节开头三个问题的回答，本研究最后对《感动中国》构筑“认同空间”并生产“认同的力量”的过程进行总结梳理，并进一步观照其社会影响力生产机制的发展。

（1）从媒介消费的角度看，《感动中国》整体上获得了较高评价，相对于传统典型人物报道，其人物形象传播更真实、更具感染力、更有情感力量，对受众心理状态和行为方式有着较为明显的影响力。与此同时，在节目播出知晓度、人物形象认知度以及人物形象喜好等方面也存在问题与劣势，这是未来《感动中国》栏目进一步提升影响力的突破口。

对《感动中国》社会效果的考量，与“价值指标”、“效益指标”和“互动指标”三个质化评价的“全面走高”不同，本研究重点探究的“受众消费评价指标”表现出的显著异质性，即在“媒介接触方式与程度”、“心理状态的改变”和“行为方式的影响”三个测量变项之间以及单个变项内部，都呈现出不同数值。这种差异性恰恰为《感动中国》的效果改进提供了“镜鉴”——指标值（程度）偏低的子变项即是改革的突破口。总体上看，从媒介消费的视角考量的《感动中国》社会效果仍是较高的（见表5－14，由表5－6～5－13加权分析所得），也就是说，《感动中国》的“受众消费评价”整体上是较好的，尤其是“心理状态的改变”有力地体现了《感动中国》正面人物形象传播的显著效果。值得注意的是程度偏低的部分子变项，比如节目播出知晓度、人物形象认知度以及人物形象喜好程度低的部分，对这些“弱项”的纠偏、完善将对《感动中国》的影响力提升起到不可或缺的作用（见表5－15）。

表5－14　《感动中国》社会效果的“受众消费评价”综合分析

变项	指标值（程度）	综合值（度）
媒介接触方式与程度	均衡	较高（正值）
心理状态的改变	高	
行为方式的影响	中	

表5－15　《感动中国》社会效果的“受众消费评价”具体分析

变项	指标值（程度）	纠偏
媒介接触方式与程度	①媒介选择：交叉接触（均衡）、电视（第三，中） ②节目播出知晓度：（低） ③人物形象认知度：（中）	传播渠道开发； 加大节目推广； 人物形象再传播
心理状态的改变	①被感动度：（高） ②传播优势：（较高） ③人物形象喜好：（复合型形象较高）	形象类型的平衡与调适
行为方式的影响	①会改变：（中） ②不会改变：（中） ③对节目总体评价：（较高）	“国家偶像”生产；更广的社会流通

（2）《感动中国》的人物形象建构和传播，适应了当前中国人情感消费的变化——寻求“生活中的力量”并观照自身和社会，这是其社会效果的源泉。从影响力生产路径与过程看，《感动中国》通过仪式化平台构筑起提供体验“感触”、“温暖”和“向善”等“感动的空间”，以此召唤受众并形成价值共享与想象的“共同体”——一个民族共同体，或者说基于媒介平台的中国人“信仰中心”，共同组成“认同的力量”的巨大生产场域。

“感动的空间”的构筑需要与公众的情感需求有效对接。中国人的“情感储藏”在经历了20世纪80年代对“文革”沉重的集体记忆和个人记忆、90年代商业性的历史记忆之后，在当下的21世纪迫切需要“暖流”、“向善”等富有力量的情感因素的注入。《感动中国》本身正是满足公众现实需求的年度情感盛宴。在作为中国人寻求信念力量的“信仰中心”之外，《感动中国》同时也是当代社会记忆的生产场域。它在这方面的生产路径是：“唤起和重申社会的基本价值并提供共同的关注焦点”，为人们提供一种“民族的、有时是世界的事件感”，使得某些核心价值感和集体记忆醒目起来。本尼迪克特·安德森（Benedict Anderson）在《想象的共同体》中提出：一切共同体都是想象的，不同的只是他们被想象的方式。《感动中国》无形中也构筑了一个民族共同体，人格力量、民族精神以及时代感等是这个共同体的内核。

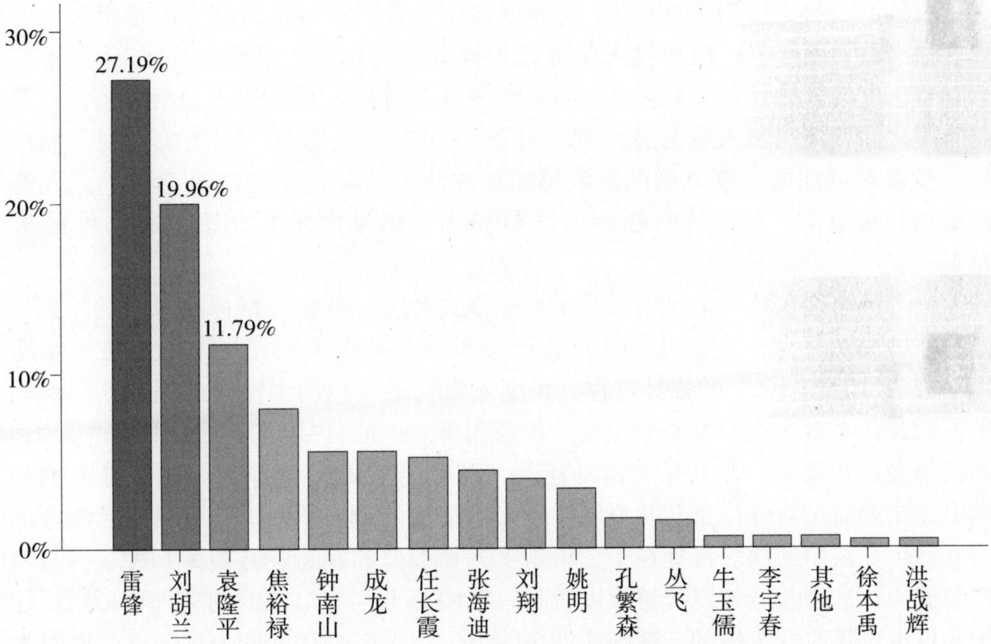

图5－3　“英雄人物传播效果”之“市民心目中的英雄：第一位”调查结果

从根本上说，《感动中国》作为“信仰中心”和“社会记忆场”的双重空间特性决定了“认同的力量”的生产方式。当前它的局限在于，空间的建构主要集中于颁奖典礼这个仪式性平台，这直接制约了人物形象的社会认知度。本研究2008年6月15日进行的另外一项问卷调查“英雄人物传播效果调查”（见图5－3，本次调查对象为“广州市民”，有效问卷526份）也印证了这点：市民心目中的英雄人物（排在第一位）以传统的典型人物为主，在认知和评价上远远高于《感动中国》历年的年度人物。这项调查还发现，公众对雷锋、刘胡兰、焦裕禄等进入教科书等大众广为接触的渠道的人物形象的认知和评价度更高。这从侧面有力地说明《感动中国》生产场域以及在社会上的传播渠道延伸的必要性。当然这只是一个方面，“认同力量”的提升更有赖于人物形象的合理建构与有效传播。因为只有形成“信仰的力量”才能作为“催化剂”直接推动行为方式的向善改变。

（3）从作为一档电视栏目的社会影响力生成过程来看，《感动中国》的生产链是断裂式的，除了在年度人物选拔中引入社会互动环节和颁奖典礼推动感动热潮以外，并没有更多相互衔接的延续性生产环节。这种断裂的、单一的影响力生产机制无法契合公众对“中国人的精神品牌”的期待，有必要开创具有延展性的、立体化的影响力互动生产机制，以适应当前公众媒介接触和情感消费模式的转变，而这需要《感动中国》栏目的再生产投入与设计。

《感动中国》生产链的断裂主要表现在：一是栏目运作时间上的空当过大。颁奖典礼播出后（2月中）前年度人物形象传播即宣告结束，直到年末（10月起）方才启动本年度的人物评选，《感动中国》相隔8个月后才再次进入公众视野。二是年度与年度之间在评选和人物形象传播上缺乏“勾连”与融合。在新的年度人物产生以后，受众对以往的年度人物的形象感知被冲淡，这样直接制约了感动中国人物形象的叠加传播效应。生产链的断裂最终会弱化《感动中国》作为精神品牌的影响力延伸。

生产链断裂也从一个侧面反映了商业模式对这一民族“精神品牌”的控制，这无疑是一种短视行为。《感动中国》的社会影响力生产从电视规律来说是“年度 + 年度”或者“1 +1 >2”的累计过程，年度人物只是《感动中国》的系列产品或一个环节。为此，年度人物形象需要包装、营销和再生产的良性循环，可引入纪录片和电影的营销渠道和策略，尤其是要借助作为“2007 年度最具影响力电视事件”的网络影响力，拓展通过新媒体重塑和复制年度人物形象的全新路径。这种具有延展性的影响力互动生产机制的深层目标在于，将年度人物形象的塑造，转换为某种精神符号的生产与流通，这种符号可以跨越年度时间，在内涵上包容以往的同类人物形象。这样的循环再生产将改变单一的、断裂式的影响力生产，在“认同的力量”生产上因为“勾连”叠加而更为显著，体现出创新机制的相对优势。

第四节　传统与现代的形象糅合：《感动中国》正面人物“媒介形象”的建构与嬗变

《感动中国》是一档具有广泛社会影响力和公信力的情感活动类电视栏目，也是国内最有影响力的“综合类人物榜单”。它以仪典为形态，以情感为素材，以模式化流程为机制，塑造、生产出我国年度正面人物形象——“国家偶像”。《感动中国》借助电视元素书写仪式化的“精神史诗”，成为事实上的正面人物形象“生产车间”。截至2008年2月，历经六届“感动中国”人物评选及颁奖的累积沉淀，《感动中国》已初步建立起“中国人的形象档案”。

从影响生成机制上讲，《感动中国》作为“亿万人民的精神品牌”的社会影响力，正来自于其塑造的正面人物形象的巨大感召力。也就是说，正面人物本身具有“共同的情感”基础，借助《感动中国》创造的巨大“认同的空间”，人物形象在社会上产生“认同的力量”。《感动中国》塑造的人物形象与社会转型有很强的相关性，是观照我国社会变迁对个体人格特征演变发展如何产生影响的重要切面。因此，研究感动中国年度人物形象特征及其与媒介、社会的互动关系具有重要现实价值。

目前学者们关于《感动中国》栏目的研究文章数量不少，主要集中在：①栏目形态及品牌策略；②对传统典型人物报道的理念创新。从总体上看，国内关于典型人物报道的研究，一直侧重于历史溯源和策略探讨，近两年开始，学界开始关注典型人物形象变化，比如《新时期中国典型人物“媒介形象”的变迁与突破》（麦尚文，2006）、《苦行僧·黑脊梁·快乐鸟——论典型人物形象的变脸》（张征，2007）、《青年典型人物的建构与嬗变》（陈阳，2008）。在人物形象塑造理念上，《感动中国》以“正面人物”取代“典型人物”，突破了传统典型人物报道框架，创造出全新的正面人物传播机制，其中呈现的正面人物“媒介形象”的建构方式与嬗变轨迹值得深入探究。

通过对《感动中国》中的正面人物“媒介形象”进行框架分析，本书试图探讨：①《感动中国》塑造了什么样的正面人物，其形象特征及嬗变轨迹又是怎样的？②《感动中国》是如何建构起“国家偶像”的媒介形象的？其形象塑造的突破体现在哪里？③在我国社会由传统社会向现代社会转型的进程中，尤其是在当前多元与断裂的社会结构背景下，《感动中国》能否通过建构作为时代人物“精神标尺”与表征符号的媒介形象，进而在推动社会主义现代化和社会成员现代性转变的过程中扮演重要角色？④《感动中国》的正面人物形象传播对推动社会主义核心价值体系的建设有无现实价值？

一、“媒介形象”解说

媒介是一面社会镜像，种类各异的事实报道和意见传播构成了某种“媒介社会”。从历史上看，有关正面人物的表达与传播[①]，在某种意义上成为中国媒介社会的“晴雨表”。这是由于正面人物作为当代中国社会的一个独有名词和特殊符号，与社会转

① 传统新闻框架称之为“典型人物”，为了符合传媒的理念创新，本研究舍弃了这一说法而采用“正面人物”表述。

型息息相关，它的媒介形象不断演变，折射出中国社会镜像的各种情状特征。从这个意义上说，正面人物“媒介形象”是我们观照社会变迁与公民个体角色发展及其相互关系的参照系。

所谓“媒介形象”是指大众传媒文本中呈现出的形象特征，包括直接的形象呈现和隐喻的形象表达或评价两种。由于大众传媒对社会介入时总是带着特定的“框架”、“尺度”或者“镜像”，不同社会的媒介、不同的媒介本身所表达的“媒介形象”总是大相径庭的，这就造成了“镜中社会”、“镜中人物”的丰富而复杂的形象特征。比如西方媒介的“镜中中国”或“镜中中国人”的形象总是与我们的理解有很大偏差，并直接影响着当地受众的认知与评价。

正面人物“媒介形象”是大众传媒对正面人物进行形象建构与塑造的结果。在我国，正面人物报道是媒介生产中最为特殊的重要新闻品种，正面人物的“媒介形象”深刻地影响着公众对当下社会状态的认知。新时期以来，我国正面人物媒介形象发生了较大改变，在数量特征上表现为从相对单一的“群像”转向多元化的个体形象，在形象内涵变迁上体现为由传统道德形象向更为丰富的现代形象过渡。① 中国典型人物“媒介形象”的这种数量变化和内涵变迁，从中国社会进入21世纪以来直至今日，依然处于进行过程中，并与社会转型保持节奏“共振”。国内传媒也在持续探求、创新正面人物形象表达。中央电视台《感动中国》栏目作为情感活动类栏目，对新世纪中国人形象进行电视元素表达，它所塑造的正面人物成为某种意义上的“国家偶像”，并显现出异常丰富的“媒介形象”特征。

二、正面人物“媒介形象”的角色类型

依据国内媒介报道的正面人物形象的总体图景，为了便于研究开展，我们把正面人物的“媒介形象”划分为两种大类：一种是类型特征，另一种是内涵特征，分别对应着“数量”意义和“质量”内涵，以此为两个向度深入探究正面人物形象特征的现实状况、嬗变与转型。

正面人物形象的类型特征是指社会学意义上的分类特征，比如职业、身份、角色等。在《感动中国》这样一个“形象档案”中，正面人物的类型越多，形象特征就愈加丰富，也就越能体现出我国“多元社会”的结构特征，即“多样性的社会方式、价值观念和文化意识的存在”②。多元化的正面人物形象类型特征大大超越了“单一化”的社会结构背景下的正面人物形象，在那样的“唯一正确”、“唯一正当”的价值方式标准下，媒介塑造的是统一的、脸谱化的传统正面人物“媒介形象”。

内涵特征是指正面人物形象的本质层面的特征。内涵特征的揭示能在最大程度上

① 麦尚文．新时期中国典型人物“媒介形象”的变迁与突破．新闻大学，2006（夏季号）．

② 孙立平．断裂：20世纪90年代以来的中国社会．北京：社会科学文献出版社，2003.10.

体现出媒介表达人物形象的理念、立场及框架。也就是说，媒介通过设定的“形象标尺”塑造正面人物，从而实施影响，引导受众的情感消费和审美体验。在正面人物的内涵特征上，我们借鉴社会学的概念与方法，对正面人物形象进行三种界定：一是传统形象，二是现代形象，三是传统与现代特征兼备的交叉型形象。按照帕森斯的“两分法”，传统社会在选择取向上是“团体取向”（无私），在角色评价上是“先赋取向”；而现代社会则是“个人利益取向”、“成就取向”。[①] 在此基础上，里格斯提出了介于传统和现代两种社会的混合状态社会——“棱角型社会”的概念。这三种社会类型的“取向”不同，社会个体在心理和行为上也相应显示出分类特征。我们所划分的“传统形象”、“现代形象”和“交叉型形象”三种形象类型正与此相契合。（见表5-16）

表5-16 我国正面人物“媒介形象”的三种角色内涵

类型	内涵特征	角色特征
传统形象	①无私奉献②牺牲自我③舍己为人④意志坚强⑤善良朴素⑥敬业爱国⑦正义感⑧责任心⑨集体荣誉感	团体取向 “扩散性”角色
现代形象	①功效意识②创新进取③独立性、自主性④批判精神⑤公益心⑥个人荣耀	成就取向 “专一性”角色
交叉型形象	兼具现代与传统特征，具有多层次形象结构	“多棱角”角色

审视现代以来国内媒介正面人物形象表达，最为常见的正面人物的“传统形象”具有这样的内涵特征：①带有强烈的“道德取向”和道德伦理色彩；②在人格形象上，其核心是道德上的崇高和高尚，常常表现为无私奉献、舍己为公等集体主义精神；③在行为选择取向上体现出“团体取向”，具有“高大全”的特征。从总体上看，正面人物传统形象的道德意识形态比较浓，追求终极道德目标，淡化甚至忽视对个人利益及现世生活的追求。比如20世纪50至60年代国内媒介大力塑造的社会主义新人典范雷锋和“铁人”王进喜，他们的最显著形象特征在于他们是“伦理道德标兵”，并承担着道德教育和榜样示范等社会教化功能。这是帕森斯所讲的传统社会的角色“扩散性”特点的表现。

在从传统社会向现代社会的转变过程中，我国正面人物的媒介形象也因时转型，从以“团体取向”为核心的传统道德形象向更为丰富的现代形象过渡。媒介中的正面人物“现代形象”的内涵特征主要体现在：①在人格特征上体现为智慧、品格魅力和

① 尹保云. 什么是现代化——概念与范式的探讨. 北京：人民出版社，2005. 110.

创新能力等；②在行为选择取向上体现为“个性化发展”，个人“功效意识”十分明显，常常被表达为“创新进取”、“企业家精神”、“改革标兵”等。从总体上看，正面人物的“现代形象”最显著特征在于“功效意识”及“成就贡献”，他们不承担或很少承担道德伦理方面的典范功能。比如新世纪以来我国财经传媒（频道）打造的“年度经济人物榜单”，在角色评价上均采取“成就取向”，在角色关系上充分体现出“专一性”特征。

美国社会学家阿列克斯·英克尔斯（Alex Inkeles）等人在《走向现代化》一书中指出了“现代人”的品质和特征，包括：①他是一个消息灵通、参与的公民；②具有明显的个人功效意识；③就与种种传统影响力的关系而言，他具有高度的独立性和自主性；④容易接受新事物和新思想，是相对心怀开放的和具有认识的弹性的。[①] 人的现代化是国家现代化的关键，在帕森斯看来，只有具备现代化特性的人，“才能被现代的社会系统所容纳而承担合适的角色”[②]。大众媒介被认为是仅次于学校教育的“影响人的现代化的社会因素”，在推动人的现代化过程中扮演重要角色，通过传播信息和创造一种环境，能够促进人们进一步现代化。

当前国内媒介中正面人物“现代形象”的塑造并未成为常态。这与我国社会主义现代化进程是分不开的。[③] 20世纪90年代以来，我国社会转型进入新阶段，从“多元社会”向“断裂社会”转型过渡。“在这样一个社会中，在社会的不同部分当中，几乎是完全不同时代的东西，共存在这个社会里，并表现在文化以及社会生活的各个层面。”与转型时期这种复杂的社会结构特征相适应的是，国内大众媒介的正面人物形象也呈现出交叉复合的特征。交叉型的正面人物形象介于传统形象与现代形象之间的过渡地带，或者是两种形象特征兼而有之，既有传统的“团体取向”特点和角色上的扩散性，也可能具备功效意识，有着强烈的成就需求。里格斯用“棱角型社会”概念来形容混合状态社会。在这个意义上，交叉型正面人物形象也可表述为“棱角型”正面人物。

按照这样的正面人物媒介形象的三种内涵类型划分，作为正面人物形象传播的现代仪式的《感动中国》，其人物评选的“形象标尺”，也即正面人物形象的媒体框架预设，较好地体现出三种形象的糅合。在全部的六大形象标尺当中，前面四条标尺明显是注重“成效意识”和“成就取向”的现代形象特征，第五条体现了交叉型形象的特征要求，而第六条则是传统形象。这六大形象标尺是：

①为推动社会进步、时代发展作出杰出贡献，获得重大荣誉并引起社会广泛关注；

---

① Alex Inkeles, D. H. Smith. *Becoming Modern*. Princeton: University of California Press, 1974. p. 290.

② 尹保云. 什么是现代化——概念与范式的探讨. 北京：人民出版社，2005. 115.

③ 孙立平. 失衡：断裂社会的运作逻辑. 北京：社会科学文献出版社，2004. 24.

②在各行各业具有杰出贡献或重大表现，国家级重大项目主要贡献者；

③爱岗敬业，在平凡的岗位上做出了不平凡的业绩；

④以个人的力量，为社会公平正义、人类生存环境作出突出贡献；

⑤个人的经历或行为，代表了社会发展方向、社会价值观取向及时代精神；

⑥个人在生活、家庭、情感上的表现特别感人，体现中国传统美德和良好社会风尚。

从“形象标尺”这一媒介框架看，《感动中国》在正面人物形象的建构上体现出以“现代形象”为主、兼顾多种形象特征的策略想象，在理念上大大突破了国内媒介已有的形象框架。那么，在实际的正面人物形象传播的运作中，《感动中国》正面人物“媒介形象”的建构与嬗变又是如何体现这种框架理念的？传统与现代形象以及交叉型形象之间如何糅合在一起，又受到哪些社会因素的影响？笔者尝试用框架分析方法深入探究其运作图景。

三、《感动中国》正面人物“媒介形象”的建构

在研究的样本上，笔者采取全部样本选取法，以六届《感动中国》年度人物为研究对象。从2003年2月起至2008年2月，中央电视台《感动中国》栏目举行了2002年至2007年度共六届《感动中国》年度人物评选及颁奖活动。一共评选出58位个人获奖者，以及6个人物团体特别大奖。之所以选择全部样本，一是基于全部样本研究的有效性。六年的时间跨度对一档电视栏目来说，足以形成成熟的运作理念和竞争力。事实上，《感动中国》的栏目形态在第一届时就基本定型，到了第三届“已经完成了一个大型品牌节目所需要走过的所有过程”（《感动中国》2005年度总导演傅小腾语），成为“国人的年度精神品牌”。二是这样的样本分析是可行的，年度人物从“海选”到10人入围，在总量上是精粹式的，历经社会沉淀和检验后更具有代表性。需要指出的是，笔者的样本选择舍弃了包容更多候选人的推选阶段的样本，是基于这样的考虑：最终入选的获奖者形象特征，最能体现媒介预设的“形象标尺”和议程框架，也更能反映出媒介对正面人物形象的建构方式及其对当下社会价值观念的判断。

1. “形象框架”的设定

为回答本节开头提出的问题，笔者采用加姆桑（Gammson）等人发展出的框架分析方法。以正面人物“媒介形象”为研究框架设定，从以下三个方面进行量化或质化的考察：

（1）量化的媒介形象的类型特征。梳理出六届《感动中国》共64位获奖者（含团体）的职业或社会身份，对比数量及其变化，以揭示入选的正面人物形象的类型特征与转型社会的结构特征的相关性（见表5-17）。

（2）质化的媒介形象的内涵特征。通过对年度人物的推荐词、短片事迹介绍及颁奖词和国内其他媒体相关报道的文本进行内容分析，对照传统形象、现代形象和交叉

型形象三种媒介形象类型，看《感动中国》各个年度的具体人物属于哪种内涵特征，并将其归类，最后将所有的内涵类型整合在一起进行嬗变趋势的比较分析，探究《感动中国》建构了怎样的正面人物媒介形象，其变化轨迹如何，进而揭示其与社会变迁及个体发展的互动关系（框架结果见图5－4）。

（3）三类形象各自的总体特征。透过人物形象的描述词语，尤其是媒体语言最终所建构起的正面人物的"形象包裹"，分析媒介对正面人物的立场、评价方式。关键词的变化能够透视出媒介正面人物形象建构的策略与理念的创新，在此基础上，分析未来各类人物"媒介形象"的总体特征与发展态势。

2. 形象建构的结果分析

表5－17 《感动中国》正面人物形象"类型特征"（2002—2007年度）

数量 \ 身份	《感动中国》各年度正面人物数量特征							
	2002	2003	2004	2005	2006	2007	六届总计	所占比例
政府官员	3	2	3	0	0	0	8	13%
商界精英	1	0	0	0	1	0	2	3%
专家学者	2	3	1	2	4	5	17	26%
文体明星	2	2	2	1	0	0	7	11%
军人	0	1	2	2	2	2	9	14%
普通百姓	3	2	3	6	3	4	21	33%
合计	11	10	11	11	10	11	64	100%

（1）《感动中国》正面人物形象类型呈现出明显的多元化特征，人物形象的层次结构十分丰富，这与当前我国社会结构的多元特征和层次断裂巧妙契合，体现了媒介人物的广泛社会性，尤其是比例最大的普通百姓的入选，更是社会对个体扩大化的包容性通过媒介平民化策略实施的结果。从未来发展态势上讲，《感动中国》正面人物形象的类型特征将更具丰富性，这是影响力拓展的社会基础。

表5－17集中描述了经过数量类型化之后的年度人物形象特征。在职业和身份类型上，《感动中国》正面人物总体分布大体均衡，六种身份特征基本涵盖了社会群体的整体。其中政府官员、文体明星和军人等四种形象类别各年度的入选比例大体一致。而历年来普通百姓都是《感动中国》的重要形象角色，所占比例最大，超过三成，占33%，这是栏目引发共鸣形成影响力的社会基础。专家学者也是历年感动中国人物的显著形象类型，他们因在某个领域做出非凡成就，推动经济社会发展而成为

"显著形象"。伴随着社会变迁对"功效意识"的呼唤,"成就取向"将愈发突出,专家学者在《感动中国》中的入选比例呈持续上升势头。

在正面人物媒介形象的类型特征上,《感动中国》所呈现的丰富性与我国社会结构的丰富层次性高度一致。社会结构越是复杂,传媒表达社会情景的难度越大。作为以正面人物形象传播为特色的栏目,《感动中国》深入复杂的社会机理,通过有效的报道机制在多个向度上挖掘人物资源,从而保证了人物形象塑造的社会性。从这个意义上说,《感动中国》在单一媒介平台上,颠覆了我国媒介正面人物传播的固有局限——脸谱化的、以崇高美为统一特征的正面人物媒介形象。随着社会变迁及转型、社会结构和个体特征的自由发展,未来《感动中国》的人物类型仍有深入开拓的空间,并以适度的张力保持与社会的共振。

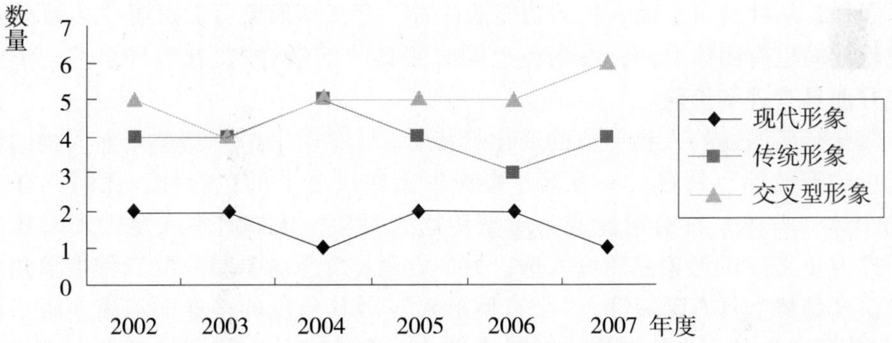

图 5-4 《感动中国》正面人物形象"内涵特征"及其嬗变轨迹(2002—2007 年度)

(2)在正面人物媒介形象的内涵特征上,《感动中国》在整体上塑造了层次结构相对稳定的人物形象,"交叉型形象"始终担当主角,"传统形象"被控制在适度的范围之内,而"现代形象"则最稀缺。从发展态势看,"交叉型形象"近几年呈上升趋势,未来也是正面人物的最重要的形象组成,而"现代形象"则迫切需要进一步开发和传播。在从多棱角社会向现代社会转型的过程中,媒介有必要为之注入更多的现代性因素。

按照表 5-16 所划分的我国正面人物"媒介形象"的三种角色内涵,在进行媒介表达文本的内容分析后,生成了《感动中国》正面人物形象的"内涵特征"及其嬗变轨迹图。总体上看,其内涵特征呈现出层次结构的稳定性及嬗变发展的开放性特征。从纵坐标的量化指标看,"交叉型形象"、"传统形象"和"现代形象"分别处于上位、中位和下位的次序保持不变(2003 年至 2004 年度的交叉型形象和传统形象重叠)。这正体现了《感动中国》栏目制作团队对正面人物形象塑造的理念设定和传播策略。"传统形象"由于其独特的社会角色而成为不可或缺的正面人物媒介形象,始终占据“中位”（约占总数40%），它是媒介表达“传统中国”的文化元素，或者说，通过对“传统形象”的偶像塑造，传承传统文化精粹，维系主流价值的意识形态，并通过仪式化的电视元素建构起受众在主流社会中的主体性身份——也就是对传统道德追求的认可和行动。具有“传统形象”特质的正面人物由此成为凝聚力量、维系传统的精神纽带。

具有“交叉型形象”特征的年度人物兼具现代性和传统性特征，其身上具有与转型社会相吻合的多样性乃至冲突性，或者说，转型期社会的复杂性与丰富性，集中折射在正面人物的媒介形象上。以交叉型形象作为透视转型社会的复杂性与丰富性的窗口，《感动中国》试图呈现一个符合常态的媒介社会。从对人物的情感力生产的角度看，交叉型形象由于这种丰富性而更真实可感，也更符合中国人对正面人物的形象期待——既有成就上的杰出作为，也有品德人格上的至善之处，因而更能包容“感动”因素。同样，从社会对正面人物的功能期待看，交叉型形象可以扮演“多棱角角色”，既有成就取向也有团体取向，在角色上同时兼具“扩散性”，在引导思潮与形塑社会价值观方面具有现实价值。

从横坐标所描述的人物形象的变化趋势看，《感动中国》塑造正面人物的媒介形象显示出“开放性”特征。一方面是媒介形象在尺度上的包容性，任何具有“感动点”的个体（群体）都有可能成为形塑传播的对象，比如日本人尾山宏因其“不懈追问、捍卫正义”的形象品质而入选；另一方面，《感动中国》的三种形象角色，在未来的演变趋势上具有延展性，“交叉型形象”因其角色的多样而走高，而“现代形象”，尽管目前在整个人物榜中依然是少数，但在未来的人物选择考量中必将占据更大分量。2000年以来我国社会主义现代化进程加快，社会价值取向不断变迁，客观上要求《感动中国》在人物形象的表达和偶像塑造上更具“现代性”。

（3）在对“现代形象”、“传统形象”和“交叉型形象”三种正面人物形象的传播上，《感动中国》以仪式化的宏大叙述策略和情感化的细微报道，准确描摹、还原各类人物形象特质，对三种形象尺度进行精细把握，最终形成饱满鲜明的“形象包裹”，从而建构起作为“国家偶像”的正面人物媒介形象。

表5－18　正面人物“传统形象”特征及建构

人物	描述词语（体现“传统”）	形象包裹
2002年：郑培民	心系百姓，遵守诺言，公正廉洁	树起品德风范和为民服务丰碑的共产党人

（续上表）

人物	描述词语（体现“传统”）	形象包裹
2003 年：巴金	点亮灵魂的灯塔，热情、忧患、良知贯穿于文字和生命中	文学史册上永远闪耀璀璨光辉的世纪老人
2004 年：田世国	温暖的谎话，孝子的真诚，让天下母亲收获慰藉	捐肾救母的当代孝子
2005 年：王顺友	朴实，世界邮政史上的传奇，20 年递信传心，最亲邮递员	世界邮递员楷模
2006 年：林秀贞	30 载爱心，赡养 6 位老人，朴实的农妇	让九州动容的慈善伟人
2007 年：谢延信	侍奉亡妻家人 33 年，用辛劳延展爱心，信守承诺	一步一步到达善良顶峰的“一匹老马”

为传统道德形象注入“现代表述”是《感动中国》建构“传统形象”最显著的特征（见表 5－18）。经过设定的形象框架发现，具有“传统形象”的正面人物主要集中在普通百姓、政府官员和特定群体身上。这些传统形象所具备的依然是长期沉淀并传承下来的传统道德特征和社会价值观，但通过表述方式的转换，《感动中国》创造性地建构起具有情感力的传统道德形象，对以往典型人物报道叙述惯性来说是一种突破。

这种“现代表述”的突破性表现在：一是在叙述语言使用上以个性化语言为表征，以极具感染力的故事或事迹为内核，由此建构起具有个性的传统形象。比如“递信传心”的王顺友、讲“温暖谎话”的真诚孝子田世国等。二是在总体形象建构上舍弃旧式的“崇高化”方式而代之以集中式评价，特别是推荐词和颁奖词的评价，聚焦于人物最令人感动的领域而不求普适性道德角色，这样就把传统形象身上原有的团体取向、扩散性角色的“半径”适当缩小，建构起人物的“形象包裹”更有助于情感记忆，从而使人物形象更为真实，更具情感张力。

在引导社会主义价值观方面，传统道德形象传播在当今仍具必要性。而在当前传媒上的传统典型人物日渐式微的情形下，《感动中国》为传统道德形象的创新表述开辟了新路径。

表 5-19 正面人物“现代形象”特征及建构

人物	描述词语（体现“传统”）	形象包裹
2002 年：张瑞敏	开拓创新，有胆识智慧，融入世界，缔造品牌传奇	有创造力的东方企业家
2003 年：杨利伟	象征中国走向太空的成功，中国航天人精神，成就民族梦想	中国航天人的杰出代表
2004 年：刘翔	不断超越，永不言败，实现伟大跨越，身披国旗，民族精神动力	正在加速的民族形象的代表
2005 年：邰丽华	朴素女子呈现华丽奇迹，用舞蹈展现生命的蓬勃、人性的高洁	最美的残疾人艺术家
2006 年：叶笃正	成就显著，大气科学的奠基人、开拓者，开创性重大贡献	学术巨匠，有大气象的大学者
2007 年：闵恩泽	创新就是快乐，点石成金，引领变化，永不失活	中国科学的“催化剂”

在“现代形象”的建构方面，《感动中国》的创新策略体现在为“成就人物”注入情感力因素，这种情感力因素能够引导受众对专业主义、民族精神或国家形象的想象性期待。不仅如此，这样的第三种因素的注入，还能够令在角色功能上具有“单一性”的时代人物的媒介形象更显立体和丰富。这种因素是个人成就基础上与专业领域、社会和国家在角色上的“勾连”。通过仪式化的电视元素，这一“勾连”助推着人物情感力的生产。

从表 5-19 所梳理的历年正面人物现代形象特征及建构可以看出，“现代形象”具有更强的异质性，也就是专业领域的差异性。传媒在对这类人物进行角色评价和描述时，主要聚焦于个人身上的“功效意识”或“创新精神”。由于在角色关系上具有“单一性”，在最终的形象建构时形象包裹十分清晰，“勾连”因素引入后，其媒介形象更加契合《感动中国》的传播设计。比如 2007 年度人物闵恩泽，他身上具有鲜明的改革创新精神，《感动中国》这样评价：“在国家需要的时候，他站出来！燃烧自己，照亮能源产业。把创新当成快乐，让混沌变得清澈，他为中国制造了催化剂……”在这一评价基础上，闵恩泽被形塑为“中国科学的‘催化剂’”。再比如“风驰电掣想到做到”的刘翔，他在《感动中国》中的媒介形象是“正在加速的民族形象的代表”，这种因素上的勾连明显调动了受众的情感体验。

大众媒介被认为是重要的“影响人的现代化的社会因素”。媒介塑造的人物形象，经过受众阅听、判定其有吸引力，然后在个人相似的情景中，选择并模仿某种行为方式，这一行为方式不断重复，从而逐渐成为个人的行为方式。媒介通过这样一个过程影响受众，也促进着人的现代化进程。从这个层面上说，在我国的语境下，《感动中国》对正面人物“现代形象”的创造性建构具有很强的现实意义。由于在角色评价上采取“成就取向”，注重“功效意识”和“创新精神”等形象特质，“现代形象”的传播对受众的行为导向作用更加显著。

将表5－19和图5－4进行加权分析，同时对照《感动中国》年度人物推选的六大形象标尺，不难看到，《感动中国》总体正面人物媒介形象中的“现代形象”的数量明显偏少，与该栏目原有的对“现代形象”的设计存在很大的距离偏差（六大标尺有四条是现代形象标尺），由此带来的功能的弱化也与社会对媒介形塑公民现代性的巨大需求产生了冲突。从未来发展趋势看，《感动中国》应适当平衡并加大“现代形象”的建构与传播。

表5－20　正面人物“交叉型形象”特征及建构

人物	描述词语（体现“传统”）	形象包裹
2002年：濮存昕	①温暖关爱，传播知识；②回报社会，投身公益事业	有社会责任感的公众人物
2003年：钟南山	①冷静无畏，医德高尚，妙手仁心挽救生命；②深入科学探索，学术勇气	学识与良知兼备的科学家
2004年：袁隆平	①专注田畴，淡泊名利；②播撒智慧，收获富足，毕生梦想消除饥饿	一位真正的“耕耘者”
2005年：黄伯云	①温润如玉，渊博宽厚；②赤子之心，回国服务，夺科技大奖	学成回国值得尊敬的长者
2006年：霍英东	①自强不息成就人生传奇；②聚财有道散财亦有道，以赤诚之心贡献祖国	达则兼济天下的爱国人士
2007年：钱学森	①国为重家为轻，科学最重名利最轻；②开创祖国航天事业	中华民族知识分子的典范

交叉型形象是《感动中国》最为突出的正面人物媒介形象类型，也是最符合我国特色的国家偶像塑造。在塑造这类人物形象时，该栏目集纳了传统形象的现代表述方式和现代形象对“勾连因素”的使用，深入挖掘、表现人物形象的内在多重性。即以最符合中国人心理期待的方式——对功名的进取和内心向善的追求——来表现正面人物的“双重形象”：在事业专业领域的突破性成就，以及在个人品德上的向善追求，即所谓的“德才兼备”。这也契合了中国社会的当下需求——通过媒介打造这样一个具备现代性人格特征和传统道德价值的现代个体，其身上具有的职业上的“专一性”

特色和在团体价值上的扩散性影响，有助于对其他社会成员产生非“规范性”的态度影响和行为参照，从而使个体获得发展。

从历年的交叉型人物传播过程来看（见表5-20），《感动中国》所建构的“形象包裹”最具异质性，很好地契合了公众心理和社会期待。这类媒介形象主要集中于社会名流、公共人物、专家学者等身上。“自强不息，厚德载物”便是对正面人物“双重形象”的精辟注解。事实上这也是最符合体制内的国家偶像的媒介形象，对这种国家偶像的塑造与传播充分体现着传媒的预设框架。

比如袁隆平这样一位传媒高度关注的公众人物，在过去的传媒相关报道中常常被“崇高化”。《感动中国》从两个向度对袁隆平进行还原式的表述：“当他还是一个乡村教师的时候，已经具有颠覆世界权威的胆识；当他名满天下的时候，却仍然只是专注于田畴，淡泊名利，一介农夫，播撒智慧，收获富足。他毕生的梦想，就是让所有的人远离饥饿。”这其中包含其形象的交叉性和角色上的多棱角特色（见表5-20）。在此基础上，建构起“一位真正的耕耘者”的媒介形象包裹，这一平衡的形象定位恰到好处。再比如对霍英东的形象建构，在丰富的人物特性中理出双重形象：一是自强不息缔造的商业人生传奇，二是贡献祖国的赤诚之心。而表述的核心则是建立在人生阅历上的财富观：“民族大义高于金钱，赤子之心胜于财富。”在这个基础上，包容了丰富形象内涵的“达则兼济天下”的境界，被转换为霍英东的媒介形象。

四、正面人物“媒介形象”与社会转型

经过以上多层次的框架分析，我们可以对《感动中国》所建构的正面人物媒介形象及其发展趋势，尤其是《感动中国》“国家偶像”的生产与转型社会的相关性，进行总结并进一步探讨。

（1）《感动中国》建构了多层次的正面人物媒介形象，有别于以往封闭式的单一性的“典型制造”，这一开放性的生产场域中包容了复杂而多变的社会元素，这透过正面人物媒介形象的数量类型特征和内涵特征的丰富性可以清晰洞见。尤其是传统与现代的正面人物媒介形象的糅合呈现，恰恰契合了新世纪以来我国社会结构和社会成员的演进与发展轨迹。

在总体上，《感动中国》所形塑的具有“传统形象”、“现代形象”和“交叉型形象”的正面人物，正是当下社会情景下必然产生的对应着社会热点的时代人物。从这个方面说，《感动中国》记录了关于个体与社会角色互动的年度影像，它最终建构起“中国人的形象档案”。

（2）《感动中国》不能被置于传统的典型人物报道框架进行类比，但是它在形象塑造与传播手段的创新上，尤其是在国家偶像的生产策略上已达到了国内传媒的一个高峰。它不仅改造了传统典型人物报道的旧式思路，还创造了基于文化传播视阈的仪式性的正面人物形象传播策略。经过六年的运作，《感动中国》的偶像生产的“情感

模式”已经成型，其核心理念是“情感力的开发与生产”。

正面人物形象的塑造转换为“情感力的开发与生产”，这一偶像生产的情感模式的原动力在于：正面人物的形象源自社会结构中的鲜活个体，这是作为新闻资源的社会基础；与此同时，人物的形塑从当下社会的实际需求出发，尤其是公众的情感需求出发，并将这种情感欲求以最合适的媒介消费样式呈现出来。在三种形象的塑造与传播过程中，这一情感生产直接生成了正面人物“形象包裹”的建构，比如对“传统形象”的现代表述、为“现代形象”的“功效意识”注入情感化因素即第三种影响因子，在塑造“交叉形象”时重视对“勾连”因素的合理使用，从而在单个人物的形象传播上增添了情感力。

（3）偶像生产也是社会价值观的生产与传播，这是《感动中国》“国家偶像”生产区别于一般的娱乐偶像或财富偶像塑造（或排行榜）之根本所在。《感动中国》的偶像生产，同时也是多样性的社会价值观念的生产与传播，成为推动社会主义核心价值体系建设的“观念发动机”，或者是“文化助推器”。

经过对《感动中国》六年来的正面人物媒介形象的量化和质化的内容分析，我们发现，《感动中国》的年度人物形象的内涵特征与六年来中国社会主流价值观的嬗变存在惊人的相吻合之处。2000 年以来中国社会发生了显著变化，比如社会结构异质性的增加，以及由此形成的“多样性的而不是‘唯一正确、唯一正当’的社会方式、价值观念和文化的存在”；社会成员身份类别转向“职业化”的形象变化；个人价值取向的多层次性；偶像标准的多变与超越等。《感动中国》准确清晰地把握社会时代价值观的这种变迁，体现在其塑造的正面人物的个体或群像的“形象包裹“中：2002 年的《感动中国》让我们无法忘记那些无畏前行、努力抗争的人们；而 2003 年的《感动中国》则见证了一个国家、一个民族同舟共济的奋斗历史；2004 年的《感动中国》展示这个社会刚刚发生的显著变化，体现出“以人为本”的时代特色；2005 年的《感动中国》表达了个人和国家超越条件局限所创造的奇迹和展示的“中国实力”；2006 年通过差异性的个体在专业领域的努力实现对社会的推动，每一个人都是成功者；2007 年以历年最多的“传统形象”召唤传统道德价值观的复归，由此累积起推动社会进步的巨大精神财富。

不仅如此，《感动中国》通过年度人物媒介形象的偶像式生产与传播，高度凝聚起了民族精神，创造了一整套生活信念和价值体系，并通过年度人物身上的传统形象、现代形象或者交叉型形象品质向社会广为传播，来实现对公众道德价值观的引导与“重塑”。当前的社会主义核心价值体系建设，实际上正包含传统与现代性的价值体系。《感动中国》将自身作为传媒的价值观与社会的价值观实现对接并相融合，最终通过“国家偶像”的生产、形塑与传播，构建起当下时代的“精神标尺”和中国人的“形象标本”。

（4）在推动个体的现代性发展方面，《感动中国》的目标预设与传播效果之间出现不小的落差，这主要在于其对“现代形象”的生产不足以及由此带来的对公众现代性导向的相对弱化，进一步平衡并加大“现代形象”的建构与传播是未来《感动中国》的重大创新课题。

人的现代化是社会现代化的最重要因素。只有充分调动每个人的积极性，发挥人们的潜力和创造力，引导人们的价值观、思想方式和行为方式从传统向现代化过渡，实现人的现代化，才能进一步推动社会的现代化进程。研究表明，公民现代性与媒介消费两者之间有着正比例的关系。美国著名学者阿·英克尔斯在进行了十多年的现代化制度机构对个人精神调适的影响的研究中，发现“同广播、报纸和其他大众媒介方式接触较多的人会表现出更多的现代化素质”。进一步说，媒介品质和传播内容是影响公民个体现代性素质的具体因素。对媒介现代性内容的媒介消费隐藏着巨大的社会需求空间，而我国传统的正面典型人物中鲜见“现代形象”的供给。

作为一档塑造“国家偶像”的品牌栏目，《感动中国》在推动我国公民的现代化转变方面有着重要角色担当，在人物形象建构上迫切需要持续创新。一是“现代形象”的拓展，即正面人物新闻资源的开发，需要有更加开阔的视野，而不局限于商界、学界和体育界等。二是对新世纪的中国人“现代形象”的生产设计，其现代性标尺的打造既要有在国内受众中延伸影响力的魅力元素，又要可在对外传播中作为国家形象的一种重要符号表征。三是在现代形象的表达与传播中为现代性注入“情感力元素”，以确保不会降低“感动”的力量和社会传播的价值，也不会冲淡传统形象的价值导向，做到两者兼容。

（5）《感动中国》因巨大的“国家偶像”的生产与传播而成为重要的“媒介事件”，它在声名鹊起的同时也集纳了沉甸甸的社会期待。这样就提出了另一个问题：《感动中国》栏目的生命力在何处？它如何通过创新来维系影响力，进而回应社会期待？我们认为，《感动中国》的影响力源泉在于人物形象的震撼力量，也就是说建构并传播怎样的正面人物“媒介形象”是栏目生命力能否延伸的决定性因素。

对于已经仪式化的《感动中国》的传播形态，形式创新的追求或会成为创造力的包袱。《感动中国》总导演樊馨蔓这样说过：“只要把人物中最本质、最重要的东西表现出来，自然就好看了，形式毕竟还不是最重要的。”《感动中国》经过六届所成型的主体性视听元素设计，已定格成为国家层面的媒介仪式的常态，只需因内容而适当调整。作为灵魂元素的年度人物形象，是全部情感力的基础。关于栏目生命力的人物媒介形象的建构，一是在人物选取上对形象内涵坚持标尺、坚持苛刻，注重人物的社会基础，做到在生活背景与逻辑上接通公众的真实感受。二是保证“国家偶像”的“年度特性”，也就是与当下社会热点与时代精神的契合度。三是保持媒介的独立操作而不为体制内外的因素所左右，比如说意识形态机构或者商业力量对评选活动的预设，充分施展一个媒介栏目深度介入社会，进而推动社会转型与公民现代性发展的专业行为与职业理性。

第六章

中国新闻奖典型报道中人物形象的再现分析

IMAGE-BUILDING & SOCIAL IDENTITY：A STUDY OF THE SOCIAL EFFECTS OF MEDIA PROMOTION TO THE POSITIVE FIGURES

本章通过对历届中国新闻奖（1990—2007 年）中 107 位典型人物报道的内容分析，考察 20 世纪 90 年代以来中国主流媒体对典型人物形象的再现情况及其价值取向。研究发现“为人民服务的奉献精神”是典型报道倡导的核心价值观，“社会整合”和“榜样示范”为这一时期典型报道的主要功能。笔者认为典型报道可从价值取向多元化、价值评判多面化、再现手法多样化、背景关联密切化等方面加以改进。

第一节　样本选择与分析方法

在中国，典型人物报道（以下简称“典型报道”）的历史已有 60 余年。[①] 相比 20 世纪 50 年代的“震撼”与“辉煌”，90 年代以来的典型报道更多被提及的是“困境”与“困惑”，[②] 但典型报道在社会生活中依然扮演着重要角色。

面对“典型报道的改革与创新”这一命题，除个案研究之外，也应该从典型报道的类型总体上进行把握。典型报道呈现了哪些人物？其行为有何特点？体现了何种价值观念？对以上问题的考察，相信会使我们对典型报道的现状及发展问题有真切的把握。“再现”（representation）因此成为本章观察典型报道的基本视角。再现意指“再次呈现”，是“真实”世界里一些事物的映像、类似物或复制品。与再现对应的词是在场（presense），在场是客观世界发生的事件本身，再现则是一种对真实的制造和宣称。“媒体不再仅仅是政治过程中信息传递的机制，也非全然只是位居上层结构的意识形态机器或文化霸权，它还是一个意义争霸的场域，社会内外所有的角色、人物都在这个场域中被定义、被塑造、被生产、被改写甚至被发明，部分研究者将这个建构过程及其所建构的内容称为‘再现’。”[③] 本章循着这一“建构的再现观”而展开。[④]

本章选择中国新闻奖获奖作品中的典型报道为分析对象。中国新闻奖是经中宣部批准的全国性年度优秀新闻作品最高奖，由中华全国新闻工作者协会主办，1991 年创

---

① 广义的“典型报道”涵盖对典型的人物、经验、事件、问题的报道（参见甘惜分．新闻学大辞典．郑州：河南人民出版社，1993），狭义上则通常专指正面的典型人物报道。

② 在数量上，有调查显示 1979 年、1989 年、1999 年的典型报道数量不断递减，篇幅日益缩小。在传播效果上，1995 年中国人民大学舆论研究所的调查、2003 年广电总局“宣传党的意志与反映人民呼声”的课题组的调查等都显示了受众对典型报道的满意度不高。

③ 倪炎元．再现的政治——台湾报纸媒体对“他者”建构的论述分析．台北：韦伯文化国际出版有限公司，2005. 1.

④ 传统的再现观点被称为“镜像的再现观”，认为语言可以如镜像般地透过描述反映世界。然而随着研究典范的变迁，这种立场愈来愈受到质疑，媒体逐渐不再被视为是否“反映”真实，而根本就是在“建构真实”，是在定义、组合、生产社会真实，再现观点向“建构的再现观”转变。参见倪炎元．再现的政治——台湾报纸媒体对“他者”建构的论述分析．台北：韦伯文化国际出版有限公司，2005. 10.

办，至2008年已评选出18届（作品从1990年至2007年）。获奖作品不仅要有专业品质的高标准，更要有价值取向的高要求。中国新闻奖评委、学者尹韵公曾表示："它（中国新闻奖）是一个政治性很强的专业奖项，因此，中国新闻奖意义非凡，是导向中的导向。中国政府提倡什么、主张什么、鼓励什么，对世界重大事件的看法和评价等等，只需看看每年中国新闻奖的获奖作品，就基本上可以把握了。所以，中国新闻奖又是中国政府对年度国内外重大事件的'观点浓缩'，是国家认可和肯定的主流价值观念的集中体现。"① 典型报道的推出往往是自上而下、严密策划的议程设置过程，执政党、政府组织、媒体均参与其中。② 从这一意义来说，中国新闻奖作品是考察20世纪90年代以来典型报道的"典型样本"。

中国新闻奖分设特别奖（第一届命名为"荣誉奖"）、一等奖、二等奖、三等奖四个级别，按报纸、通讯社、电视、广播等媒介设列多个项目。本研究收集的样本，是1990年至2007年获特别奖、一等奖、二等奖的全部典型报道。③ 样本总数以奖项计为116件，以新闻人物计为107名（个别人物被两件以上作品报道，或一件报道中涉及两个人物），详见表6－1。主要研究问题是：

（1）典型人物被作品文本再现为哪些形象？体现了何种价值取向？

（2）有关价值取向反映了媒介的何种意图？

（3）典型报道的价值取向与再现手法有无可改进之处？

对于以上问题，我们采取了内容分析与质化研究相结合的方法。内容分析从六个方面进行：典型人物形象的凸显量度、人物的基本特征、公共领域的行为、私人领域的生活情况、凸现的人物品质、对人物的评价。数据利用Excel软件进行统计处理。质化研究则包括对典型报道文本及相关文献的分析。

表6－1　历年中国新闻奖典型报道奖项数量及人物分布

年份	特等奖	一等奖	二等奖	总件数	人物
1990	1	1	8	10	焦裕禄、潘星兰、杨大兰、张子祥、宁冠英、边荣唐、李邦亮、王伟、李润虎、邢芬、曾乐
1991	0	1	2	3	杜尚志、邓亚萍、徐乃民

① 尹韵公．中国新闻奖青睐什么样的报道．军事记者，2007（2）．

② 张威．典型报道：渊源与命运．新闻与传播研究，2002（2）；彭远方．典型报道的"议程"．苏州大学硕士学位论文，2004．

③ 本研究典型报道样本认定的体裁包括通讯、系列报道、副刊（仅选实际属于通讯的作品）、广播专题、广播系列、电视专题、电视系列，而不包括消息、评论、版面、摄影等。1990年至2006年样本文本均来自中国新闻奖评选委员会办公室主编的各年度《中国新闻奖作品选》（北京：新华出版社，2000—2007），2007年文本来自中华新闻传媒网的第18届中国新闻奖专题（http：//www. xinhuanet. com/zgjx/08xwj/jx/index. htm）。

（续上表）

年份	特等奖	一等奖	二等奖	总件数	人物
1992	0	1	1	2	张根昌、曹丽华
1993	0	3	2	5	徐洪刚、庞文全、张树军、王廷江
1994	1	2	2	5	张鸣岐、叶中央、韩素云、马永顺
1995	1	5	4	10	孔繁森、田沛发、李立科、时传祥、苏桂琴、姚慈贤、吴天祥、李长水
1996	2	2	4	8	徐虎、李素丽、王果香、王杰、徐仙凤、王廷江、张云峰、朱彦夫
1997	0	0	5	5	田晚霞、李飘海、邹延龄、刘让贤、徐桂英
1998	0	2	3	5	吴登云、戚秀玉、王嘉泉、次仁曲珍、李向群、李德清
1999	0	0	2	2	吴登云、金占林
2000	0	2	6	8	李淑敏、郭秀明、焦跃进、王树清、李梦桃、陈才君、杨焕明、范匡夫
2001	0	1	5	6	胡昭程、杜过秋、邓菊梅、卢彩文、易新群、范匡夫
2002	1	4	4	9	郑培民、潘智、赵新民、梁雨润、刘坤洲、夏雨田、苗素娥
2003	0	2	2	4	许振超、钟南山、李晓红
2004	0	3	8	11	任长霞、牛玉儒、郭林祥、王法今、田世国、廖兴国、徐本禹、甘远志、赵家富
2005	0	4	6	10	王顺友、王乐义、孟二冬、李本枫、刘念友、杨业功、洪战辉、鲍永新、邵尧霞、刘霆
2006	0	3	3	6	丁晓兵、华益慰、胡筱龙、刘继平、丛飞、张九精
2007	0	1	6	7	方永刚、王莘、李世国、张国富、李莹、孟祥斌、邓费建、邓波
总计	6	37	73	116	107

第二节 典型人物形象再现研究的主要发现

一、典型人物形象的凸显量度

对获奖作品数量的统计，可以在一定程度上考察典型人物形象凸显的量度。从图6－1可见，凸显量度随年份呈现出明显的波动。1990年首届新闻奖，再现县委书记焦裕禄的《人民呼唤焦裕禄》获得首个荣誉奖，连同其他九件作品，充分显示出典型的重要性。然而其后的1991年和1992年，作品数量急速降至谷底。在持续的低谷之后，1995年、1996年作品数量陡然升高，成为90年代典型报道的高潮，孔繁森、李素丽、徐虎成为家喻户晓的人物。此时正是“以正确舆论引导人”、加大精神文明建设力度的时期。之后作品数量再次下降，而在2000年之后回升、保持相对稳定，并在2004年、2005年形成一个新的高潮，与2000年以来先后实践“三个代表”、保持共产党员先进性教育、建设和谐社会的背景相吻合。由此可见典型人物形象凸显量度的强弱交替，与执政党和政府“主旋律”的走向紧密相关。

从总量来看，历年特别奖、一等奖、二等奖总件数共1 678件，典型报道所占比例为6.91%。其中特别奖（荣誉奖）共设立过11届，5届属于典型报道（同年度均无其他类型获奖者），占总届数的45.5%；获特别奖作品共28件，其中典型报道6件，占21.4%。这些数据显示出典型人物形象在历时性上有一定的凸显度，在特定年份上更有相当高的凸显度。1990年至1999年作品年均件数为5.5件；2000年至2007年作品年均件数为7.6件，凸显量度明显高于90年代。

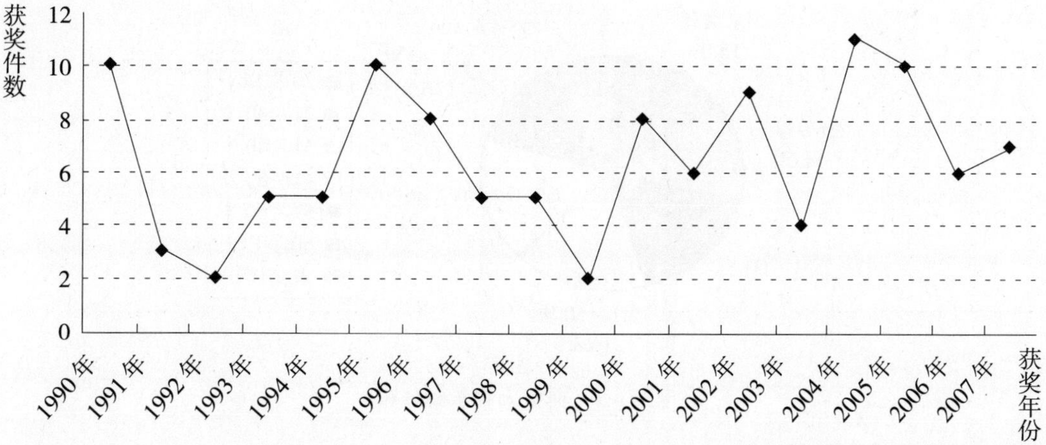

图6－1 中国新闻奖典型报道数量的年份分布

二、典型人物形象的基本特征

性别方面，107 位典型人物中男性占 78.5%，女性占 21.5%，男性所占比例远高于女性。①

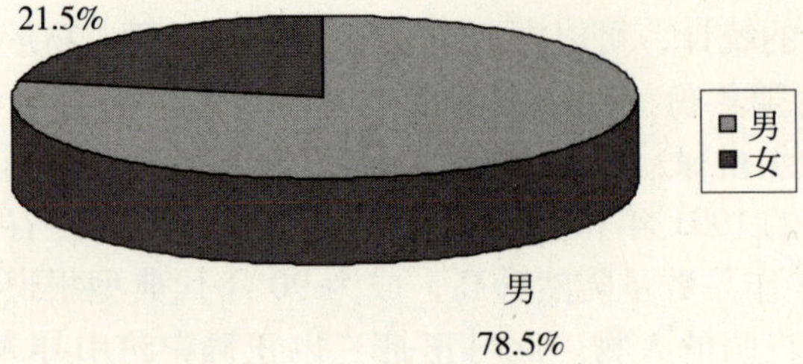

图 6－2　典型人物男女比例

年龄方面，各个年龄段的比例基本均等，只有 20 岁以下的人物比例稍低（见表 6－2）。

表 6－2　典型人物年龄分布

年龄	20 岁以下	21～30 岁	31～40 岁	41～50 岁	51～60 岁	60 岁以上	未交代
人数	9	13	18	18	18	15	16
比例	8.4%	12.1%	16.8%	16.8%	16.8%	14.0%	15.0%

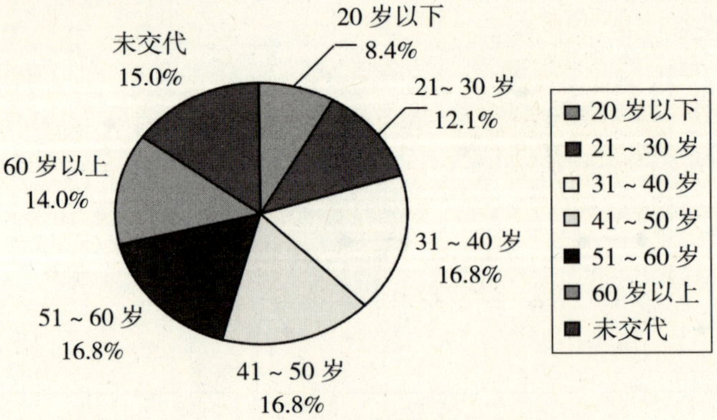

图 6－3　典型人物年龄分布

① 男性性别比例高无法直接得出典型报道偏重男性的结论，而可能与多方面的社会因素有关。

职业身份方面，可大体分为十一类（见表6-3）。个别身兼两职的人物，按作品着重呈现的特征归类。如华益慰为军医，作品主题是“医德”，因此将其归入医生类。从图6-4中可以看到其中党政工作者、军人军属、知识分子分别占21.5%、14.0%和13.1%，被关注的比重相对较高。不过总体来说，典型人物职业身份的分布已经比较广泛，这一特点可在与不同历史时期典型报道的对比中得到印证。[①] 表现出的取向是人物无论年龄大小、职业如何，都能够成为典型。但对社会弱势群体的展现仍然有限，如10名“农民及农村干部”中，有6人是农村基层干部，4人是普通农民或牧民，被公认为是弱势群体的农民工中竟没有一个“典型”。

表6-3　典型人物职业身份分布

身份	军人军属	工人	农民及农村干部	学生	党政工作者	知识分子	医生	商业服务业人员	文体工作者	新闻工作者	其他
人数	15	8	10	9	23	14	7	9	5	5	2
比例	14.0%	7.5%	9.3%	8.4%	21.5%	13.1%	6.5%	8.4%	4.7%	4.7%	1.9%

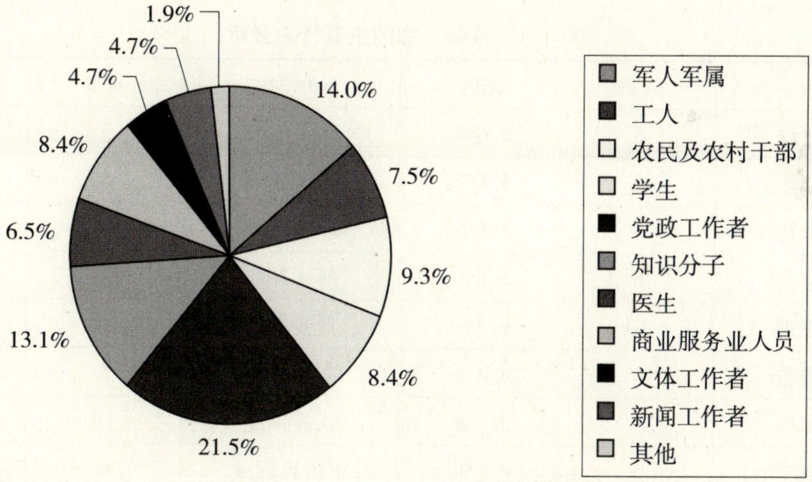

图6-4　典型人物职业身份分布

政治面貌方面，被再现为共产党员身份的占50.5%，共青团员占0.9%，普通百

① 如《人民日报》在社会主义建立、建设时期典型人物身份统计为：军人及军属74%、农民13%、工人13%；“大跃进”至“文革”前典型人物身份统计为：军人及军属37%、政府工作者13%、农民13%、工人24%、知识分子13%。张莞昀．党报典型报道艺术论．清华大学硕士学位论文，2005.

姓或未提及政治面貌的占48.6%，民主党派为0。共产党员的“代表”作用被高度凸显出来。

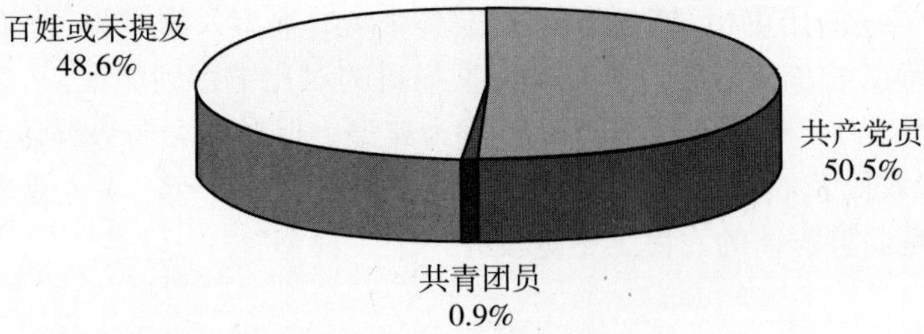

图6-5　典型人物政治面貌情况

三、公共领域：典型人物的主要行为与凸现品质分析

公共领域主要分析人物在公共场合的行为表现，考察人物作为公共角色的权利与义务行事。有些人物涉及数种行为，只按作品中呈现的核心行为归入一类。

表6-4　典型人物的主要行为分析

行为	人数	比例	行为	人数	比例
军事建设	6	5.6%	反腐倡廉	3	2.8%
科技创新	6	5.6%	拥军爱国	3	2.8%
创业致富	6	5.6%	环境保护	6	5.6%
教学育人	6	5.6%	搏斗歹徒	4	3.7%
党政管理	10	9.3%	身残志坚	5	4.7%
商业服务	9	8.4%	文化体育	5	4.7%
新闻工作	4	3.7%	扶养捐助	10	9.3%
逆境求学	5	4.7%	下岗再就业	6	5.6%
医务工作	7	6.5%	负面行为	0	0
救人抗灾	6	5.6%			

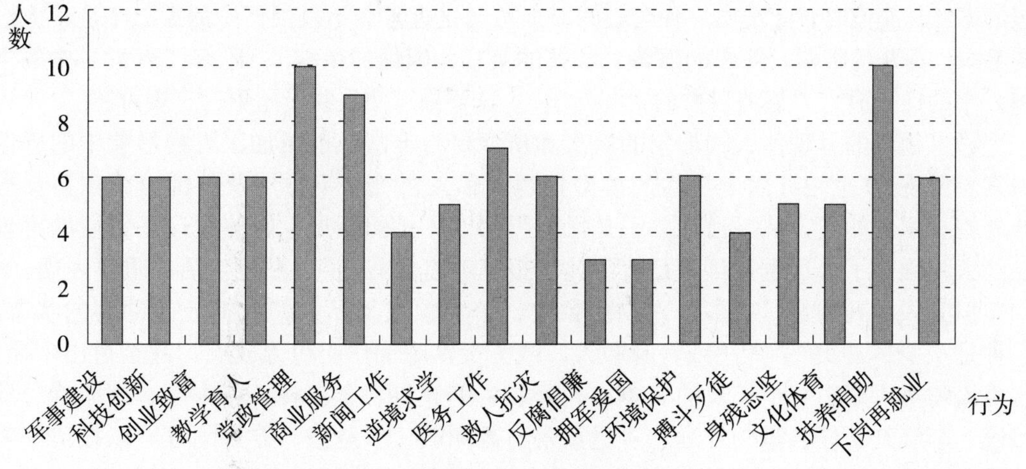

图6－6　典型人物的主要行为分析

从表6－4可见，典型人物的行为是分散、多种多样的，其中比例最高的是党政管理和扶养捐助者，都只占9.3%。也没有人因为负面行为而成为典型。不过，有些行为活动相对集中在某一特定时期。如扶养捐助行为的10人中，有9人（田世国、李本枫、刘念友、洪战辉、丛飞等）是2004年以后推出的。逆境求学的5人中，有4人（刘霆、张九精、邓费建和邓波）是在2005年以后推出的。二者分别与和谐社会理念的提出、贫困生现象的增加直接相关。对下岗再就业行为的再现也有明显的时间特征。这再度提示了典型人物形象与社会背景之间的密切关联。

四、私人领域：典型人物的生活情况

私人领域主要分析人物在家庭生活中的行为、态度以及媒体对于人物身体的再现。

家庭行为方面，人物的角色是父母、夫妻、兄弟姐妹和朋友等。在传统的人物—工作、人物—群众视角的基础上，人物—家庭关系成为呈现人物形象的新视角。作品中提到或涉及家庭领域的有56人，占总人数的52.3%。关于孔繁森、任长霞、李素丽、吴天祥等人的报道中，都有对人物与其家人情感关系浓墨重彩的描写。有的报道全部是由这一视角切入的，如《情切切　意绵绵——亲人眼中的郑培民》。还有的人物本身就是由于家庭私人领域的表现而进入公共领域的，如照料患病父亲、艰难求学的张九精。

人物身体方面，报纸媒体对人物外貌的描写也很普遍。如《索玛花儿为什么这样红》中的王顺友是“眼前这位苗族汉子矮小、苍老，40岁的人看过去有50开外，与人说话时，憨厚的眼神会变得游离而紧张，一副无助的样子，只是当他与那匹驮着邮包的枣红马交流时，才透出一种会心的安宁”；《走近孟二冬教授》中的孟二冬是“大红的毛衣，深灰的暖帽，舒展的面庞，和蔼的笑容，闪烁的星眸”；还有《百姓心中的丰碑》中的任长霞是“眉清目秀的柔弱女子”。这些描写使人物形象更为直观可感。

私人领域的呈现使人物形象的层次和角度更为丰富，也增加了人物形象中的感情因素。反观20世纪五六十年代的典型报道，私人领域是不常涉及的部分，焦裕禄等的外貌、家人如何，从报道文本中是无法得知的。显而易见，媒体对这一领域的再现已经大为强化了。这也被认为是近年典型报道“有血有肉”、贴近生活的重要表现。

但必须看到的是，在多个人物形象中，公共领域与私人领域都处于冲突的状态。一种是“身体冲突”，人物或舍身救人，或为了本职工作而积劳成疾，甚至付出生命。这类人物可以列出一个长长的名单：孔繁森、李立科、金占林、郭秀明、胡昭程、郑培民、李晓红、任长霞、甘远志、赵家富、孟祥斌、华益慰、方永刚等。以报道中人物的生存状态统计，去世者有30人，占28.0%；癌症晚期者有6人，占5.6%；曾有伤病残疾者有28人，占26.2%。三类相加接近60%。健康或未提及身体状况的为43人，只占到40.2%。

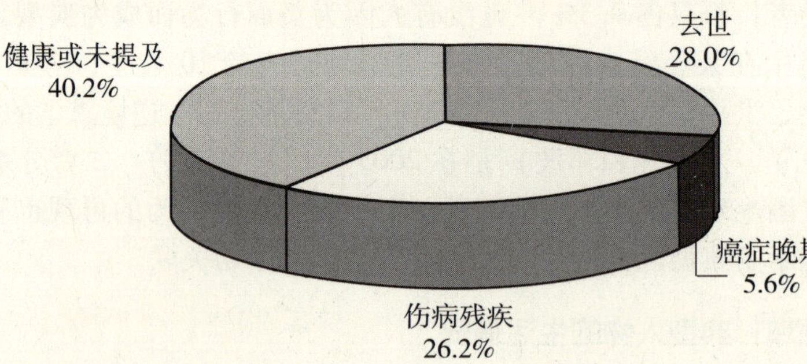

图6－7　典型人物的生存状态统计

另一种是“家国冲突”，人物为了公共利益而牺牲家庭利益。涉及“家国关系”的56人中，冲突者有46人，占82.1%；和谐者10人，只占17.9%。如任长霞“是个优秀的公安局长，却不是一个优秀的女儿、妻子和母亲”（《百姓心中的丰碑——追记公安局长的楷模任长霞》）。孔繁森两度远离妻儿老母进藏工作，为“自古忠孝不能两全”而痛苦，“流着眼泪给母亲深深磕了一个头”（《领导干部的楷模——孔繁森》）。李长水在儿子年幼时“因只顾工作，顾不得给孩子看病，孩子因脑膜炎导致聋哑”（《交警之魂——记市公安局副局长兼市交警支队队长李长水》）。王顺友的家庭全部由妻子韩萨一个人苦苦撑起来，“由于操劳过度，她的身体很坏，长年生病”（《索玛花儿为什么这样红——记优秀党员、木里县马班邮路乡邮员王顺友》）。“为了党的事业，孔繁森把对家乡、对亲人的爱深深地埋在心底，把博大无私的爱献给了祖国和人民。”这段话可以代表多篇报道中公私冲突的意义所在：它是用来反衬人物的，使对人物优秀品质的凸显更为突出。

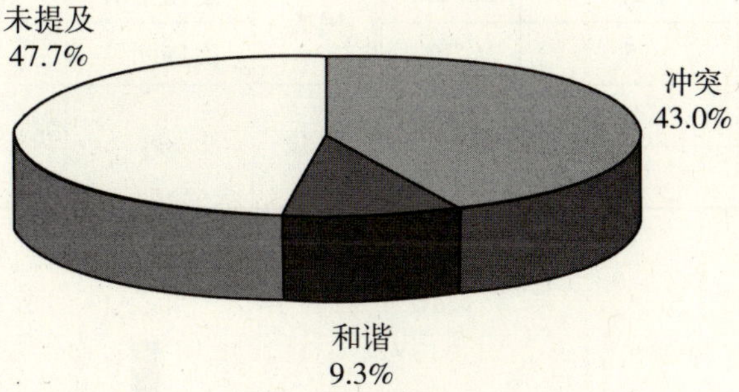

图6－8　典型人物“家国关系”状态统计

五、凸现品质分析

凸现品质指在再现典型的过程中，报道集中诉求的品质。本研究从以下八个维度进行考察：①个性；②道德；③自然；④群体；⑤社会；⑥政治；⑦民族；⑧国际。[①]

表6－5　典型人物凸现的主要品质分析

凸现的品质		人数 $N=107$	比率	凸现的品质		人数 $N=107$	比率
个性	乐观开朗	7	6.5%	社会	勤政敬业	63	58.9%
	坚强自立	15	14.0%		公正廉洁	8	7.5%
	求真务实	1	0.9%		奉献为民	85	79.4%
道德	善良孝顺	10	9.3%	政治	爱党	18	16.8%
	安于清贫	6	5.6%		爱政府	4	3.7%
					爱军队	6	5.6%
	忠于爱情	3	2.8%		爱领袖	3	2.8%

① 有学者认为现代社会的骨架由七大类关系构成：个人与他人的关系，个人与自然的关系，个人与群体的关系，群体与社会的关系，人民与政府的关系，人民与民族国家的关系以及民族国家与国际体系的关系。对应这七大类基本社会关系的是非判断标准就是“核心价值观”。核心价值观自成一个七层的同心圆体系，由内而外包含七大类核心价值观：①道德观；②自然观；③群体观；④社会观；⑤政治观；⑥民族观；⑦国际观［参见潘维. 论现代社会的核心价值体系. 理论参考，2007（3）］。本书借用这种分类方式，并增加“个性”维度，以求全面地考察凸现的品质及其反映的价值观。

（续上表）

凸现的品质		人数 $N=107$	比率	凸现的品质		人数 $N=107$	比率
自然	刻苦创新	28	26.2%	民族	爱国主义	7	6.5%
	与自然和谐	5	4.7%		民族团结	5	4.7%
群体	热心助人	49	45.8%	国际	无	0	0
	见义勇为	5	4.7%				

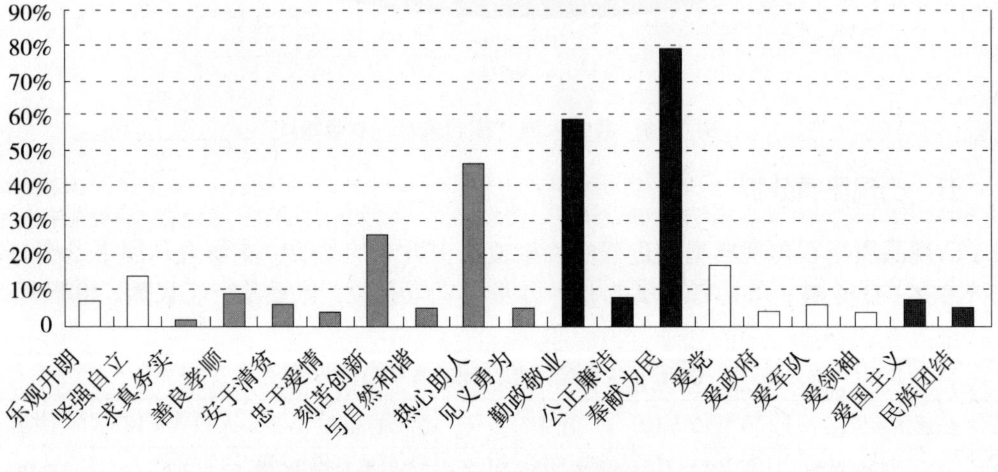

图6－9　典型人物凸现的主要品质分析柱形图

从统计中可以发现，典型人物的优秀品质主要集中于群体和社会两大维度。社会维度中的勤政敬业（58.9%）与奉献为民（79.4%）这两种品质所占的比例远远高于其他品质；敬业与为民密不可分，典型人物被赞扬不仅仅是由于其行为，更是因为他们“与人民同甘苦共患难的情怀”。群体维度中热心助人（45.8%）的比例也较高，从本质上来说也是一种奉献精神。可见，虽然人物的行为多种多样，他们所凸现的品质却高度一致。政治维度中只有爱党（16.8%）的比例稍高，但与人物中共产党员的比例相比，仍然可以说较低，典型报道历史中曾被高度突出的政治色彩明显淡化了。[①] 表6－6中对于几个典型人物文本的关键词出现频次的统计，更是从细节上印证了上述观点。从孔繁森、徐虎、李素丽到任长霞，人物的政治色彩不断淡化，“为人民服务”的品质却一样突出，不同的是部分服务对象用了更加职业化的称谓。只有许振超是个例外，文本只凸显了他的敬业，而没有涉及“为民”。

① 李良荣．关于典型和典型报道．新闻战线，1981（3）；陈力丹．再谈淡化典型报道观念．新闻学刊，1988（4）；张莞昀．党报典型报道艺术论．清华大学硕士学位论文，2005．

表6－6　典型报道文本关键词统计

年份	作品	关键词（次数）			文章字数
		党	人民/群众/百姓	职业称谓	
1995	领导干部的楷模——孔繁森	36	38	0	10 836
1996	把党和政府的温暖送到千家万户——记全国劳动模范、水电修理工徐虎	12	15	居民28	6 139
1996	岗位作奉献　真情为他人（李素丽）	5	5	乘客59	5 627
2003	振超效率：赶超世界第一——记青岛明港公司吊桥队队长许振超	0	0	0	2 780
2004	百姓心中的丰碑——追记公安局长的楷模任长霞	0	21	0	6 350

其他维度品质的凸现相对分散，其中值得注意的有：刻苦创新（26.2%）经常被肯定；坚强自立（14.0%）、善良孝顺（9.3%）等符合中华民族传统伦理观念的品质也得到凸现；民族团结（4.7%）虽然总比例不高，却是民族维度中不可忽视的一类；国际维度在典型报道中尚处于空白状态。

另外需要注意的是，对绝大多数人物形象都有多侧面的描绘，因而也凸现出多种优良品质。如孔繁森的形象中，就同时拥有勤政敬业、奉献为民、民族团结、热心助人、善良孝顺、安于清贫、爱党等多种品质。但被统计的所有人物都没有明显的负面品质，只有极少数人有过短暂的动摇、缺点或软弱。这在一定程度上给人留下了典型人物“高大全”的印象。

六、对人物的评价

文本对于典型人物行为及品质的评价，分为具明消息来源和不具消息来源两类。具明消息来源的评价来自百姓、同事、领导及有关政府部门，代表现实环境的意见；不具消息来源的评价主要来自全知全能的叙事者以及作品标题，代表媒体意见。本文选择百姓、同事评价及作品标题语气两个项目进行了统计。从表6－7可见，两个项目均以正面评价为主（百姓、同事评价为68.2%，标题语气为77.6%），均没有出现完全负面的评价。只有6.5%的百姓、同事评价中出现了正面和负面评价兼有的现象。正面标题语气的表达方式十分多样。有的着眼于人物在类型上的楷模意义，如“领导干部的楷模”（孔繁森）、“交警之魂”（李长水）、“教育局长的好榜样”（胡昭程）、“公安局长的楷模”（任长霞）、“师魂”（田沛发）。有的用别称，如“特殊材料制成的人”（朱彦夫）、“独臂英雄”（丁晓兵）、“黑脊梁”（李邦亮）。有的表达较直白，如“好样的，王廷江！”、“爱的最高境界”（吴天祥）；有的较为含蓄，如“烛光奏鸣曲”（刘让贤）、“美丽人生”（苗素娥）。高度的正面评价强化了报道的价值导向。

表6－7　典型报道对人物的评价分析

评价		正面	中立或未提及	正负面兼有	负面
百姓、同事 $N = 107$	人数	73	27	7	0
	比例	68. 2%	25. 2%	6. 5%	0
标题语气 $N = 116$	件数	90	26	0	0
	比例	77. 6%	22. 4%	0	0

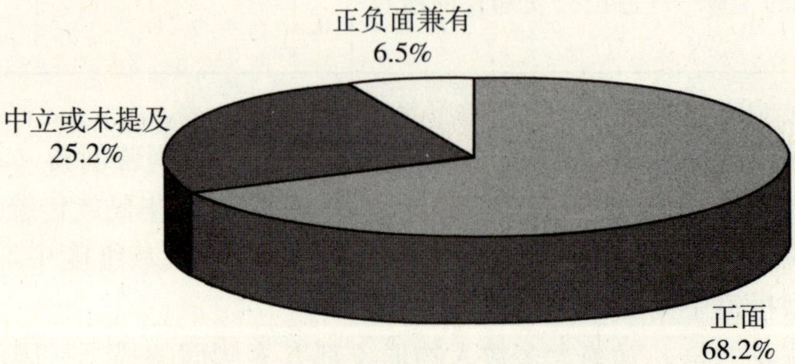

图6－10　百姓、同事对典型人物的评价

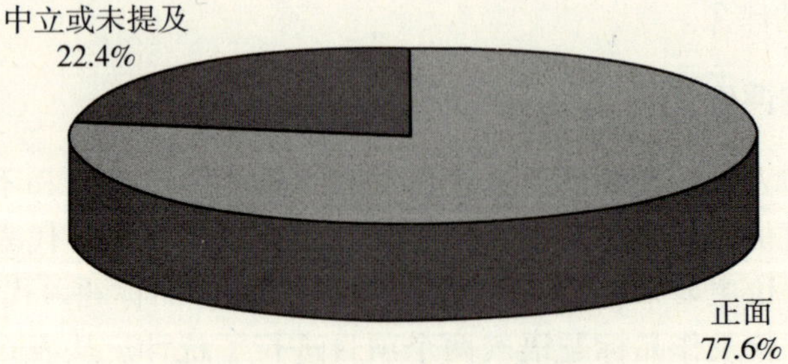

图6－11　典型报道标题的语气统计

第三节 结论与讨论：再现手法多样化的思考

从量化及质化的分析中，我们可以得出以下结论：中国新闻奖获奖作品中再现的典型人物，虽然其性别、年龄、职业身份各异，政治面貌不同，在广泛的公共领域中进行着各种各样的行为活动，然而他们所凸现的优秀品质具有高度的一致性，既包括勤政敬业、为民奉献，也包括中华民族传统的伦理道德。典型人物因此而受到群众与媒体的双重赞扬。在私人领域，典型人物也是有感情的普通人，但他们往往因为公共利益而牺牲了私人利益。“为人民服务的奉献精神”成为典型报道倡导的核心价值观。

典型人物的如上形象建构及价值倡导，反映了媒体的何种意图？在内容分析过程中我们已经可以反复观察到典型报道与社会背景之间的密切关联。从新闻文本、记者手记及宣传主管人员的总结文章中，我们进一步发现一篇典型报道通常存在着双重新闻背景：微观层次的个人工作生活背景，宏观层次的社会时代背景（见表6-8）。一般情况下，文本中只呈现微观背景，不呈现宏观背景；前者属于公开文本，后者属于隐藏文本。然而这些被隐藏的文本真正显露了媒体、宣传主管部门、执政党及政府（三者共同参与构建了典型报道）的意图：在社会主义市场经济的转型期，通过树立典型，倡导维护社会稳定与发展的价值观念，以具体实在的先进人物、模范行为为他人提供模仿的典范。“社会整合”和“榜样示范”成为本时期典型报道的两大主要功能。①

表6-8 典型报道个案的新闻背景分析

人物	身份	文本新闻背景	时代社会背景
孔繁森	党政工作者	民主改革后特别是党的十一届三中全会以来，阿里发生了巨大变化，但由于历史和自然的原因，当地的经济发展仍比其他地区缓慢，群众生活仍比较贫困。	在这一新的形势下……党的领导干部，还要不要真心实意地为人民群众谋利益，能不能真正建立与人民群众的血肉联系，能不能一如既往地保持艰苦奋斗、廉洁奉公、廉政勤政的优良品质，诸如此类的重大问题，全党在思考，全国人民也在思考。②

---

① 孙玮认为典型报道在中国的社会功能大致包括三大方面：①社会整合；②榜样示范；③时代象征。孙玮. 典型报道的社会功能. 新闻大学，1997（春季号）.

② 从焦裕禄到孔繁森——两代记者谈典型报道与时代精神. 中国记者，1995（6）.

（续上表）

人物	身份	文本新闻背景	时代社会背景
李素丽	服务人员	21路公共汽车线路重要，对内我代表首都，对外我代表中国。	助人为乐、无私奉献、全心全意为人民服务这些道德观念受到拜金主义、享乐主义和极端个人主义冲击的时候。①
任长霞	党政工作者	登封位于郑州、洛阳、平顶山的结合部，多年来，治安形势严峻，大案积案较多，群众对公安工作意见很大。	任长霞是“三个代表”重要思想的忠实实践者……正因为如此，她是新时期、新形势下需要大力宣传的共产党员的光辉典范，也是全体党员领导干部学习的楷模。……任长霞是公安执法队伍正面形象的代表。……我们要理直气壮、满腔热忱地宣传公安战线的英雄人物。②
孟二冬	知识分子	就在孟二冬坚持在图书馆坐冷板凳、翻故纸堆时，社会上名和利诱惑的浪潮不断向大学校园袭来。	由于处于经济和社会的转型期，在高校的教师群体中，出现了一些新情况、新问题，社会上的拜金主义、享乐主义也侵蚀着高校教师队伍。③

以上研究初步展示了20世纪90年代以来我国典型人物形象的建构再现情况及价值取向，对于其深层动机、运作机制、传播效果等的分析还需要其他研究手段的跟进。但结合已有数据，我们仍然可以从再现（不是指某一单篇作品，而是多篇作品的总体）的视角探讨典型报道的可改进之处。

一、价值取向多元化

当前典型报道在对社会维度的一元化价值导向给予全力关注的同时，对其他维度价值观的呈现相对欠缺。如面对全球化局势，国际维度的缺失是一个明显的不足，个性、自然、道德等维度的呈现也有待加强。“在市场经济体制下，经济成分的多样化，利益的多元化，价值观的多极化，使政治在受众价值中的作用趋于淡化，其他思潮的作用相对增强。”④ 在分众化特点越来越明显的今天，价值取向多元化的重要性不言而喻。

① 张万象．平凡与崇高融为一体．中国新闻奖评选委员会办公室．中国新闻奖作品选（1996年·第七届）．北京：新华出版社，1998．

② 刘汉俊．深情赞美时代的英雄——关于任长霞先进事迹宣传的思考．新闻战线，2004（7）．

③ 尹韵公．中国新闻奖青睐什么样的报道．军事记者，2007（2）．

④ 杨明品，贺筱玲．典型报道的思维方式．海南大学学报，1999（12）．

二、价值评判多面化

“多种优秀品质”的形象、媒介过于一致的正面评价，显示出典型报道仍然主要是一面化、绝对化的。这使得一些典型报道难免被自主独立意识增强的受众质疑。“两面说”式的评判方式则更符合当前的传播环境，也有利于传播效果的提升。“同时涉及正、反方两种观点乃至多个相关辩证观点的诉求，可以给人以公平感，其影响力远远大于只涉及己方一种观点的片面诉求。”① 价值评判标准也应随着时代的发展而进步，如对于人物的评价除赞扬其道德品质外，也宜考量其职业水准及创新能力；对于公私冲突，除肯定人物的奉献精神外，也宜增加公私和谐观念的倡导。

三、再现手法多样化

模式（stereotype）总是与再现的问题密切相关，典型报道中某些模式的一再呈现（“公私冲突”模式即典型表现之一），模糊了人物形象之间的差异。“受众是很容易从大众传媒内容中获得行为模式信息的。当‘典型过劳死’的模式被受众了解、记忆，典型就不再具有被受众学习的可能性。‘文’和‘质’是不可分割的两个部分。当真实可以用模式来总结的时候，真实就不再是生活的本真，即使再感人的描写都不能增加典型在读者心目中的分量。”② 典型报道应力避模式化，代之以多样的报道手法。

四、背景关联密切化

人物活动的微观背景在新闻文本中通常被轻轻一笔带过，然而这些背景往往正是受众甚至记者本人疑问的对象：韩素云生活如此艰难，部队为什么没有建立专门的制度性措施来帮扶军属？孔繁森的领导为什么不顾他的家庭困难，要安排他两次进藏？任长霞车祸的详情怎样？为什么登封会积累那么多命案大案，原来的公安局做了什么？“报道是记者追问的结果，却是读者追问的开始。”③ 再现的孤立化使人物与其生存环境的关联被有意无意地剥离了，追问无法在报道中得到解答，更易使受众产生对抗式的解读，“典型不过是做了些分内事的普通人”的质疑与此不无关系。社会转型期充满问题的现实图景在文本中被淡化了。受众在文本中看到的是人物靠个人努力来营造环境和谐，却难以体味制度建设的迫切性。至少在这个部分，主流媒体着力营造的“媒体舆论场”和受众的“口头舆论场”之间出现了衔接断口，典型再现与受众需要产生了一定偏离。典型报道要在总体上做到“以人为本”，还有很长的路要走。

---

① 王士彬．典型人物报道应坚持两面说．军事记者，2007（12）．

② 张莞昀．党报典型报道艺术论．清华大学硕士学位论文，2005．

③ 向郢．用心灵追述人生细节——报道任长霞追记．中国记者，2005（7）．

第七章

西方人物报道的价值取向

IMAGE-BUILDING & SOCIAL IDENTITY: A STUDY OF THE SOCIAL EFFECTS OF MEDIA PROMOTION TO THE POSITIVE FIGURES

西方人物报道不分正面、负面人物，更多的是追求新闻价值和传播价值。他们的人物报道中似乎也不过多地追求惊心动魄的场面，更不去刻意选择高大的人物形象，而是通过普通人的非凡经历，叙述一个个动人故事。2007 年初美国头号新闻人物不是政界要人也不是商贾名流，而是一个建筑工人韦斯利·奥特利。他因为奋不顾身跳进地铁轨道，挽救了一个年轻人的生命而被誉为“地铁超人”。[①] 为此，纽约市长布隆伯格接见了这名英雄，并给他颁发了代表纽约公民最高荣誉的铜质奖章。各大媒体虽然争相报道奥特利的事迹，但似乎并没有过多地渲染，既没有挖掘人物其他的先进事迹，也没有把这个英雄的所作所为和美国传统美德等联系起来。对比中国的人物报道，西方的人物报道似乎过于平实，缺少精神意蕴，但其传播效果却不容忽视。那么是什么造成了中西方人物报道的不同？我们的人物报道又可以从西方人物报道中借鉴些什么？

中西方媒体在人物选择及人物报道手法上的不同首先要归因于中西方不同的新闻价值观念。因此，要借鉴西方人物报道的经验，先要了解他们的新闻价值观念。

新闻价值观念在西方是源远流长的。早在 1690 年，德国人托比亚斯·朴瑟就已经提出，选择新闻的主要标准是异常性和重要性，这也是世界新闻史上最早提出的新闻价值观念。[②] 后来，德国学者卡斯帕·斯蒂勒在 1865 年明确提出了新闻价值的新鲜性、接近性、显要性和消极性等观念。[③]

而最早将新闻价值学说引进新闻理论体系的是美国学者。沃尔特·李普曼在 1922 年出版的《舆论学》中就提出了“新闻价值”的概念。庞德在他的《新闻学概论》中，甘斯在他的《美国新闻学评论》中，都对新闻价值问题作了较为明确的理论概括。[④] 其中，庞德概括了四个新闻价值要素：时效、距离、事件的大小、重要性。同时他还强调“读者的兴趣是新闻价值的试金石”，并把兴趣要素分为：利害关系、金钱、性、斗争、冲突、英雄崇拜、关怀、人情味、影响大的事件、竞赛、犯罪。[⑤]

研究西方的人物报道，我们可以发现以下特点：美国媒体人物报道关注边缘人物的普适价值；英国媒体人物报道的经验是报道小人物的社会效果；西方文学作品和人物专访报道中的中国领袖人物模式是人物写真，不回避人物缺点等。

---

① 美国“地铁超人”跳下铁轨飞身救人．新华网，2007－01－05.

② 徐耀魁．西方新闻理论评析．北京：新华出版社，1998.129～130.

③ 徐耀魁．西方新闻理论评析．北京：新华出版社，1998.130.

④ 吴兴华，李松晨等．新闻价值及其真实性指导性．北京：人民日报出版社，1984.128～190.

⑤ 吴兴华，李松晨等．新闻价值及其真实性指导性．北京：人民日报出版社，1984.146～147.

第一节 美国媒体人物报道的价值取向

闻名世界的普利策奖代表了“美国最负责任的写作和最优美的文字”，获得该奖更是美国新闻记者们梦寐以求的终身奋斗目标。剖析、品评普利策奖年度获奖作品，尤其是人物特写，能够对美国人物报道的写作特色、新闻价值观念等方面有所了解和借鉴。1979 年，普利策开始设立特写写作奖（包括人物特写和事件特写），以奖励在特写写作中突出的作者。

表 7－1 1979—2007 年获得普利策奖的相关作品

年份	作者	主题
1979	Jon D. Franklin	一例脑科手术
1980	Madeleine Blais	一位在“一战”中受到不公正待遇的老人上诉的故事
1981	Teresa Carpenter	一起模特谋杀案
1982	Saul Pett	联邦政府的官僚作风
1983	Nan Robertson	个人与疾病作斗争
1984	Peter Mark Rinearson	新式波音 757 飞机
1985	Alice Steinbach	一个盲童的世界
1986	John Camp	美国农村家庭如何面对农业危机
1987	Steve Twomey	航空母舰上的生活
1988	Jacqui Banaszynski	一位农村艾滋病患者的生与死
1989	David Zucchino	黑人在南非
1990	Dave Curtin	爆炸后一家人的重生
1991	Sheryl James	一个遗弃孩子的母亲
1992	Howell Raines	与黑人女佣的友谊
1993	George Lardner，Jr.	女孩被谋杀，凶手逍遥法外
1994	Isabel Wilkerson	一个四年级学生和 1993 年的大洪水
1995	Ron Suskind	贫民区的优等生
1996	Rick Bragg	当代美国
1997	Lisa Pollak	一个失去了儿子的棒球裁判

（续上表）

年份	作者	主题
1998	Thomas French	被杀害的母亲和两个女儿
1999	Angelo B. Henderson	遭遇抢劫的药商
2000	J. R. Moehringer	一个奴隶后裔的原始部落
2001	Tom Hallman, Jr.	一个14岁男孩的整形故事
2002	Barry Siegel	一个由于疏忽导致儿子死亡的父亲的审判
2003	Sonia Nazario	一个洪都拉斯男孩冒险寻找已移民美国的母亲
2004	(no award)	（空缺）
2005	Julia Keller	席卷由提卡的飓风
2006	Jim Sheeler	一个海军少校帮助在伊拉克战争中阵亡的士兵的家庭渡过难关
2007	Andrea Elliot	关于一名移民宗教人士在美国努力保护其信仰

从表7－1中可以看出，获奖作品大部分是人物特写，其次是解释性故事。就新闻价值来看，大体上关注几个方面：斗争、冲突、关怀、人情味、影响大的事件和犯罪。其选取的人物大致分为以下几类：

（1）自然灾害与战争或社会大变动过后普通人的生活，如1980年、1986年、1990年、1994年、2003年、2005年、2006年的获奖作品；

（2）与疾病及生理缺陷抗争的普通人，如1983年、1985年、1988年、2001年的获奖作品；

（3）道德上存在争议的普通人，如1991年、1997年、1999年、2002年的获奖作品；

（4）与种族、贫富、宗教等社会问题相关的人物，如1989年、1992年、1995年、2007年的获奖作品；

（5）罪行中的受害者，如1981年、1993年、1998年的获奖作品。

其中以第一类，即有关自然灾害与战争或社会大变动过后普通人的生活的报道为最多。

表7－2　关于自然灾害与社会大变动后普通人的生活的相关报道

年份	报道主题
1980	一位在“一战”中受到不公正待遇的老人上诉的故事
1986	美国农村家庭如何面对农业危机

（续上表）

年份	报道主题
1990	爆炸后一家人的重生
1994	一个四年级学生和 1993 年的大洪水
2003	一个洪都拉斯男孩冒险寻找已移民美国的母亲
2005	席卷由提卡的飓风
2006	一个海军少校帮助在伊拉克战争中阵亡的士兵的家庭渡过难关

这七篇报道的共同之处具体体现在以下四个方面：

（1）新闻人物的选择：这些新闻人物没有特别崇高的品质和精神追求，也并未做出什么惊天动地的事迹，他们大多数人处于艰难的生存环境中，甚至是社会的最底层，但他们体现的是一种人物和环境、命运抗争的精神。例如，2005 年的特写获奖作品《席卷由提卡的飓风》，文章选取的是飓风开始之前一些普通人物的活动，如气象学家、退休的小学老师、酒吧老板、谷物升降机工人、卡车司机、救火队员等。他们在得知飓风的消息后的反应各不相同，其中有很多人不约而同聚集在当地一个小酒吧的地窖里，希冀能够躲过灾难。文章通过大量的人物对话刻画了人物的性格，同时也展现了灾难面前人们互帮互助的团结精神。这充分体现了美国新闻界对于人类普适价值观（即“具有普遍适合的价值”）的关注。

（2）人物报道的主题或价值评判：这些作品都以大事件作为背景，如战争、危机、大洪水、飓风等，通过对个体经历和性格的描写，折射社会和时代的特征，让读者对人物所处的环境有了更深入的体会，同时也使人物形象更加丰厚饱满。正如恩格斯所说：“现实主义的意思是，除了细节的真实外，还要真实地再现典型环境中的典型人物。”① 个性特征描写只有植根于现实的土壤中才能开出最美的花朵。

（3）人物性格塑造的方法：西方形象思维的多元性反映在人物报道中，报道中的新闻人物的性格鲜明，人物形象丰满。例如，2006 年的获奖作品《最后的致敬》运用的是倒叙的写作手法。读者首先看到的是对遗孀凯茜等待运载丈夫遗体的飞机的描述。在开始两段的导语中，作者详细地描述了等待的场景，运用凯茜和朋友对凯茜腹中还未出生的孩子的对话渲染了一种悲伤的气氛。接下来是一个细节描写：“凯茜紧紧抓着印有她未出生孩子名字的一些小牌子，这些小牌子和她丈夫的结婚戒指用项链串在一起。她说：‘没有想到他会这样回来。’”这样的一个细节描写一下子就抓住了读者的心，引起读者情感上的共鸣。在后面的正文中，作者把故事分成了 14 个小节，详细描述了故事背景及少校贝克如何通知阵亡士兵家属的心理过程，运用大量对话一

① 曹廷华．文学概论．北京：高等教育出版社，2005. 229.

步步推进故事情节，最后用一个阵亡士兵凯利的话作为结束："如果他们（海军部通知阵亡家属的人员）来敲门，不要回避，让他们进来。"整个篇章虽然长达24页，但因其精彩细致的描述并不让人感到冗长、沉闷，并通过对有血有肉的人物刻画改变了人们过去对海军将士冷冰冰、例行公事的看法，对战争给民众带来的痛苦和损失也有了更加理性的认识。

（4）人物报道的表现手法：注重写实，生活实感强。在描写事件的现场气氛，刻画人物性格的同时，更注重故事的情节发展。在具体表现手法上，设置悬念，引起读者兴趣。例如，2003年普利策特稿奖作品《男孩恩瑞克的旅行》中，作者运用了悬念的技巧，围绕着"恩瑞克的母亲在哪里"这个悬念用倒叙的手法展开了文章。文章分为：①被留下的孩子；②被打，男孩寻求同情；③7次被打败，男孩再次面对"野兽"；④被信念鼓舞，穷人上前提供食物；⑤一条绿色的河，在他和梦想之间；⑥踏上旅程，黑暗河流的尽头，新生活的开始。这六个部分层层深入地描写了男孩恩瑞克寻母过程的艰辛。而在《席卷由提卡的飓风》中，作者把悬念放在了结尾，"他们等待着最后时刻的到来，不知道他们是否真的安全，不知道墙壁是否承受得住（飓风），不知道这是否是他们生命的最后时刻。他们相拥着，然后，在下午6点9分的时候，像成百辆车被倒在了屋顶上，巨大的响声毫无疑问地朝着他们而来了"。这样的描写真可谓惊心动魄，扣人心弦。

第二节　英国媒体人物报道的价值取向

一、报道普通人

像美国媒体一样，英国媒体对普通人的报道也很多。2008年，两个罹患癌症的小女孩的友谊深深打动了人们。这两个小女孩2006年在病房里认识时同是5岁，一个叫汉娜（Hannah Forrester），一个叫莫莉（Molly）。在汉娜拒绝治疗时，莫莉走进她的房间对她说："你需要吃药，这样才会越来越好。你的头发会像我的一样掉光，但是没关系，妈妈说还会长回来的。"（*Daily Mail*，2008－05－06）简单的几句话居然让谁也不听的汉娜开始配合治疗。两人因此结下深厚的友谊，互相鼓励。2006年底，两人状况都好转出院了，但没想到之后病情又出现了反复，同时被送进医院急救。最后汉娜活了，莫莉却走了。让人惊讶的是在莫莉离开人间的半夜2点55分，熟睡的汉娜突然醒来，大叫："莫莉不告诉我为什么她要哭，我过去抱着她想安慰她，但她转身就睡着了。"莫莉走后，汉娜一直想念着她。在2007年7月汉娜6岁生日那天，因为莫莉没来，她很不开心。她放飞了一个粉红色的气球，并对着天空大喊："莫莉，这个气球是给你的。"

2006 年英国也有两个人物受到媒体的普遍关注，一个是 16 岁的女孩杰西（Josie Grove），她在两年前被诊断出患有白血病，经过了两年痛苦的化疗和两次骨髓移植，病情并没有好转，医生相信她的生命快走到了尽头。于是 16 岁的她作出了惊人的决定：离开医院，回家和家人享受最后的时光。杰西的父母支持她的决定，说是受到了上帝的鼓舞，尊重她的选择，相信女儿并不会真正离开他们。

另一个是 17 岁男孩詹尼（Johnnie Douglas Pennant），他是家里三个孩子中出生后唯一健康的一个，他的两个姐姐都患有严重的遗传性胰腺病，会在十几岁的时候死去。詹尼从小智力非凡，很小就可以背诵莎士比亚的诗歌。但是不久他的一个姐姐去世了，詹尼开始上学以后，也出现了读写困难和运动困难的症状。尽管如此，他似乎更多地去思考。他妈妈说，“从 7 岁起，詹尼就开始写诗”。

在詹尼 17 岁（2004 年）的一天，他帮妈妈准备了午餐，然后自己到花园的游泳池去玩，结果溺水而死。法医尸检后说，詹尼可能是在游泳的时候换气过猛，在水中产生眩晕，导致死亡。他的妈妈回忆他去世的当天说：“他做了个沙拉，涂了太多的配料，煎了些咸猪肉，准备好了餐台。我记得吻了吻他的脖子对他说：‘詹尼，我很爱你。’”

詹尼死后，他的父母为纪念他自费出版了一些詹尼所写的诗歌。这些配有詹尼自己画的插图的诗歌感动了很多人。他的父母决定把诗集的收入全部用来作为研究遗传性胰腺病的专项基金。

二、尊重个人的选择，弘扬个人的精神力量

这样的故事也许读起来并不陌生，在中国也有很多类似的事情发生，但是英国由于受到人本主义精神的影响，更尊重个人的选择，弘扬个人的精神力量。例如，5 岁小女孩汉娜和莫莉的生死情谊，读来既让人感伤，又让人钦佩。又如杰西，媒体关注得更多的不是疾病带给她的伤痛和与疾病抗争的过程，而是人物在面临生死时的选择。在詹尼的故事中，詹尼死后，他父母不是悲悲切切地生活，而是积极地投入到纪念詹尼和回报社会的活动中去。这样的人物报道给公众带来的除了感动以外，更多的是对人物本身的尊敬，也带给了社会一种温暖前行的力量。

第三节　西方人物专访报道中的中国领袖人物模式

一、《西行漫记》：还原领袖人物的真实形象

《西行漫记》（《红星照耀中国》）是一部经典的新闻报道性作品。作者埃德加·斯诺真实记录了自 1936 年 6 月至 10 月在我国西北革命根据地（以延安为中心的陕甘

宁边区）进行实地采访的所见所闻，该书绝大部分素材来自作者采访的第一手资料。作者通过与中国共产党的领导人毛泽东、周恩来、朱德、刘志丹、贺龙、彭德怀等，以及广大红军战士、农民、工人、知识分子的接触交往，了解了革命根据地政治、军事、经济、文化、生活各方面的真实情况，准确、鲜明、生动地反映了中国共产党和工农红军的斗争业绩。其中毛泽东和周恩来是作者笔下最具代表性的人物形象。

《西行漫记》因其还原了领袖人物的真实形象，刻画人物、事件细致入微并且出神入化而取得了巨大的成功，甚至在今天仍然可以作为人物报道的典范。

比如斯诺采访毛泽东，写到初见他时毛泽东“面容瘦削，看上去很像林肯”。当第二次见他时，毛泽东“光着头在街上走”，和他谈话时毛泽东“喜欢憨笑”，晚上和他谈话，“毛泽东交叉着腿坐在从岩石中凿成的一个很深的壁龛里，吸着一支前门牌香烟”。① 另外还提到一些细节，比如毛泽东喜欢吃辣椒，作者写道：“有一次他吃晚饭的时候，我听到他发表爱吃辣椒的人都是革命者的理论。他首先举出他的本省湖南就是因产生革命家而出名的，他又列举了西班牙、墨西哥、俄国和法国来证明他的说法，可是后来有人提出意大利人也是以爱吃红辣椒和大蒜出名的例子来反驳他，他又只得笑着认输了。”②

在记者记录他和毛泽东谈话的时候，毛泽东“一会儿在两个小房间之间来回踱步，一会儿坐下来，一会儿躺下来，一会儿倚着桌子读一叠报告。毛夫人也还没有睡。忽然间，他们两个都俯过身去，看到一只飞蛾在蜡烛旁边奄奄一息地死去，高兴得叫了起来。这确是一只很可爱的东西，翅膀是淡淡的苹果绿，边上有一条橘黄色和玫瑰色的彩纹。毛泽东打开一本书，把这片彩色的薄纱般的羽翼夹了进去”③。

在描述其他领导人时，作者也很注意细节的刻画，如见到周恩来时，周恩来“伏案在看电报”，“盘腿坐在小炕桌前”，“骨骼小而结实，尽管胡子又长又黑，外表上仍不脱孩子气，又大又深的眼睛富于热情”。④ 描述彭德怀时，写道“他有一件个人衣服，孩子气地感到很得意，那是在长征途上击下敌机后用缴获的降落伞做的背心”，“像兔子一般窜了出去”。⑤ 通过这样极富情趣的细节描写，使得人物形象生动逼真，血肉饱满。

---

① ［美］埃德加·斯诺. 西行漫记. 王福时，李放，郭达译. 北京：生活·读书·新知三联书店，1979. 61.

② ［美］埃德加·斯诺. 西行漫记. 王福时，李放，郭达译. 北京：生活·读书·新知三联书店，1979. 66.

③ ［美］埃德加·斯诺. 西行漫记. 王福时，李放，郭达译. 北京：生活·读书·新知三联书店，1979. 88.

④ ［美］埃德加·斯诺. 西行漫记. 王福时，李放，郭达译. 北京：生活·读书·新知三联书店，1979. 43.

⑤ ［美］埃德加·斯诺. 西行漫记. 王福时，李放，郭达译. 北京：生活·读书·新知三联书店，1979. 237.

但作者在塑造人物形象的同时并不回避人物的缺点，比如作者在文中提到："我非常怀疑，他（毛泽东）是否能够博得中国上层知识分子的敬仰，也许这并不完全因为他有非凡的头脑，而是因为他有农民的个人生活习惯……我记得有一天我和毛泽东谈话的时候，看见他心不在焉地松下了裤带，搜寻着什么寄生物……他随便的生活习惯和他完全不在乎个人外表这一点相一致，虽然他完全有条件可以打扮得同巧克力糖果匣上的将军和《中国名人录》中政治家的照片一样。"①

在采访其他领导人物的时候，作者也试图还原人物的本来面貌，如在采访朱德的时候，讲到朱德小时候被过继，染上了吸鸦片的恶习，在德国被驱逐，结过两次婚等等。这些真实的人物描写不仅没有损坏人物形象，反而使人物形象更加亲切，呼之欲出。

二、《时代周刊》：把邓小平作为"英雄"

美国著名的《时代周刊》以独特的视角记录着历史的发展，学者列努斯（Donald J. Lehnus）曾在他的《谁在〈时代〉封面上?》一书中对 1923 年到 1977 年的封面人物做了梳理和研究。他写道："这项对 2 814 个封面的研究表明，《时代》的封面是一系列的象征符号，它们代表着当时国内外事务，代表着美国社会生活，代表着科技与艺术，代表着文明发展历程的方向以及人类生活的其他各个方面。"②

从 1923 年到 21 世纪的今天，作为《时代周刊》关注的对象——中国历史上叱咤风云的人物也多次出现在封面上和人物报道中。其中属于 20 世纪的有：吴佩孚、蒋介石、冯玉祥、阎锡山、汪精卫、溥仪、宋美龄、宋子文、陈立夫、陈诚、吴国桢、毛泽东、周恩来、刘少奇、罗瑞卿、陈毅、李富春、达赖、林彪、江青、邓小平等。

在中国领导人当中，邓小平出现在《时代周刊》封面上的次数最多，如 1976 年 1 月 19 日"周的继任者邓小平"，1978 年 12 月 25 日"与中国打交道，与以色列免谈"，1979 年 1 月 1 日的年度人物"邓小平，中国新时代的形象"，1979 年 2 月 5 日有关邓小平访美的"邓来了"，1985 年 9 月 23 日"远离马克思"。对比毛、邓两个时代，1986 年 1 月 6 日再度被选为年度人物，1989 年 10 月 2 日"在中国一天的生活"，1997 年 3 月 3 日邓小平逝世"下一个中国：邓的继任者能否把中国变成一个为世界所喜欢的超级大国"等等，邓小平作为中国形象的代表逐渐为世界所了解。

2006 年，在邓小平逝世近十年之后，《时代周刊》的"60 年亚洲英雄人物"回顾依然把邓小平放在"国家建造者"中。在这篇人物报道中，作者先是在副标题中对邓

---

① ［美］埃德加·斯诺. 西行漫记. 王福时，李放，郭达译. 北京：生活·读书·新知三联书店，1979. 69.

② Donald J. Lehnus. *Who's on Time*: *A Study of Time's Covers from March 3, 1923 to January 3, 1977*. Oceana Pubns. 1980.

小平进行了高度评价，说他“改变了国家也改变了世界”。开篇就用“英雄”这个词描述他，接着把邓小平和毛泽东进行了对比，指出邓和毛的不同之处是“邓和中国让人惊叹的经济发展紧密相连，把由列宁、毛泽东思想统领下的中国带入了更广阔的科技发展和国际贸易的世界”。并在第一段结束时提出了邓小平的名言：“不管白猫黑猫，抓到老鼠的都是好猫。”在接下来的几段中，作者用令人信服的事实解释了为什么邓小平被给予了这么高的评价，先是列举了邓小平的功绩，例如发展经济，改革教育和军事系统，鼓励中外学生互访交流等等。但是，作者笔锋一转，提到了邓小平没能坚持或不予实施的行动，并指出这些也是邓小平的传奇中不可分割的部分。在结尾处，作者给邓小平作了整体评价：“虽然存在有关邓负面的评价，但瑕不掩瑜，终究是邓把中国推向了繁荣和现代化，使得中国屹立于世界强国之列。”

三、意大利著名记者奥莉娅娜·法拉奇采访邓小平：细节中展示领袖的整体形象

邓小平受到国际媒体的欢迎，很大程度上跟他在国际媒体上的曝光度有关，国际媒体的记者用西方的视角来报道人物，使得人物的可信度大大增强。2006 年 9 月，曾经因为采访邓小平而闻名中国的、以提出尖锐问题见长的意大利著名记者法拉奇去世。她对邓小平的采访被收入《邓小平文选》第二卷。

在她 1980 年对邓小平的采访中有这么一段：

奥：“对西方人来说，我们有很多问题不理解。中国人民在讲起‘四人帮’时，把很多错误都归咎于‘四人帮’，说的是‘四人帮’，但他们伸出的却是五个手指。”

邓：“毛主席的错误和林彪、‘四人帮’问题的性质是不同的。毛主席一生中大部分时间是做了非常好的事情的，他多次从危机中把党和国家挽救过来。没有毛主席，至少我们中国人民还要在黑暗中摸索更长的时间。毛主席最伟大的功绩是把马列主义的原理同中国革命的实际结合起来，指出了中国夺取革命胜利的道路……当然，毛泽东思想不是毛泽东同志一个人的创造，老一辈革命家都参与了毛泽东思想的建立和发展。主要是毛泽东同志的思想。但是，由于胜利，他不够谨慎了，在他晚年，有些不健康的因素、不健康的思想逐渐露头，主要是一些‘左’的思想。有相当部分违背了他原来的思想，违背了他原来十分好的正确主张，包括他的工作作风。这时，他接触实际少了。他在生前没有把过去良好的作风，比如说民主集中制、群众路线，很好地贯彻下去，没有制定也没有形成良好的制度。这不仅是毛泽东同志本人的缺点，我们这些老一辈的革命家，包括我，也是有责任的。我们党的政治生活、国家的政治生活有些不正常了，家长制或家长作风发展起来了，颂扬个人的东西多了，整个政治生活不那么健康，以至最后导致了‘文化大革命’。‘文化大革命’是错误的。”

当时在 1980 年的前后，随着拨乱反正全面深入地展开，“文化大革命”所犯的错误逐渐被纠正，冤屈的案子一个个被平反，对毛主席的个人崇拜也被打破。在这种背景下，如何评价毛泽东成为国内外广泛关注的焦点问题。在国内出现了两股思潮。一

股是林彪和“四人帮”的帮派体系的人，他们到处散布流言飞语，以“左”的面目攻击党中央在十一届三中全会以来的路线、方针、政策，称这是违反了马列主义、毛泽东思想。而另一股思潮则是趁党中央集中纠正毛泽东晚年及“文化大革命”“左”的错误时，从“右”的方面来恶意诽谤毛泽东，否定毛泽东思想。国际上有人对此也十分关注，甚至作出了一些没有道理的预测。而通过这样的一个人物专访，邓小平对历史客观的评价适时地澄清了西方人的误解，也让西方人领略了中国领袖的风采。

第四节 “以人为本”和用“报道”进行“宣传”

从以上西方媒体的人物报道中，我们可以看出虽然西方不同的人物报道存在着细微的差异，但大致上遵循着一定的准则和规律。

一、善于运用新闻规律：西方的“宣传”像“报道”

与中国媒体奉行“以正面宣传为主”不同，美国媒体一向自诩为社会的“瞭望者”和“监督者”，因此他们有着报道负面题材的“揭丑”传统，如“水门事件”、“安然事件”等，试图通过此类报道曝光社会问题，制衡政府和权力集团，以达到推动社会进步的目的。因此，美国记者在报道中偏向负面新闻，揭示“为什么”而不是“是什么”。英国媒体则在政府、媒体、公众中担当“第四种权利”，他们高举“新闻自由”的旗帜批评政府，倡导公众的自由高于媒体的自由。同时，欧美报业奉行客观报道的原则，反对记者介入新闻叙事，主张报纸只记录事实，报道客观，即所谓“只报道事实，不报道意见”。①

从这些方面来看，西方媒体似乎不偏不倚，客观公正。但在很多重大事件的报道中（如“9·11”事件、阿富汗战争等）表现出了明显的倾向，从而饱受公众的批评。正如美国新闻学者麦克道格尔所说：“新闻的客观报道和写作是不会有的，只因为真理没有绝对的，至少人类还没有知道什么是绝对真理。”②

在2008年发生的“藏独”事件中，西方媒体张冠李戴，混淆事实。3月17日，英国广播公司（BBC）的网站上刊登了题为“藏人描述，骚乱持续”的报道，所配的图片是西藏当地公安武警和医护人员将骚乱中受伤的人员送上救护车的场景。但是图片说明是“在拉萨有很多军队”，而图片中的救护车上清楚地写着“急救”二字。

① 19世纪中叶美国内战期间，美国报业协会（即美联社）极力倡导新闻写作的客观报道形式。总干事思雷舍曾指示记者“对所报事件不发表任何意见和评论”，在写稿时，要求力求“剔除谣言”，以简短而全面的报道，代替以往“冗长、杂乱的报道”。后来，埃默里父子在《美国新闻史》一书中评论说：“他使报业协会的新闻稿相对来说具有极高的客观性。”

② 吴高福．新闻学基本原理．武汉：武汉大学出版社，1993. 214.

《泰晤士报》等一些其他西方媒体也全然不顾事件的本质和真相，在新闻中频频使用“军事镇压”、“武力管制”、“藏人被杀数百人”等文字。

同日，美国有线电视新闻网（CNN）和法新社在各自的网站上使用了一张新闻图片，上面有一辆军车正驶向两名平民。图片说明写的是“藏人向军车投掷石块”，但奇怪的是图中却看不见这样的场景。事实上，和图片说明正好相反，当时军车旁有大约10名暴徒在向我军车投掷石块，但CNN和法新社均未选取有关暴徒恶行的照片。

3月18日，德国《柏林晨报》网站将一张西藏公安武警解救被袭汉族人的照片说成是在逮捕藏人；美国福克斯电视台网站刊登图片，称中国军人将藏人抗议者带走，可图片中却是印度警察。德国NTV电视台也在报道中将尼泊尔警察抓捕藏人抗议者说成是“发生在西藏的新事件”。

这些不实的报道反映了西方媒体对中国的偏见，也引起了全世界对其标榜的“客观公正”的质疑。

在有关四川地震的报道中，美国的《时代周刊》2008年5月15日发表了一篇题为“中国：在杀人的地震之后”的报道，摘译如下：

从中国悠久的历史上来看，自然灾害被看作是变革的征兆，也是政府的“天命”。许多中国人指出，毛泽东死后几个月，唐山就发生地震。在互联网的论坛上，餐馆和咖啡店，人们把这和“5·12”地震联系在一起，这使大家担心老天可能降下灾难来惩罚（中国政府）过去的错误。一些人甚至找了一些事实来证明这一点，例如，发生在中国边界的西藏暴乱，他们因为反对北京的统治而示威，遭到军事干预而导致流血冲突，这个事情引发了全球的抗议，在奥运会即将举办的时候损毁了中国的形象。其他人则把最近一系列的灾难，如暴风雪，手足口病，胶济火车相撞，作为天谴的证据。

在以上文章里，中国的灾难被看作是“天谴”，这明显是对中国无根据的评论，但我们却无法指责此文的作者，因为他把所有的观点都加在了“许多中国人”头上。

以上表明，西方媒体所标榜的新闻理念在实践中并没有完全实现，他们善于运用各种新闻手段来表达自己的看法和意见，同时还让读者有“平衡报道”的感觉。我们在阅读西方人物报道的时候，也往往被他们的情节所推动，难以觉察到作者的观点和倾向。如《时代周刊》2008年6月9日对于达赖的报道：

成百上千的人向达赖寻求灵感，但达赖自己向谁寻求灵感呢？他和他的人民在穷尽生命的无望中抗争着，镇压和流亡是他们的家常便饭。然而72岁的达赖，在残酷面前仍心静如水。他对人类是怎么看的？他说：“我们是地球上最高级的生物，但也是最会惹麻烦的。”

在这些文字中间，我们看不到作者自己明显评论性的语句，但读者看完，一方面会对中国政府对西藏的政策产生对抗心理，如作者用了“无望”、“镇压”、“残酷”等词，虽然没有直指中国政府，但所指已很明显。另一方面，作者通过使用“抗争”、“流亡”、“72 岁”、“心静如水”这样的词汇，把达赖描述成了一个深受迫害但仍百折不挠、坚强不屈的精神领袖。在叙事学上，这种把作者自身观点巧妙地融于新闻叙事之中的方法是运用隐含主体意识的叙事。通过这种形式，议论被看作是新闻叙事的基本组成部分，从而让读者潜移默化地接受作者的观点，而避免了议论因为游离于新闻事实之外而造成说教的危险。以上只是西方报道中的一个片段，这种手法在西方报道中运用得非常普遍和熟练。

正如美国心理战专家理查德·克罗斯曼（Richard Crossman）所说：“上乘的宣传看起来要好像从未进行过一样。”最好的宣传应该能“让被宣传的对象沿着你所希望的方向行进，而他们却认为是自己在选择方向”[①]。

四川地震，国外媒体盛赞中国政府的迅速反应以及媒体的透明。通过他们的报道，温家宝总理雷厉风行、刚毅坚强和亲民的形象也深入人心。受中国媒体的影响，5 月 16 日的美联社电讯稿题为“在大地震中鼓舞遇难者　‘温爷爷’受中国民众爱戴”，温总理首次在外电中被称为“温爷爷”。此后，其他国家的媒体也争相使用这一充满了人情味的称呼，如《“温爷爷”慰问地震幸存者》、《大地震中的英雄“温爷爷”》等。

同是灾难，和 2003 年的“非典”报道相比，我们对于突发性灾难事件的报道更加透明，在宣传内容和方法上有了很大的突破。“非典”前期，新闻报道因为没有如实反映“非典”病人的数量，淡化了“非典”传染的可怕性，结果民众没有及时做好防疫措施，导致后来蔓延成全国性的灾难。在“非典”中后期，虽然媒体及时披露了真实的信息，但重点报道的是医务人员如何抢救生命、救死扶伤，对于“非典”患者的报道并不多。这样的新闻没有让民众了解到他们最想了解到的信息，感觉更像宣传，其可信度和传播效果也就可想而知。

因此，在中国的人物报道中，如何借鉴西方的经验，更好地运用新闻规律，改善宣传方法，值得好好思考。

二、选取具有普适价值的人物事迹进行报道：西方的报道“以人为本”

在西方新闻价值的各要素中，趣味性和人情味占主导力量。卡斯柏·约斯特认为：“在选择新闻时，第一个基本原则就是估量它的公共兴趣……人情味是个大宝库。从这个大宝库中，报纸吸引了广大的读者，并为他们提供意见和消息，从而使它增进

---

① 王绍光. 中央情报局与文化冷战. 读书杂志，2002（5）.

它本身对公共服务的效力和价值。”[①]

要突出趣味性和人情味，人就成了报道的核心部分。马克思说过：“人的本质不是单个人所固有的抽象物，在其现实性上，它是一切社会关系的总和。”[②]

西方媒体在进行人物报道时，力求以立体的方式看待人物，同时侧重于人性的描写，关注人的价值。这体现了西方人本主义精神对西方媒体的影响。

从历史来看，西方人本主义的代表人物有叔本华、尼采、克尔凯郭尔、雅斯贝尔斯、海德格尔、萨特、柏格森、弗洛伊德、弗洛姆、马斯洛等。他们继承了费尔巴哈的人本主义传统，把人作为全部研究的核心内容，把高扬人的价值、个性自由、自我实现视为哲学的首要追求目标。其中，人的价值被分为社会价值、个人价值和自我价值。西方人物报道正是因为有人本主义精神的支撑，才让读者感受到的是一个个活生生的人。他们有着自己的个性和不足，有些甚至充满争议。虽然并不完美，却有着光芒四射的人格力量，让人信服。

例如，近两年美国媒体曾大力报道22岁的被称为“刀锋跑者”和“无腿飞人”的南非残疾人运动员奥斯卡（Oscar Pistorius）。他在1岁时两只小腿就被截肢，装假肢继续生活，后来成为世界级的优秀短跑选手。2007年，奥斯卡首次参加了国际残疾人运动会，却因为他的假肢引起了争议。很多人说他的优异成绩是由于假肢给了他异于常人的优势。同年，国际运动员协会修改了比赛规则，禁止在比赛中使用假肢和其他辅助设备。此报道在美国社会引起强烈反响，支持和反对的声音此起彼伏。艾里克·威亨米耶尔，世界唯一一位登上珠穆朗玛峰的盲人说：“我们把奥斯卡的成功归因于科技，这太过简单。从出生的那一刻起，有些人就具备了某种特质，但关键在于一个人怎么运用这种特质。（我们没有看到奥斯卡）投入了多少个小时进行训练，他多么想做到最好。这些才是他成为冠军的所在。”（*TIME*，2008－04－25）

另外，从传播效果的层面上看，无论信息是通过何种媒介传播，也无论大众传媒采用什么样的宣传方式，归根结底是想获得最佳的传播效果。而人本主义的理念可以帮助大众传媒发挥最佳的传播效果。

在经典的“顽固的受众”（Bauer，1964）的研究中曾提到，受众常常是相当主动的，他们会有意地选择媒介内容来满足他们的需要。卡茨（Elihu Katz，1959）也在其著名的“使用与满足”研究中把受众的需求分成五类：认识的需要、情感的需要、个人整合的需要、社会整合的需要和舒解压力的需要。

而上文所述的美国普利策获奖作品和英国的人物报道，选取的都是与普通受众紧密联系的事件，如疾病、灾难等，其报道主题恰恰吻合了受众对于认识的、情感的、个人整合的需要，具有普适大众的价值，从而产生了良好的传播效果。

---

① ［美］卡斯柏·约斯特．新闻学原理．中国人民大学新闻系内部译本，1960．26～31．

② 马克思，恩格斯．马克思恩格斯选集（第1卷）．北京：人民出版社，1995．56．

综上所述，西方人物报道因其新闻理念贯穿其中，并结合了人本主义精神，同时注重人物写作的角度和传播技巧，因此能够产生良好的传播效果。但任何事物都有两面性，西方媒体信奉“坏消息才是好消息”，在他们眼里，“没有了冲突、戏剧性和可批评的东西，是缺少新闻价值、不值得大肆报道的”①。另外，他们往往从自己的意识形态出发，夸大别的国家尤其是发展中国家存在的问题。这些导致西方媒体的某些报道过分追求轰动效应，夸大事实或带有倾向性。这其实也和西方媒体的运作模式紧密相关。他们通过满足受众的需求而达到赢利的目的，对政府没有义务。而我国的媒体是党的喉舌，担当着舆论工具的重任。因此，我们要结合本国国情，借鉴西方人物报道好的一面，创新正面人物报道，以达到最佳的传播效果。

① Graber，Dorris. *Mass Media and American Politics*，Washington DC：CQ Press. 1997. pp. 375 – 376.

第八章

正面人物宣传报道的六种创新模式

IMAGE-BUILDING & SOCIAL IDENTITY：A STUDY OF THE SOCIAL EFFECTS OF MEDIA PROMOTION TO THE POSITIVE FIGURES

自20世纪90年代中期起，受众注意力资源更多地转向社会热点报道、调查性报道、现场短新闻等新闻品种，正面人物报道在媒体中的重要地位不复存在。当前媒体有关正面人物报道的数量明显减少，版面篇幅、播出时间的大幅缩减也显现出被“边缘化”的尴尬；报道本身的影响力也在弱化，能充分渗入大众生活并深刻影响着人们思想和行为的人物更是难得一见。为此有人用“报道弱化”、“式微现象”等来形容当前正面人物报道的境况。

传统的正面人物报道本身的固有局限性制约了业务上的改进空间。从性质上看，作为我国正面宣传的重要方面的正面人物报道，总是与特定的政治需求相关，媒介推出的正面人物多是符合目的化的，主观色彩浓厚，在很大程度上远离了受众。从新闻角度分析，长期以来的正面人物报道，宣传导向价值取向明显，而新闻价值则相对不足，鲜见时效性、重要性和人情味兼备的新闻作品。再从文本传播效果来分析，依据受众“使用与满足”理论，现代受众的信息需求是多个层面的，而传统的正面人物报道总是通过榜样的力量去“推销某种规范或训诫”，与受众的实际需求产生了较大距离。新华社“舆论引导有效性和影响力研究”课题组在全国范围内进行的名为“受众对媒体接触、信任与满意度问卷调查”（见表8-1），揭示了当前正面人物报道的“软肋”——认为报道内容“都是优点，没有缺点”的调查对象就占了近七成，表明先进人物远离了受众生活，媒体“高大全”的塑造手法背离了真实典型的要求；超过五成的人把矛头指向“模式化、概念化”、“空话、套话多”，也昭示着正面人物报道模式变革的迫切性。另外，有超过三成的人认为正面人物报道在“时代特色”方面挖掘不够。如何挖掘新时期正面人物形象的内涵和特点，强化对具有较强创新精神和开拓意识的现代性正面人物的报道，满足受众致富、成功、成才、求知的愿望，仍有待探索。

表8-1　“受众对媒体接触、信任与满意度问卷调查”之正面人物报道①

存在的主要问题	占被调查者的比例（%）
都是优点，没有缺点	68%
模式化、概念化	61%
空话、套话多	50%
对典型人物的个性特点挖掘不够	39%
对典型人物的时代特色挖掘不够	32%

传统正面人物报道在运作流程和报道模式上也存在局限，整体“媒介公式”突显

① 本调查数据来自新华社“舆论引导有效性和影响力研究”课题组。

出上层意图主导型的特色。在这样的新闻生产过程中，党和政府的各级组织和媒体共同策划正面人物报道，人物的推广自上而下，中央和地方媒体依据上级政策意图，提炼当下社会需要的某种主流思想，借以影响并为公众设置人物形象议程。从新闻生产的诸多因素看，政治因素主导着正面人物报道的议程设置，媒体议程的自主性受制于此，而受众的议程则被忽视，处于被动接受的信息终端，信息单向流动是这一模式最明显的特色。本章重点就正面人物宣传报道的模式创新进行探索，以期为传媒实务及舆论管理机构提供有用的参照。

第一节　纪实报道模式

一、以纪实手法还原人物原生态

人物报道的影响力来自形象“真实”，所谓“原生态”。“纪实”是对正面人物报道达到真实原状传播的最基本“规范”，但在实际运作中往往变成难度最大的“软肋”，这是由我国传统正面人物报道的主观政治框架和自上而下的运作模式所导致的。基于此，纪实报道模式便成为创新正面报道观念、改进正面人物报道效果的一个突破口。

所谓正面人物的纪实报道模式，是一种通过颇具镜头感的描写再现与正面人物有关的现场细节的报道手法。从单篇报道文本看，纪实性正面人物报道通过呈现正面人物在一定环境中的行为细节去感染受众，重视现场因素在表达人物精神内涵中的意义，侧重于人物个性气质的刻画，具有电视传媒的形象“纪实”特征。

而作为一种报道模式，从传播策略看，纪实报道模式有别于以往固定的程式化模式，纪实性正面人物报道模式注重人物行为的“演进”及其变化，记者用动态的新闻思维追踪典型人物，捕捉其中的“新闻亮点”，在“现在进行式”的报道过程中通过时空的转换、场景的调度去影响受众的接受情绪，把正面形象传播控制在合适的尺度内。在动态报道过程中，人物的塑造不是一次性完成，而是通过一个又一个具有新闻价值的片段，给受众传递一个比较完整的正面形象，勾起他们探索正面人物精神内涵的强烈愿望。

纪实报道模式要求记者改变静态的新闻思维，用动态的新闻思维报道正面人物。动态的新闻思维是相对于静态的新闻思维而言的，现在进行时现场报道、摄影报道、对话体报道等都是动态新闻思维的表现方式。这种思维模式要求记者、编辑根据环境、事件的发展变化，不断改变自己的思维程式、方向和内容，在追踪报道中达到优化报道的目的；动态思维的另一个特征是讲究时效，力求缩短新闻事实与新闻传播之间的距离，是一种具有相当灵活性和快节奏的思维方式。

二、案例研究：美国传媒的英雄人物纪实手法

我国传统的正面人物报道的一个重大弊病在于，记者的思维方式停留于静态的新闻思维上，采写的套路是设定的，人物的形象是“定性”的，文本的色彩是主观评判式的。由于未能深入挖掘人物行为的现场细节，往往对当时的情景和人物思想斗争进行“合理想象”，对以往事件的长篇赘述也使得报道本身的时新性大为弱化。个别正面人物报道尝试在文本中注入现场因素，但在语言的运用和人物行为细节的刻画上又显得牵强附会，容易引发受众的失信感。在正面人物报道《当代雷锋——朱伯儒》中有这样一个片段：

他一下把神志不清的小胡抱在怀里，疼爱地呼唤着：“小胡！小胡！”当小胡睁开眼睛看到是自己的好队长时，不禁泪如泉涌，呜咽着：“好队长啊，救救我！”

阶级兄弟的求救声揪住了朱伯儒的心。他想到小胡家里屡遭天灾人祸，负债累累，度日艰难；想到临时工住院治病不能报销，但他想得更多的是一个共产党员应该为群众分忧解愁……

这一现场描述抓住了突显人物品质的关键情节，但表述语言注入了过多主观色彩——人物的心理活动超越了读者的想象极限。相反，直接呈现人物当时的语言和行为细节将更具说服力。在纪实报道中，人物行为应该“出乎意料，又在情理之中”。类似这种人物行为表达方式已成为我国媒体正面人物报道的惯常手法。

相比之下，西方国家报纸的英雄人物报道理念更为成熟。动态的新闻思维是西方报纸英雄人物报道的显著特色，并作为一种稳定的理念贯穿于整个报道之中。其报道手法可以概括为：以英雄自身的行动体现英雄的高贵品质，以生动具体的细节使读者对记者所报道的一切深信不疑，以充满人情味的描写解释英雄行为的动机。1987 年 9 月美国《读者文摘》刊载了《高速公路旁烈火正熊》一文，报道消防队员沙利文冒着随时可能牺牲的危险连续救出五名车祸受害者的事迹。以下摘录一些片段：

沙利文翻身攀到卡车的驾驶室门上。一阵风突然吹过来，火舌顺势舔向他的双脚。就在这一瞬间，他借着火光朝驾驶室里面看了一眼，只见几条胳膊和大腿蜷缩在远处的角落里。驾驶室里传出了朦胧的哭叫声，一个妇女用西班牙语哀叫：“上帝啊，救救我……”

又一只轮胎“嘭”的一声爆炸了！咝咝的声音越来越响，然而，沙利文丝毫也没有留意这意味着死亡正在眼前的声音。他伸手在驾驶室里摸索，抓住了一只小孩子的胳膊，把他拽向窗外。

不一会儿，沙利文把一个拼命哭叫的小男孩抱在怀里。他用自己的身体遮住向孩

子袭来的火焰，然后把孩子顺着驾驶室放在地面上，随后对孩子喊："快跑！快跑！"

……

沙利文转过身来，再次把手伸进可怕的窗里摸索。驾驶室已经起火了，火苗越跳越高。那咝咝的声音起先平稳，现在则忽强忽弱——至多只剩几秒钟了！

"快些，再快些！"沙利文发疯似的摸索着，受伤的男子也无力地抬起了一只鲜血直流的胳膊。沙利文干脆把上半身探进浓烟滚滚的驾驶室……

咝咝声跳动得更厉害了，到处都着火了。"快些，再快些！"

沙利文端平肩膀，开始把那个男子往上抬。那咝咝的声音突然停止了，好像是个有生命的东西在憋足劲儿准备大干一场。"上帝保佑！"沙利文在心里祈祷着。他深深吸了几口气，猛一使劲，把那男子瘫软的身体一下子抬到了正在燃烧的卡车的边侧上。

现场紧张气氛的营造是这篇西方英雄人物报道最为突出之处。报道呈现给读者的是这样一对扣人心弦的"快与慢"的"冲突"：一方面，着力描述卡车气罐随时可能爆炸的千钧一发时刻，当下"咝咝作响"的声音犹在读者耳边响起；另一方面，英雄救人遇到巨大阻力但依然坚持，"快些，再快些"的心理活动反倒起到让读者觉得时间在拖延而显得更"慢"的心理效果。毫无疑问，对"冲突"的现场实录，让读者自然"进入"情景，"看到"了英雄的高尚道德品质和高度的职业责任感。文中也有英雄的心理活动描述，但短促、真实，没有"鉴定"的痕迹，符合当时情景下的人物内在特征。从全文看，穿插了"沙利文身体素质好"的事实信息以及"平常对孩子的喜欢"等背景，作为铺垫与人物的现场细节相吻合，透出浓厚的人情味。

在正面人物报道中，文本结构的巧妙安排也会令文章生辉，这对于注重现场因素的纪实性正面人物报道来讲更是如此。在报道结构设计方面，有别于一般的平铺直叙的思维方式，西方媒体的迂回穿插手法，使报道文本产生引人入胜的效果。

美国记者克莱尔·萨夫安所著的《冰河英雄》堪称经典之作。为了让读者充分了解人物，同时又能突出事件的现场感，该文采用了"人物和事件"两条线索齐头并进的结构，一条线索按照飞机起飞至坠落后，威廉斯救人的整个事件演进的时间顺序来写，另一条线索则把与现场事件片段有关的威廉斯的生平材料，根据主题和事件发展的需要，灵活引用、穿插在文中。文本的两条主线是交叉推进的，强烈的事件现场感与人物个性的渐趋明晰，让读者在颇具节奏感的阅读中感悟人物形象的高大。

这是一种"间奏式"的人物描述手法——运用紧凑的短句，用极少的笔墨，把瞬间或在不长的时间内发生的事实，分解成若干部分加以描述，然后又把各个部分有机连接起来。这种写法的最大特点在于能够迅速再现现场纷繁复杂的事物，进而调动受众大脑的各种表象，报道"引人入胜"的效果正源自这种对受众想象力的挖掘。

第二节　组合报道模式

一、以组合形态增进注意力效果

在我国，重大正面人物的推出，往往是有关主管部门与多家媒体集思广益的结果，联合采访、统一刊播时机，进而向公众强势推出，整组报道显现出较强的组织性、策划性。这种近似“大合唱”的报道样式，一直制约着新闻媒体在独家新闻上的竞争，因而备受诟病。但运用得当，“大合唱”中也能奏出和谐的音符，更能彰显“独唱”的个性魅力。组合报道模式正是部分媒体在这种“大合唱”中对新闻策划的一种样态创新。

所谓组合报道模式，是指在正面人物报道中对新闻资源、媒介元素与平台进行整合的报道策略。它的传播优势在于通过对人物新闻资源的深度开发以及融合多种媒介平台和报道元素，能集约化地提升人物形象的注意效果和社会影响力。

组合报道是一种立体思维的报道样式，它以人物事件的自然生成、发展为时间线索，充分运用多种新闻体裁、多种版面（视听）语言要素，通过专栏、专版或特别报道、系列报道等形式进行包装，在此基础上对内容进行组合、梳理，渐次为受众推出人物“信息套餐”。组合报道模式不仅仅是一种形式上的操作，它还隐含着新颖的报道理念，直接影响到人物信息内容的表达和传播。

从本质上说，组合报道模式更大程度上是一种正面人物形象传播策略，它需要新闻媒体的编辑和记者群策群力，制订一整套报道方案。正面人物不是一次报道完毕，而是在动态中作“行进式”报道，动态思维的要求很高。另外，它涉及的新闻手段最为丰富，形式“包装”内容，而内容的跟进报道又给予形式调整和突破的空间。

组合模式不同于传统的“地毯式轰炸”报道手法，它在报道数量上的“规模效应”不应该淡化媒体对新闻传播规律的追求。即使是对共有人物新闻资源进行报道，组合报道模式也不会影响独家新闻的挖掘。相反，它更重视系列报道中的亮点挖掘，通过有特殊意义的新闻事件，调动受众的接受情绪和探究人物精神内涵的欲望，立体化的注意效果无疑是显著的。不仅如此，由于它在形式上异常丰富，信息传播渠道的多样化在最大程度上降低了受众接受信息的费力成本，传播的有效性因而更强。

21 世纪以来我国传媒在组合报道的运用策略上显示出新颖的特征，手段更加丰富。但这种组合多停留在报道元素的组合策略使用上，尤其是对重大正面人物的任务式的报道，而媒介资源和平台的组合使用仍然少见，组合报道仍有待开拓。

二、案例研究：《南方日报》组合报道实践发展

在国内媒体中，《南方日报》较早开始探索组合报道在正面人物形象传播中的运用，取得了较好的效果。比如，1995 年《南方日报》对爱国拥军好母亲姚慈贤的报道。3 月 13 日一版头条刊出《母亲的胸怀——记姚慈贤拥军爱国的事迹》和评论员文章《敬礼！伟大的母亲》之后，4 月 11 日至 26 日又连续在“姚慈贤和她的儿子”栏目发表系列故事五篇，紧接着配发评论员文章《传统美德与时代精神》，并在 29 日以整版连环画的形式再次从形象上深化报道。整个系列报道先后运用通讯、消息、评论、小故事（配插图）、自述式文章、连环画、新闻照片等形式进行多侧面、多视角的报道。系列故事、连环画等典型人物报道的新形式，都是在组合过程中应时而生的。可以说，组合报道模式是这样一个载体，它使正面人物报道的形式和内容得以在传播策略的创新过程中获得珠联璧合的效果。

表 8 - 2　典型人物易新群组合报道模式①

	发表日期	体裁/形式	系列报道	模块的意义
1	2001. 04. 27	通讯	《三上巴别　为爱作证》	
2	2001. 04. 28	“《三上巴别为爱作证》追踪”专栏	《没有血缘的亲情》	用现在进行时作追踪报道，读者犹如“进入”婚礼现场，真切感知人物的行为心理细节，人物形象更真实，共鸣更强烈
3	2001. 04. 29		《列队壮行》	
4	2001. 04. 30		《心与心相连》	
5	2001. 05. 01		《巴别山上的婚礼》	
6	2001. 05. 02		《再见，巴别!》	
7	2001. 05. 03		《未了巴别情》	
8	2001. 04. 29	“易新群日记”专栏	《我和小南是最幸福的人》	人物情感流露更为细腻，读者透过日记语言与人物内心直接对接，具有电视画外音效果
9	2001. 04. 30		《学校变化让我激动》	
10	2001. 05. 01		《婚礼上，我们哭了》	
11	2001. 05. 02		《希望能再来》	
12	2001. 05. 03		《几许牵挂几许梦》	

① 据笔者统计，包括各种反应性报道在内，《南方日报》对易新群的报道数量多达 88 篇，时间从 2001 年 4 月开始，至 2004 年 10 月；组合报道主要是在 2001 年 4 月至 6 月的 24 篇。

（续上表）

	发表日期	体裁/形式	系列报道	模块的意义
13	2001.05.12	采访手记	《来生，你仍做我的新娘》	
14	2001.05.13	评论	《易新群的意义》	及时解读人物精神内涵
15	2001.05.15	"易新群系列报道"	《易新群和他的部队》	时空转换，从婚礼现场回到现实生活，深入挖掘易新群"三上巴别"的感人细节和身边人的故事
16	2001.05.16		《刘书田关心易新群健康》	
17	2001.05.19		《巴别孩子难忘的三课》	
18	2001.05.20		《"编外"思想工作者》	
19	2001.05.24	长篇通讯	《拓展生命的宽度——记模范实践"三个代表"的先进战士易新群》	把人物置于宏大社会背景，揭示典型的社会意义，提升人物的思想内涵
20	2001.05.24	评论	《实践"三个代表"的生动教材》	
21	2001.05.28	"易新群启示录"	《"给生命打张借条"》	用平民视角述说典型的生死观、爱情观、事业观、思想观，语言平实，"情"、"理"交融，升华形象
22	2001.05.30		《人间自有真情在》	
23	2001.06.01		《平凡之中见伟大》	
24	2001.06.04		《用生命为党旗添彩》	
25	2002.08.30	对话	《易新群：媒体不影响我们对生活的把握》	告知读者典型的新近信息，保持报道连续性

在对重大正面人物易新群的报道中，《南方日报》进一步创新了"组合报道模式"的运用。惯常的做法是通讯、专访、消息、言论、图片写真等多种体裁并用，连续报道、追踪报道、系列报道多视角刻画，通过丰富的版面语言，揭示人物的正面形象及其精神内涵。

在对正面人物陈观玉、易新群等人的报道中，这种组合报道的灵活模式得到进一步的发挥，更加重视言论在解读正面人物的形象内涵和精神风貌中的作用，给读者以思想的启迪。从表8-2对典型人物易新群的组合报道中，不难看到这种立体化动态报道在揭示人物内心情感、多视角不同时空感染读者等方面的传播效果。

"易新群组合报道"堪称组合报道的"典范"。在该组合报道中，"《三上巴别为爱作证》追踪"专栏（6篇）、"易新群日记"专栏（5篇）、"易新群系列报道"（4篇）、"易新群启示录"（4篇）在形式上是渐次演变的，这是产生注意力效果的基础，而各个专栏中系列报道的内容意义又是明确区分的，从多个角度满足读者对正面人物的信息期求，正面人物组合报道模式的传播魅力尽显其中。

第三节 “造榜”报道模式

一、以“榜单”建构人物形象

所谓“造榜”报道模式，是指传媒通过打造“人物榜单”来实现对正面人物形象的塑造与传播。“造榜”报道通常包括这样的操作流程：一是“榜单”核心概念或主题的确定，概念的确定是全部造榜活动的基础，直接决定榜单是否成功，比如《南方人物周刊》的年度“中国魅力榜”，人物的“魅力”影响力是核心概念，国外知名杂志打造的财富或者权力排行榜，其核心概念便是“财富”或“权力”；二是“榜单”评选活动的策划与开展，媒体根据自身报道理念或者“标尺”，在特定的概念范围内对相关人物进行评选，这一过程甚至引入互动机制，让受众直接参与进来，人物评选的策划与评选同时也是“造榜”活动的营销与推广过程；三是人物形象的建构与报道实施环节，对入选人物进行报道、形象包装和媒体呈现，重大的具有品牌影响力的“榜单”通常被作为封面文章进行强势突出的处理。打造榜单是现代媒介常用的议题设置手法，尤其在报纸的年度策划、杂志的封面策划中使用最为频繁。“榜单”能形成品牌效应，以活动营销生产“媒介事件”，从而带动媒介品牌影响力的提升。

在我国，“造榜”是2000年以来逐渐兴起的报道运作方式。将“人物榜单”引入正面人物宣传报道，是我国正面人物形象呈现方式的显著突破。电视媒体通过一个独立栏目的声画形式，报纸杂志则打造一个具有品牌影响力的“人物榜单”，以多元化的人物影响力为“标尺”，展现各个领域中新型的正面人物形象。从传播效果来看，中央电视台的“中国经济年度人物”、“感动中国年度人物”，“《南方周末》年度人物”等“人物榜单”，比传统正面人物报道文本的受关注度更高，社会渗透性更强。媒体“人物榜单”通过一种更能引发受众注意力的新型传播样式，呈现出人物在当下时代的现实意义，使得正面人物的现代形象包含更为丰富的内核元素：由较早时期的“功效意识”、“个性化和自主性”等，向“感召力、人格魅力”和“社会责任和公众利益”等过渡。这种新型的正面人物报道形态，重视人物在某个领域的影响力，某一类影响力内又包含着特征丰富的社会个体，大大拓展了正面人物多元化形象的概念。

“造榜”是新闻竞争进入更高阶段的产物，同时也是未来新闻竞争的重要领域。作为议题设置的最高形式，它对媒体的新闻资源二度开发能力提出了更高的要求，未来可深入掘进的空间很大。有公信力的榜单生产，是以媒介的成熟发育及充分的媒介竞争为基础的。从这个意义上考量当前国内媒介的人物榜单，其运作总体上仍处于初级发展时期，有影响力的榜单不多。目前主流大型日报仍无法介入榜单运作，注重个性化表达的互联网媒体难以做出权威榜单。而电视传媒及时政杂志则依托丰厚的新闻资源，在榜单生产上先行一步，以“榜单”之名介入社会机理。

二、案例研究：《南方人物周刊》的人物榜单运作策略

在我国，自21世纪以来，随着市场化媒体领军者进入平稳发展时期，尤其是时政杂志在近五年里获得初步发展，新闻竞争进入了第二阶段，它的最大特征是“策划取胜”。在这种发展背景下，总体上媒体开始重视并引入“造榜”手法，最常见的便是媒介的年度人物评选活动，比如中央电视台的“感动中国年度人物”、“经济年度人物”，“《南方周末》年度人物”等。随后，一些新闻杂志将“打榜”手法运用在日常的封面报道中，使之成为常规的新闻策划方法，甚至尝试将“榜单与概念”捆绑结合，推出有观点的“榜单”，比如《新周刊》的电视榜，《南方人物周刊》的魅力榜，《南方周末》2008年策划的倒评“改革开放30年年度人物”等。

作为国内唯一一份以人物报道为特色的综合性时政人物类杂志，《南方人物周刊》自创刊以来一直探寻创新人物新闻资源的开发策略，在“人物榜单”的打造上着力经营，并形成了一系列榜单品牌，在社会上产生了较大影响力。《南方人物周刊》的榜单打造主要有两类：一是常规性的年度性人物榜单，主要有“魅力50人”、“青年领袖”、“《南方人物周刊》年度人物”三大品牌；二是临时策划的封面人物榜单，比如“公共知识分子”、“抗艾英雄”、“25年25人”和“30年30人”等专题报道，这类榜单新闻性强，以重大事件为背景，或者具有时间坐标意义。

从《南方人物周刊》两类榜单的运作来看，年度性人物榜单目前已经形成制度性的榜单制作规范，三大固定榜单呈现了三个层面的年度影响力人物。在操作上，这类榜单在形成规范后难度不大，但是面临着创新的困惑，就是如何在一个具有品牌力的榜单中每年都提供权威的、有影响力的新鲜内容。在这种情形下，临时性的封面人物榜单策划就成为杂志榜单创新的试验田。在“抗艾英雄”、“30年30人”等榜单中，《南方人物周刊》基本形成了“讲故事+社会评价”的模式来建构人物形象。

名为“中国抗艾英雄”的人物专题清晰地体现了《南方人物周刊》的人物报道模式尤其是正面人物形象的建构策略。报道展示的群体形象真实可信，感人肺腑，共鸣强烈。无论是“第一位进入疫区”的副总理吴仪、寻找“灵丹”的科学家何大一、“为AIDS作秀”的濮存昕等一批社会名流，还是“一个人在战斗”的高耀洁、“跟瘟疫拔河”的志愿者杜聪、英雄父亲马深义等民间人士，“在人类的劫难面前，他们都表现出了人性的英勇、无畏、坚韧和爱心，他们所有的努力都是为了抗击病魔的侵扰、提升我们的勇气、弘扬人性的伟力、烛照人类的愿景。他们是影响时代的真正英雄”。在这样一个榜单中，英雄人物集中呈现，其传播效果是明显的。

榜单打造的关键环节是人物选择，为此媒体必须建立与概念相符合的人物标准。从《南方人物周刊》近五年的榜单运作看，“人物的影响力”是其评选的主要标准，“人物在当年的表现”即重大新闻性是关联性标准。通过这样的榜单标尺，《南方人物

周刊》生产的榜单人物，大部分源自已有的媒体资源，而创新性的人物形象传播大约占到20%，这又是榜单打造的制高点之一。

《南方人物周刊》的一位资深编辑对本研究课题组人员说："目前榜单的压力来自于概念的确定和运作，独特的概念不易产生；另外一点就是榜单所能提供给读者的新鲜人物资讯难以开拓；最后重要的一点就是，媒体的价值观和判断必须契合读者的价值观和判断，这是一份权威媒体所应着力经营的。目前我国媒体还达不到这个要求。"据了解，在国外有影响力的媒体榜单比如《福布斯》名人榜、《财富》人物榜、《商业周刊》最佳公司与最佳雇主榜，之所以在运作上长盛不衰，除了基于媒体本身的权威性以外，最根本的原因在于这些媒体都有强大的智慧支撑——他们专门设置人物榜单的"研究小组"进行资讯收集、人物分析、影响力评价、公众态度走向调查等专业化工作，这给予造榜极大的力量支撑。

在榜单运作策略上，《南方人物周刊》以及国外的媒体榜单打造给我国正面人物宣传报道这样的启示：一是人物的评价标准应契合社会和公众的价值观，不管人物属于什么领域，"影响力"都是最为重要的标尺；二是正面人物榜单的打造应逐渐建立起人物资源库，在机构上可设立专业的研究团队，为正面人物形象塑造提供智慧。

第四节　专栏集约报道模式

一、专栏作为正面人物形象的"孵化器"

这里所讲的专栏集约报道模式有两层含义：一是传媒设立以正面人物宣传报道为主的专栏，并将其打造成为有影响力的名牌专栏，使之成为正面人物报道的重要平台；二是在专栏中策划和实施正面人物报道，尤其是与传媒特色相契合的报道品种，在一个栏目中集约化地进行正面人物报道。

专栏集约报道模式有这样的传播优势：对于传媒而言，集约化的报道有助于形成规模效应，它所搭建起来的平台实质上是正面人物形象的"孵化器"；对于舆论管理机构而言，专栏集约报道模式有助于舆情的控制和管理，名专栏的建设使得正面人物的形象塑造有了集中场域，当出现重大正面人物或者重大事件时，舆论管理机构的应对效率将大为提高，流程将大为简化。不仅如此，通过正面人物专栏，在对外国家和公民形象宣传报道中可提供有利的"窗口"。从这个意义上说，专栏集约报道模式是最符合传统框架的报道路径，它的生命力在于作为"孵化器"本身的创新特质，这是专栏影响力经营的核心。

近年来国内主流媒体尤其是全国性媒体在专栏集约报道上开始进行探索。目前已初步诞生了一批正面人物报道名专栏。媒体相继推出的有《时代先锋》、《永远的丰碑》、《劳动者之歌》等一系列名牌人物栏目。比如大型人物专栏《时代先锋》于2004年11月25日被各大媒体共同推出。其开篇人物就是内蒙古自治区呼和浩特市原市委书记牛玉儒，人民日报社、新华社、中央人民广播电台、中央电视台等主要媒体共发稿140多篇（条），六家中央新闻网站刊发原创新闻稿700多条（幅）。一时间，“牛玉儒”这个名字及其感人事迹成为热门话题。随后该栏目推出对宋鱼水、张云泉、王顺友、杨业功、丁晓兵、吴仁宝等先进人物的报道，其中新华社的长篇通讯《爱因信仰而璀璨——记江苏省泰州市信访局长张云泉》被194家报纸采用，创下正面人物宣传报道稿采用率的最高纪录。据《人民日报》的数据，截至2006年4月26日，《时代先锋》栏目共报道了92位人物，其中重大典型16位。

《时代先锋》不仅在报道规模上实现了飞跃，同时不断探索创新正面人物报道方式，提升报道的社会效果。比如在张云泉报道中，该专栏与电视、网络和移动传媒的立体化报道产生了较好的互动效果。

目前在我国媒体中，通过专栏集约报道正面人物的依然以全国性媒体为主，尤其是以党和政府的媒体为主。在未来，市场化传媒尤其是都市媒体和以深度报道见长的时政新闻周刊，通过专栏深入开发正面人物新闻资源，可开掘的空间是非常宽广的。

二、案例研究:《中国青年报》之《冰点·人物》专栏报道特色

以《中国青年报》改版后增设的《冰点·人物》专栏为例，其人物报道正是“由事件而人物”，挖掘热点事件背后“不受关注”的正面人物和社会问题，从看似没有新闻性的事实中独辟蹊径，采取迂回手法挖掘新闻故事。虽名曰“冰点”，实为热点——关系老百姓和社会命运的深层次的热点。

该人物专栏意义的产生，正基于这样的时代背景：在当代中国，人们开始前所未有地关注普通人的命运，这不是因为古道热肠，而是因为每一个普通人的命运，换个时空，就是我们自己的命运；我们不能对普通人的喜、怒、哀、乐熟视无睹，他们是我们的邻居、亲戚、朋友、孩子和老师，他们的社会生活和精神生活是与我们同构的。

本课题组选取该专栏近期的有关报道为研究文本，结合版面栏目要素进行分析，以窥探其新颖的正面人物报道理念。该专栏（专版）的常设栏目主要有“封底人物”、“钩沉”、“印象”、“传奇”、“评点”等，关注人物的视角迥然不同，文风也独具特色，理性、尖锐、朴实却是共通之处。

作为主打稿的“封底人物”栏目，倾向于记录具有重大社会意义的普通人的故事，可谓该专版的“表情”。比如《我不想再待下去了》一文，从清华大学博士生导师陈丹青教授的出走事件，揭示“学术行政化”的教育体制对人的抑制；《教科书外的民间记忆》讲述一位只读过半年私塾的86岁老太太杨玉文，所写成的回忆录《鬼子来了》背后的深层意涵——“回忆录”让世人多了一份教科书外的民间记忆；《户口是个什么》则透过一个漂在北京城市“边缘”的8岁小姑娘茉茉，为了减轻因户口

问题带给母亲的负担而曾 4 次自杀，“想用自己年幼的生命，换取父母不能承受的支出”的悲剧命运，从小人物的抗争中隐含户籍制度的非人性化弊端。这些选题立足于当下的社会情景，由某些事件而生，通过对人物命运的关注直面社会的重大矛盾，把人物遭遇与社会的探索结合起来，文本对读者内心的震撼效果是明显的，普通人的生存状态的意义便内含其中。

“传奇”栏目则从另一个视角书写典型，它关注具有某些突显性的人物，如商界精英、文化名人等，满足读者对功效意识和更高理想的追求。比如《有梦的草根人生》，报道 SOHO 房地产公司新楼盘的销售副总监胡文俊从农民工到发单员再到管理者的“百万富翁”足迹；“钩沉”栏目忆往事写旧人，历史纵深感很强；“印象”栏目文章用较为轻松的散文笔法写人物，不失现场感和诗意，人物的形象对受众的审美意义较为深刻。

值得一提的是“评点”栏目，两百来字“寥寥数笔”，针对新近的“新闻人物”进行解说，或褒贬或赞叹或倡议反思，短小精悍，时效性很强，思辨色彩很浓。这种新颖的人物评论“品种”依托新闻事件，透析新闻人物，阐发意义，新闻性强，可以作为正面人物报道的延伸——思辨空间的延伸。目前，专门的人物时评仍是正面人物报道的一座“富矿”，有待媒体深入挖潜。

《冰点・人物》专栏在人物报道理念上的诸多创新，对更新正面报道观念富有启迪意义。它通过“人物新闻”的形式改观了传统的正面人物报道观念，是一种内涵变迁下的新的正面报道样式，尤其是在“人物时评”这一报道品种上的开拓。此外，它在人物报道的新闻性追寻中注入了社会情景，让人物的社会意义更为深邃突出，正面人物报道因其社会意义而备受关注，传播效果不言而喻。

第五节　互动传播模式

一、传受互动营造多通道“对话场”

情感是沟通新闻文本与受众的有效符码，这种沟通渠道的构建对报道情感效应的产生作用重大。正面人物宣传报道的互动模式正是这方面的一种探索，尝试为传受双方创设情感的“沟通平台”，并通过“对话场”的营造去实现正面人物形象与受众感情的直接对接，进而增进正面人物报道的传播效果。这便是互动传播模式。

互动传播模式的本质内容在于“互动”的实现。一方面是媒体与受众的互动，受众参与到正面人物事件中，或者对正面人物形象进行评说；另一方面是受众与正面人物之间的互动，比如受众和正面人物直接对话。不同媒体形态的互动方式往往大相径庭。在新闻实践中，由于条件的限制，传播过程中进行直接对话的可能性不大，由此使得虚拟“对话场”的营造变得更为重要，在实际操作中，这种“对话场”的情感沟通效果却是显著的。

作为一种新颖的人物传播样式，互动传播模式在我国仍处于初步探索的发展阶段。较早期在正面人物报道中引入的互动手法，一般是吸引受众参与媒体策划的人物事件，比如1994年广东新闻界对好军嫂韩素云的报道，以及对救助流落广州街头的新疆孩子阿不都尼亚孜的报道，都引发了社会的热烈反响和积极参与。引导读者参与对正面人物的讨论和评说也是报纸互动传播的传统手法，如1996年3月《南方日报》对“中英街上活雷锋”陈观玉的报道中开辟了“众人争说陈观玉”专栏，让熟悉陈观玉和受过她精神熏陶或得到过她帮助的人在报纸上直抒胸臆，引发了有关正面人物形象的热烈讨论。

进入新世纪以来，国内媒体的正面人物互动传播模式有了新的突破，在新闻纸上营造“对话现场”、通过网络新媒体进行正面人物形象传播都是新颖的形式，有待探索的空间又是巨大的。其中最为引人注目的是网络新媒体的融合与互动报道。这种新颖的正面人物报道样式从根本上改变了正面传播的格局——网络媒体与传统纸质媒体和视听媒体相互配合；网络媒体独立采访正面人物，推出网络正面人物专题报道、网上人物访谈；网友与报道人物之间在网上互动，直接对话。这些新颖的报道样式的出现，不仅拓展了正面人物传播的渠道，更为重要的是，媒体之间在对共有人物资源进行挖掘并相互竞合的过程中，对独家新闻的追求和人物形象的包装等方面进行创新的积极性比以往更为强烈，这将有助于正面报道观念和传播理念的更新。

网络正面人物报道的优势是明显的。它能综合运用各种新闻样式，视频、音频、论坛等技术平台使得正面人物报道的内涵更加丰富，这些手法更能多角度、多侧面地展示正面人物形象。在报网互动中，报刊借助网络媒体的转载能扩大人物报道的影响。网络媒体独立进行的专题报道在页面设计、深度链接、视频音频播放等方面形式创新的空间更为广阔。此外，网络媒体的受众覆盖面广、信息海量、交互性强、反馈及时，在人际传播上的优势也使得网络正面人物报道更容易在沟通中贴近受众的实际需求。

二、案例研究：网络媒体“任长霞报道”的特色与优势

在对重大正面人物任长霞的报道中，网络媒体显现了前所未有的传播魅力，在多个方面突破了传统媒体的正面人物报道手法，独有的报道特色进一步得到彰显。

在报道形式上，网络媒体充分发挥自身优势推出的“任长霞专题报道”由多个板块构成，大气而端庄，记者与网友对话、网络视频专题等都是较为突出的形式（见表8－3）。以此平台为依托，各网站通过开办“网上纪念馆”、附加背景音乐、利用音频视频、提供图片画面、推荐网谈话题、征集网民留言、设置网上献花献歌等多种互动形式，吸引了大量网民参与，形成了网上新的舆论热点。

内容处理上，网络媒体独家报道意识更为明显，开始独立采访并相互协作。人民网、新华网、央视国际网、中青网、中国网五家中央重点新闻网站首次获得随团采访

权，五位网络记者用独特的采访方式，从网民关注的角度深入采访。随后这五家新闻网站与公安部网站联手推出任长霞报道和纪念专题。五家重点新闻网站记者联合署名的专稿《长风彩霞　逝者如诗——记登封市公安局局长任长霞》在五家网站同时推出，各大网站纷纷设立链接，为受众多角度了解正面人物辟出一条“绿色通道”。

网络正面人物报道的传播效果是显著的，已成为受众关注正面人物报道的重要渠道。据新华网“发展论坛”的“网民调查”，有47%的受众通过互联网了解任长霞事迹。网民反应之热烈前所未有。央视国际网的“中国新闻”统计也印证了这一事实，其48小时新闻排行榜的前20条新闻中有9条是关于任长霞的，一周新闻排行榜前20条新闻有4条是关于任长霞的，其中《缅怀任长霞》高居榜首。由于网络媒体对正面人物报道的介入，其形象传播在报道深度和传播广度上都获得了新的突破。

表8-3　网络新媒体正面人物报道特征分析①

网络媒体	独立采写的报道	形式创新	互动传播效果
人民网	《任长霞：托起一方晴朗的天》	a. 头条推出《人民的好卫士——任长霞》大型专题，板块化处理，开展讨论； b. 《强国论坛》请任长霞的妹妹任丽娟以“我的姐姐任长霞”为主题与网友交流	a. 专题两天内网友留言达6 113条； b. 访谈期间在线浏览人数超过3万，发帖近千条； c. 帖文《读任长霞，我为什么泪水潸然?》在网上被广泛点击和跟帖回复
新华网	《追忆任长霞：警察任长霞》、《任长霞生前有个未了心愿》	a. 辟“任长霞专题”，内设《精神永存》、《事迹回放》、《百姓呼唤》、《网友评说》、《网上献花》《视频新闻》等栏目； b. 视频新闻集纳《忆长霞》囊括了各大媒体34个节目	“发展论坛”对网民的调查表明，47%的网民是通过互联网了解任长霞的事迹的，网民反应之热烈前所未有
央视国际		a. 在线谈话《记者话长霞：人民不会忘记》记者与网友互动； b. “网评天下”周刊制作《铁骨柔情铸警魂》、《网友话长霞》专题，集中发表网友谈话	任长霞专题的访问量达到几十万人次；《中国新闻》6月3日统计，其48小时新闻排行榜的前20条新闻中有9条是关于任长霞的，其中《缅怀任长霞》高居榜首，受众对典型的关注度非常高

① 资料来源于笔者对人民网、新华网、央视国际网、中青网等相关专题报道的调查。

（续上表）

网络媒体	独立采写的报道	形式创新	互动传播效果
中青网		开辟网上“任长霞纪念馆”、“民族魂”留言板	“民族魂”留言板，到6月6日早上8时26分，已有网民留言多达160页
联合作为（采写、形式创新等）	《长风彩霞　逝者如诗——记登封市公安局局长任长霞》	附加背景音乐、利用音频视频、提供图片画面、推荐网谈话题、征集网民留言、设置网上献花献歌	吸引了大量网民参与，形成了网上新的舆论热点，网上气氛迅速升温

从另外一个层面观照，任长霞报道中网络媒体的作为却有诸多值得深入思考之处，网络正面形象传播的未来走向的可探索空间又是广阔的。

形式上的创新是任长霞报道中网络媒体最为显著之处。但在内容的提供上，这些依托于传统媒体建立的网站，其影响力的产生在很大程度上来自“母媒体”的品牌效应，可以说，没有传统媒体的资源，网络媒体仍然难有较大作为。尽管被赋予了独立采访权，网络媒体的人力资源和采编运行却显得捉襟见肘。从表8－3的分析可以看出，除了联合发布的《长风彩霞　逝者如诗——记登封市公安局局长任长霞》之外，鲜见网络媒体的独家新闻，自创能力不足、“重形式而轻内容”的特征较为明显。在受众看来，网络传播内容也只是传统媒体的“翻版”，这无疑是网络媒体下一步要改善之处。

公信力和权威性不足是网络媒体的“硬伤”。而“独有特色”是传媒核心竞争力的核心内容。对于网络媒体而言，独家正面人物报道对维持受众的忠诚度，打造自身品牌影响力的意义尤为重大。网络媒体不应该是传统媒体的简单重复，独立进行正面人物报道、通过网络时评打造“观点市场”、拓宽论坛空间和自由度、进行网络电视频道直播等，都是值得尝试的报道形式。

作为一种发展趋势，依托传统媒体的网络媒体以及门户网站、专业新闻网站等都将进行独立采写，用独家报道扩大自身影响力；形式上的创新也将是永恒的主题，随着民意自由表达空间的释放，以“网络时评”和“网上论坛”为代表的自由思辨平台和空间将成为新的竞争领域。可以预见，网络空间的无限性赋予了正面人物报道这一传统报道形式与网络媒体的传播特点进行结合并创新的可能，而正面人物报道也将成为媒体新闻竞争的重要内容品种，让正面人物形象在多种传播渠道中实现有效传播。

第六节　颁奖典礼模式

一、以“媒介模式”提升情感力传播

正面人物宣传报道的颁奖典礼仪式又称为情感模式，它以年度人物评选活动为基础，以颁奖典礼的大舞台为载体，通过对正面人物实施社会荣誉的授予过程，建构其个性鲜明而具有感染力的人物形象，并使之在社会上广泛传播。

简单来讲，颁奖典礼模式是借助仪典实施形象传播的一种模式。

从运作过程看，颁奖典礼模式通常由三大完整的环节组成：一是荣誉授予，主要是精神性荣誉的评选和奖励，包含人物出场、颁发奖杯等内容；二是最为核心的形象建构与传播，包括人物事迹介绍、现场对话、宣读颁奖词等内容；三是社会传播过程，也就是颁奖典礼的播出及社会互动过程。严格来说，颁奖典礼模式不仅是一种正面人物报道样式，同时也是一种综合性的、多媒介平台的正面人物传播手段。

德国社会学家涂尔干认为：“任何社会都会感到，它有必要按时定期地强化和确认集体情感和集体意识，只有这种情感和意识才能使社会获得其统一性和人格性。这种精神的重新铸造只有通过聚合、聚集和聚会等手段才能实现……于是就产生了仪典。”[①] 在我国，目前只有中央电视台制作的《感动中国》具备这种仪典的特征。《感动中国》正是借助电视进行聚合与传播的现代仪典，它以模式化的年度颁奖典礼为集体情感认同的场域，并使之成为仪式化的媒介事件。

颁奖典礼模式的核心理念在于通过强化媒介仪式的“加冕”功能，为人物形象注入情感因素，使之具有社会影响力，即以可接受、可复制和可传播的“媒介仪式”来提升情感力传播的广度和深度，这是它独特的社会效果的生产路径。

二、案例研究：《感动中国》写就仪式化“精神史诗”

在人类学家非奥纳·鲍伊看来，“仪式是一种文化建构起来的象征交流的系统”。在文化传播领域，借助“媒介仪式”，能够在社会上构筑“认同空间”，提供“认同的力量”。《感动中国》的影响力生成，在人物的“感动”内涵之外，最重要的是来自人物形象的仪式化传播。这种“仪式”并非局限的条框，而是富有包容性的创造性形态，它有助于人物形象的表达，推动情感力量的生产。

颁奖典礼最鲜明地体现了《感动中国》的仪式传播过程。颁奖典礼这一源自娱乐产业的榜单创意，在经过电视媒介的新闻式融合改造后，成为最具视觉效应的宏观仪

---

① ［法］爱米尔·涂尔干．宗教生活的基本形式．渠东，汲喆译．上海：上海人民出版社，2000. 562.

式。在这一仪式上，《感动中国》以情景化舞台为依托，通过电视媒介丰富的视听手段，在背景设置、故事叙述及现场交流三个方面建构起人物形象传播流程。通过这种仪式化、多元化的人物故事及道德精神的表达，电视媒介源源不断生产“感动”力量，进而推动公众的情感消费。

丹尼尔·戴扬在《媒介事件》中指出，通过电视呈现的“媒介仪式”，它的重要作用在于“唤起和重申社会的基本价值并提供共同的关注焦点”，为人们提供一种“民族的、有时是世界的事件感”，使得某些核心价值感和集体记忆醒目起来。《感动中国》的颁奖晚会聚焦着最广泛的公众注意力。经过中央电视台的录制播出、重播，并以光碟形式在社会上复制传播，颁奖典礼最终变成中国人形象传播及情感消费的一次声势浩大的媒介仪式。颁奖典礼遵循着模式化的程式：介绍事迹的短片、获奖者的访谈、宣读推举辞和颁奖辞、颁奖，每一个环节都有独特的象征。这种形态上的连贯与统一，更能强化公众对《感动中国》的情感记忆。

具体来说，《感动中国》颁奖典礼包含三个方面的元素。一是作为仪式背景的“情感化场域”。精心设计的“情感化场域”，把舞美设计、灯光布置、活动形象标志及镜头节奏等技术性“硬元素”，与主持人语言、背景音乐、授奖安排等“软元素”巧妙结合起来，聚集各种元素的表现魅力，着力铺垫情感气氛。在典礼的起始与闭合以及每个人物的独立表达段落，都有较为定式的情景。定格化的“规定情景”有助于调动公众对“感动”的联想，更能强化他们的“情感记忆”，使之处于极具感染力的“情感旋涡”之中。二是现场立体化的新闻表达环节。《感动中国》将颁奖典礼与新闻节目巧妙嫁接起来，使新闻表达元素融入整个典礼仪式中，成为《感动中国》的叙事仪式。这种叙事仪式主要体现在颁奖典礼的短片播放和现场访谈环节的设计上。三是作为形象评价的宣读仪式。宣读推荐词和颁奖词是《感动中国》颁奖典礼上最为庄重的仪式。评选委员会的推荐词以及颁奖词通过主持人的朗读，加深了观众对获奖者价值的判断，同时表达了媒体和公众的态度。通过宣读仪式，获奖者获得“国家偶像”式的“超凡魅力”，并充分表达和张扬开来。宣读仪式以符合人物特质的评价性的文字艺术，使大众对于获奖者产生虔诚与崇敬的心理。

从这个意义上说，《感动中国》成功写就了“中国人的一部年度精神史诗”，它通过仪式化的过程展示了恢宏而庄严的中国人的精神风貌及价值体系。借助一个个鲜明的、有标志性意义的正面人物形象的叠加，《感动中国》颁奖典礼搭建起民族精神的表达平台。

第九章

改进正面人物宣传报道的六项措施

IMAGE-BUILDING & SOCIAL IDENTITY: A STUDY OF THE SOCIAL EFFECTS OF MEDIA PROMOTION TO THE POSITIVE FIGURES

典型报道之所以由辉煌走向低谷，主要因素来自两个方面：一是外部环境：全球文化背景下多元价值取向；新媒体迅猛发展带来的海量信息，人们获取信息渠道的选择性、自由性不断扩大；泛娱乐化时代人们选择信息的休闲型蔓延等。二是内部环境：尽管我国政治思想领域的发展较快，但与市场经济发展的步伐还不相适应，在正面人物宣传报道方面，观念还比较陈旧，固守原有套路，不敢大胆创新；对正面人物宣传报道的“中国性”认识不一致，吸收西方的先进传播经验是合理的，但一部分人过于沉浸于西方传播理念中而不能自拔；缺乏对正面人物宣传报道的兴奋，深入采访不够等。为此，应对观念创新、策略创新、利用新媒体技术等方面的措施进行改进。

第一节　正面人物宣传报道的观念创新

宣传报道观念至关重要，它对宣传报道的意识、方式，尤其对传播效果，起着决定性作用。报道艺术也是一个很重要的因素，诸多学者和媒体从业人员作过很多有益的探索。但如果观念问题不解决，其他方面的改革只能是小修小补，即使舆论导向正确，也很难获得满意的宣传报道效果。

在创新正面人物宣传报道观念方面要做的事情很多，首先要解决的是：明确宣传报道的目的。

根据胡锦涛2007年6月25日的重要讲话精神和他在中国共产党第十七次代表大会上的报告精神，正面人物宣传报道的目的可以归纳为一句话：弘扬主旋律，创造良好的政治环境和社会环境，实现中华民族的伟大复兴。这一目的必须明确。

“正面宣传为主”的提法容易让人产生误解，宜改为“弘扬主旋律”的提法。

“正面宣传为主”的提法之所以容易让人产生误解，主要在于不易把握“度”。实践中把“为主”当成“全部”，再由“全部”导致“绝对”。这样带来的结果是，宣传报道中都是正面，没有批评，或者一有批评就遭到抵制。这在很大程度上来源于对“正面宣传为主”的理解有误。

（1）“正面宣传为主”是在1989年特殊背景下提出来的，而当今世界格局和中国发展形势已经发生了相当大的变化，可以根据形势的发展，改为“弘扬主旋律”，作为正面人物宣传报道的基调。

30年改革开放的磨砺，30年改革开放的经验，30年改革开放的教训，中国人民的政治思想觉悟和爱国意识普遍增强，中国媒体从业人员的政治立场、思想素质和宣传报道水平已经显著提高。中国的发展前景是乐观的，中国的媒体是可靠的，中国的媒体从业人员是值得信赖的。

（2）“弘扬主旋律”符合社会主义核心价值观。

1989年，中国刚实行改革开放，国际形势对中国发展的不确定影响较大，因而政治上稳定压倒一切的决策是正确的。当今中国局势已经稳定，科学发展、继续改革开放是中国发展的主题。在这种情况下，坚持社会主义核心价值观，尽可能在意识形态领域实行开放政策，只会有利于中国政治经济的发展，有利于中国人民思想的开放，同时更有利于中国屹立于世界之林。

（3）“正面宣传为主”给地方一些腐败官员的“不作为”和追求“政绩工程”提供了保护伞。

多少年来，至少改革开放以来，地方一些腐败官员绝大部分以“正面宣传为主”为借口，限制媒体的正常报道，阻碍了媒体正常的舆论监督，致使一些腐败官员包括一些相当级别的高官，得不到及时的舆论监督，最后身陷囹圄，导致国家政治、经济损失巨大，更重要的是损害了人民群众对党的信任。

（4）“正面宣传为主”容易以“宣传”代替“报道”。

“正面宣传为主”不符合新闻报道规律，也限制了媒体报道的真实性，从而引起受众对正面人物形象的不信任，影响了宣传效果。

比如过去的典型宣传往往有一种固定模式，不自觉地把典型人物的事业与生活对立起来，把事业与人性对立起来，把事业与人情对立起来，误以为生活、人性、人情都不是正面的，极力回避写先进人物的生活、人性、人情的一面，更加不敢写人物的缺点和弱点，人物完美无瑕，超出人之常情，既不可亲也不可信。

（5）2008 年雪灾、地震报道极大地提升了中华民族的凝聚力，提升了中国在世界上的国家形象。

按照正面宣传为主的方针，灾难性事件属于负面事件，但由于媒体快速、客观地报道了灾难发生的真实情况，意想不到地展示了中国人民的大爱精神，弘扬了主旋律，其宣传效果大大胜过精心组织的正面宣传报道的效果。

因此，只要坚持“弘扬主旋律”的思想，只要有利于社会进步的事件都可以报道，并且提倡客观报道，包括批评性报道。

总之，正面人物宣传报道观念必须更新，这既是实现中华民族的伟大复兴的抱负之必需，也是坚持社会主义核心价值观的时代要求。

第二节　正面人物宣传报道策略创新

一、通过报道进行宣传，不宜用宣传推动报道

通过宣传进行报道，其表现形式是先有明显的框架，然后根据框架去设计报道，容易出现概念化、公式化的弊端。在以前的典型宣传中我们始终坚持这种路线。当然也有成功的经验，如有关雷锋、焦裕禄、牛玉儒、任长霞等的报道。但在多元价值的

社会，在互联网非常发达的时代，宣传意味过浓会影响人们的接受积极性和吸引力，甚至会产生逆反心理。

所以，即使有宣传框架，也宜粗不宜细。要学会运用报道达到宣传的目的。西方无时无刻不在进行宣传和渗透，他们更多的是通过报道事实进行宣传。这是一种策略。

二、受众是影响和制约宣传报道效果的主要因素之一

宣传报道效果不仅取决于宣传报道对象是否得到了信息，还取决于他们的信息选择和加工结果。“在传播对象内部进行着大量的讨论、劝说和传递消息的活动。”①

受众心理上对传播的选择过程被称为选择性因素，它与传播效果的实现密切相关。受众接收到某项新闻信息，对此表示认同，并受到一定程度的正面影响，传者和媒介方才实现了有效传播。②

为增强正面人物宣传报道的有效性，需要重视和研究受众心理，并遵循受众的心理规律。

受众接触新闻宣传报道，无外乎是注意、理解、接受这三个主要的心理步骤，这也是受众选择性因素的三个方面，即选择性接触（注意）、选择性理解和选择性记忆。正确把握受众对人物形象的选择性因素，成为提升宣传报道效果的重要一环。

三、吸引受众注意：平民视角再现英雄

把英雄写成“圣人”、“神人”无疑拉开了与受众的距离。

典型人物或英雄人物，也是一个活生生的人，同样有着属于普通人的七情六欲。典型报道应该将他们再现为一个真实的人，从人性的角度，再现他们的人格魅力。

无论多么伟大的英雄，都有自己的个性特征，都有自己的不平凡经历和人性的缺点。报道中不必回避人物的缺点。有缺点才有个性，才能让人们觉得真实可信，才会具有感染力和影响力。新华社记者张道林在《典型人物报道的突破与创新》中说，许振超的报道之所以能打动人心，其中一个重要原因，就是写出了有情有义的许振超。既写了他的苦与累，又写了他的欢与乐；既表现了他的理想与追求，又反映了他自身的一些弱点。让人物的优点、缺点、弱点都得以展现，给读者一个平民化、生活化的许振超，奉献着的许振超，很真实，很感人。孔繁森第二次到西藏工作也有过思想斗争。报道任长霞时也写了她的化妆品，报道许振超时写了许振超的私家车、工资等人性化的细节。“感动中国”在介绍赤脚医生李春燕时，曾提到她曾经试图离开大塘村，后来看到为她送行的村民后又决定留下来。这就解答了受众心中“村民支付不了医药

---

① ［美］威尔伯·施拉姆，威廉·波特．传播学概论．陈亮等译．北京：新华出版社，1984. 130.

② 丁柏铨．再论新闻的有效传播．江苏社会科学，2002（4）．

费，她无以支撑诊所，难道她就从未想过选择去别的地方谋出路吗”的疑问，没有回避正面人物作为普通人的特点，加强了人物与受众心理上的互动，这些不但没有影响典型人物在读者心目中的形象，反而让读者觉得可亲、可信。

第三节　善于利用新媒体技术

本课题调查组调查结果显示，中学生了解英雄人物的渠道有18.7%选择网络，市民了解英雄人物的渠道有14%选择网络。

中国传媒大学组织的一个关于“如何利用网络有效地宣传先进典型人物”的调查表明，受调查的大学生对典型人物的了解有67.4%来自网络。

这说明正面人物宣传报道通过网络传播已是重要的渠道选择。

一、网络专题：立体化展示正面人物事迹

网络专题的“超文本结构”颠覆了传统报道中相对单调的新闻表现形式，能使文字、声音、图片、表格、动画和影像等多种文本交错互连，构成全新的信息网络形态。网络专题综合利用多媒体技术等网络特色手段，让新闻内容图文并茂、视听共赏，使得整个专题“动”起来。

新华网朱继东在《网络新闻专题制作初探》中提出了六项措施：考虑好专题定位是前提、采写好主打稿件是关键、采制好精彩图片、利用好网络特色手段、升华做好主题嘉宾访谈、展示好网民互动完善专题。这六项措施具有参考价值。

二、网络互动：让受众“动”起来

以许振超报道为例，2004年4月12日，《人民日报》头版结合长篇通讯《新时代中国工人许振超》配发了评论员文章《当代工人的杰出代表》；当天，中央人民广播电台“中国之声”首度为典型人物开辟“直播室日”，以《新闻与报纸摘要》为开端，配合全方位的报道，四次开辟特别直播《走近许振超》，“新闻观潮”栏目邀请许振超走进直播室与听众进行“空中交流”，“今日论坛”和“观点”栏目则邀请社会各界人士参与讨论；中央电视台的“焦点访谈”、“实话实说”、“新闻会客厅”三档评论类节目密切配合，优势互补，“实话实说”甚至将录制现场搬到了许振超工作的码头；人民网、新华网、中国广播网、央视国际网等网站不仅设立了网上专题讨论，吸引网友大量跟帖，还通过设置链接、制作“网络版”等方式，汇集了各大报刊、广播电视的报道和言论，凸显了网络媒体强大的整合功能。新闻传媒全方位、立体化的“联动”，从不同维度反映了“典型”真实、全面的特征，既促进了异质媒体间的合作，也拓展了报道的影响力，强化了其传播效果。

三、整合传播，多媒体形成合力

任长霞报道采取的就是这种措施。中宣部在组织中央新闻采访团时吸纳了人民网、新华网、光明网、央视国际网、中国网、中青网六家中央重点新闻网站，网民反响热烈，形成了网上新的舆论热点。

一些影响较大的都市类媒体，也被组织参加了典型报道，在不改变媒体特色、不改变受众定位、不改变叙事风格的前提下，进一步扩大了典型影响。参加报道的媒体多了，相互之间也是竞争关系，在打一场同题作文的擂台赛。管理者转变了思维方式和管理模式，众多媒体则各展所长，构成典型报道的不同声部。

第四节　调整宣传报道的话语体系

调整宣传报道的话语体系被官方一家控制的现状，采取由媒体发现、群众或网民推荐，自下而上，再由官方参与的报道模式。

传统的典型报道面对党报、党台系统，受众主要是党、政、军、群的机关干部。在这个语境中，传播者的目的是通过典型传达理念。按照这一理念常常使用的套路是：上级领导机关确定报道主题及正面人物→新闻媒体进行采访，按照预定计划开展宣传报道→上级领导接见正面人物并对其予以表彰→学习先进的活动展开。

这样的效果往往是宣传性有余而新鲜性不足、思想性有余而故事性不足。主要是缺乏吸引力、感染力。甚至有些人物形象，记者报道后沾沾自喜，宣传得轰轰烈烈，群众却并不接受，主要原因是受众选择权和话语权的转移。

一、消费时代，受众掌握着选择权和话语权

计划经济时代，话语权掌握在上级部门手中，上级发号施令，群众接受教育。因此那个时期的宣传报道效果非常好。市场经济时代，人们已经从“受教育者角色”转变为“消费者角色”。这种重大变化，使“传者中心”转变为“受众中心”，受众将掌握着传播的选择权和话语权。① 宣传报道效果好与不好，评判权在受众而不是上级部门。

二、意识形态隐蔽化

根据当代受众浏览式阅读、轻松式接受信息的特点，新闻报道意识形态色彩从明

① 唐卫彬. 新闻报道“三贴近”的演进路向及对策思考. 卓培荣. 2005 年新华社新闻学术年会论文选（中）. 北京：新华出版社，2007. 110.

显化转为隐蔽化、含蓄化。同时，受众不会接受赤裸裸的政治教育式宣传，单向度传播模式会令多数受众厌倦甚至拒绝这种方式，多向度话语的一代受众将会形成意识形态隐蔽化的欲求。[①]

三、反权威、反说教、反灌输的心理应当引起重视

中国社会正在转型之中。媒介如何更好地促进社会发展，促进上下协调，促进人与社会的和谐，已是当今不可回避的话题。可以说，传媒以往一相情愿的、片面的灌输式宣传已经不能适应当代社会，传媒必须适应政治的发展、经济形态的变化、受众价值观与态度的变化，才能发挥凝聚社会的作用。

因此，宣传报道的话语体系应调整为：

（1）媒体发现→媒体报道→组合传播→上级部门表彰。

（2）群众或网民发现→媒体报道→传、受互动→上级部门介入。

《感动中国》的成功尽管也是上级部门批示同意，但媒体有了较大自主权，传播效果良好，这种成功经验值得推广。但这毕竟只是传播方式之一。

第五节　建立媒体采编人员的考核机制、督促机制和奖励机制

新华社在典型报道方面积累了丰富的经验，在中国新闻奖获奖作品中占据了绝对优势。雷锋、王进喜、焦裕禄、许振超、任长霞、郑培民、牛玉儒、王顺友等典型人物都是通过新华社的报道而向社会传播，在社会上产生了巨大影响。

他们的措施主要是两个方面：第一，制度建设，建立媒体采编人员的考核机制、督促机制和奖励机制；第二，业务研讨。

一、制度建设

（一）考核机制和督促机制

（1）每季度要求“正面、重点报道”占一定的比例，一般情况下都会完成和超额完成。

（2）社总编室在“每周表扬稿”中最早设置了“最佳正面报道”的评选，这一做法后来被引入社级好稿评选当中。为发挥业务考核的“指挥棒”作用，2006 年 4 月社总编室制定了《正面、重点报道认定实施暂行办法》，加大了正面报道在分社业

① 唐卫彬．新闻报道“三贴近”的演进路向及对策思考．卓培荣．2005 年新华社新闻学术年会论文选（中）．北京：新华出版社，2007. 110.

务考核中的权重。

（二）奖励机制

根据各分社、各单位完成情况进行单位奖和个人奖，以促进对正面报道的报道积极性。

二、业务研讨

业务研讨分定期和不定期两种。不定期：在每个时期重大事件后进行业务探讨。诸如雪灾报道、地震报道和奥运报道等。定期：半年或一年一次。围绕本年度的热点问题，以学术年会的形式，从实践和理论上深入讨论分析，然后集结成册或内部出版，或公开出版。如最近几年出版的学术年会论文选，具有较高的学术价值和实践指导意义。

新华社的这些措施，为全社加强和改进新时期正面报道起到了积极的促进作用，也为正面人物报道提供了参考借鉴。

第六节　建立媒体受众信息库，了解受众需求

我国一些媒体已经有信息库，但此项工程较为复杂，目前产生的效果并不明显。有些媒体建立了受众信息库，但没有发挥作用。

从正面人物宣传报道角度建立受众信息库，可以采用不太复杂的手段操作。

（1）加强收集网络与传统媒体关于正面人物的信息资料；收集网民与读者、观众对正面人物宣传报道的反应，以便及时制订下一步报道计划。

（2）全国媒体形成一个正面人物报道的信息反馈网络体系，某一个地方媒体或中央媒体报道正面人物的信息，其他媒体根据新闻价值设计话题讨论，然后反馈信息。

（3）及时收集研究机构的调查信息和学术信息。

（4）把正面人物宣传报道作为一项工程。

现在的典型报道不断淡化，我们应当认识到，典型报道不可能再回到以前那种宣传报道效果上，也不可能再用以前的观念和方式进行宣传报道。但作为一种主流文化应当传承与发扬，因此，应把正面人物宣传报道作为媒体工作的一项工程来进行研究。

此外，学术界应当加强正面人物宣传报道的学术研究。

近几年，学界的新闻传播学理论学术研究非常热，这是必要的。但针对新闻业务类的研究趋冷，正面人物宣传报道在全国范围内的学术研究不多，主要表现在：重视西方、轻视中方的新闻报道尤其是正面人物报道；其次，重视理论研究不重视新闻实践的研究；再次，重视一些方法和形式方面的研究，忽视内容研究。

造成这一现象的主要原因是，西方新闻理念在学术界占主流地位，而研究新闻实践中的问题，学术界不太看好，认为没有理论，不值得探讨。这种倾向应当受到重视并及时调整。

在新闻业务研究方面，业界比学界做得主动、细致和有成效。新华社曾经召开过一系列涉及正面报道的研讨会。比如2002年9月召开的“加强和改进正面报道研讨会”提出，要增强正面报道的吸引力、感染力和针对性，避免直观化、表面化、简单化和概念化。这次会议可以说准确地抓住了当时正面报道中存在的突出问题。

附　录

正面人物宣传报道的调查与分析

IMAGE-BUILDING & SOCIAL IDENTITY：A STUDY OF THE SOCIAL EFFECTS OF MEDIA PROMOTION TO THE POSITIVE FIGURES

调查设计说明

调查目的：对“英雄人物”宣传报道的接受情况

调查对象：网民、广州市市民、广州市中学生

调查方式：随机抽样

调查范围：广州市7个区市民（天河区、荔湾区、芳村区、黄埔区、越秀区、白云区、海珠区）、广东4所中学（广州市培正中学、暨南大学附属中学、鱼窝头中学、化州一中）、新浪网网民

选择三类调查对象的目的：新浪网调查，为了收集网民的看法；中学生作为“90后”的青少年群体；市民代表百姓群体。

调查时间跨度：本调查从2007年5月17日开始，至2008年4月26日结束。

调查问卷设计：新浪网调查问卷选择2006年度“感动中国”的10位人物和集体为内容；广州市市民和中学生问卷则选择20世纪60年代以来的典型人物作为内容，既有雷锋、焦裕禄等，也有牛玉儒、郑培民、任长霞、刘翔、姚明等。

第一节　广州市民调查数据与分析

调查时间：2008年4月12日至26日

调查方式：随机抽样

调查范围：广州市7个区市民（天河区、荔湾区、芳村区、黄埔区、越秀区、白云区、海珠区）

广州市市民调查区段选择：闹市区和非闹市区

调查问卷回收情况：发出问卷600份，收回560份，作废28份，人工检测有效问卷526份（注：软件分析的数据按526份输入，图表显示的有效和无效是按软件分析自动生成）。

一、被调查人员情况

（一）性别比例

526份问卷中，有效问卷519份，无效问卷7份。其中男性占53.8%，女性占44.9%。

统计表

性别比例

N	有效	519
	缺失	7

性别

		频数	百分比	有效百分比	累计百分比
有效	男	283	53.8	54.5	54.5
	女	236	44.9	45.5	100.0
	共计	519	98.7	100.0	
缺失		7	1.3		
总计		526	100.0		

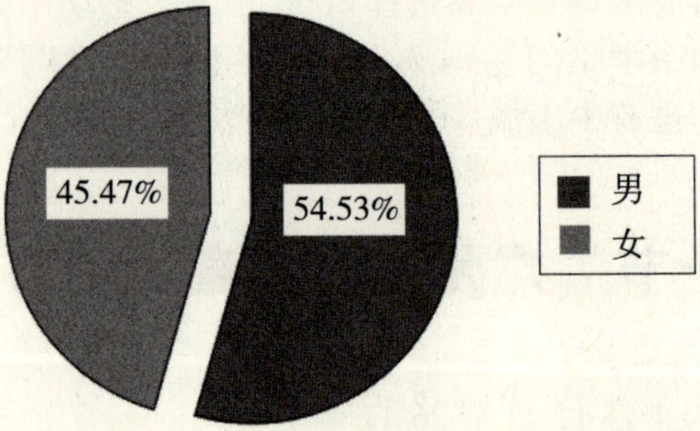

性别

（二）年龄结构

年龄结构的问卷中，526 份问卷全部有效。年龄在 17～35 岁之间的人员 418 人，占79.5%；36～50 岁的有72 人，占13.7%；50 岁以上的36 人，占6.8%。被调查人员中，中青年者占绝大多数。

统计表

年龄

N	有效	526
	缺失	0

年龄

		频数	百分比	有效百分比	累计百分比
有效	17~25 岁	223	42.4	42.4	42.4
	26~35 岁	195	37.1	37.1	79.5
	36~50 岁	72	13.7	13.7	93.2
	50 岁以上	36	6.8	6.8	100.0
	总计	526	100.0	100.0	

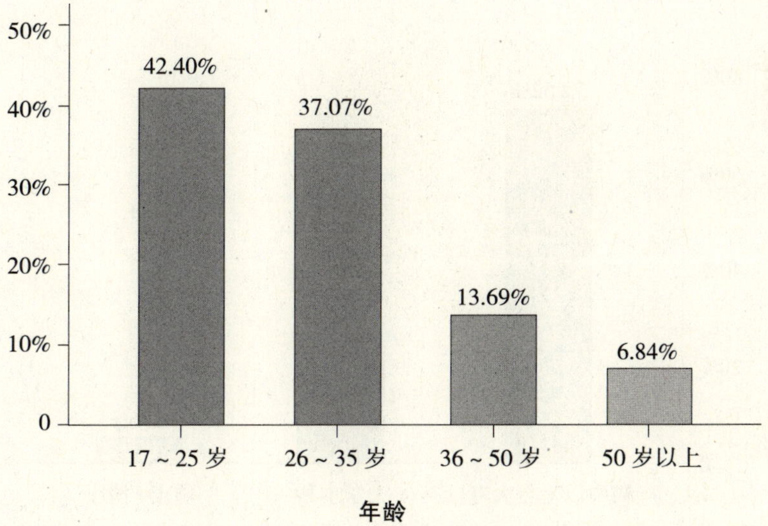

（三）文化程度

文化程度这一项问卷中无效问卷 2 份，有效问卷 524 份。其中初中以上、大专文化程度的人员 380 人，占 72.2%；大学本科以上人员 144 人，占 27.3%。

统计表

文化程度

N	有效	524
	缺失	2

文化程度

		频数	百分比	有效百分比	累计百分比
有效	初中以上至大专	380	72.2	72.5	72.5
	大学本科	118	22.4	22.5	95.0
	硕士/博士	26	4.9	5.0	100.0
	共计	524	99.6	100.0	
缺失		2	0.4		
总计		526	100.0		

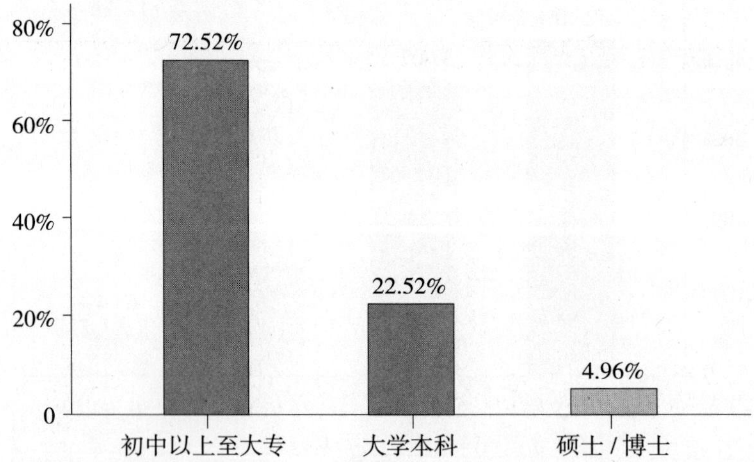

文化程度

（四）职业分布

该项的填写，526 份问卷全部有效。第一位是企业人员，199 人，占总人数 37.8%；第二位是自由职业者，143 人，占总人数 27.2%；第三位是其他，75 人，占 14.3%；第四位是商人，54 人，占 10.3%；第五位是文教人员，28 人，占 5.3%；第六位是公务员，17 人，占 3.2%；最后一位是军人，10 人，占 1.9%。

统计表

职业

N	有效	526
	缺失	0

职业

		频数	百分比	有效百分比	累计百分比
有效	商人	54	10. 3	10. 3	10. 3
	企业人员	199	37. 8	37. 8	48. 1
	自由职业者	143	27. 2	27. 2	75. 3
	军人	10	1. 9	1. 9	77. 2
	公务员	17	3. 2	3. 2	80. 4
	文教人员	28	5. 3	5. 3	85. 7
	其他	75	14. 3	14. 3	100. 0
	总计	526	100. 0	100. 0	

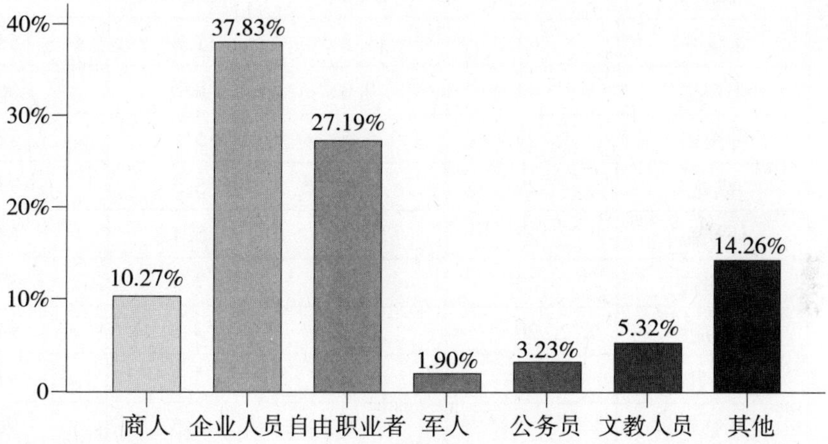

职业

二、问卷内容分析

问卷共列举了 19 位人物：刘胡兰、雷锋、焦裕禄、张海迪、孔繁森、牛玉儒、任长霞、钟南山、丛飞、成龙、徐本禹、洪战辉、李宇春、刘翔、姚明、袁隆平、田世国、孙必干、郑培民等。

（一）市民心目中的英雄第一位：雷锋

市民心目中第一位的英雄雷锋得票最多，为 143 人，占 27. 2%；105 位市民心目中第一位的英雄是刘胡兰，占 20%；62 位市民心目中第一位的英雄是袁隆平，占 11. 8%；42 位市民心目中第一位的英雄是焦裕禄，占 8%。任长霞排在第七位，孔繁森排在第十一位，牛玉儒排在第十三位，徐本禹、洪战辉排在最后两位。说明无私奉献型、为人民服务型、英勇献身型、突出贡献型人物仍在市民心目中占有非常重要的地位。

统计表

您心目中的英雄——第一位

N	有效	526
	缺失	0

您心目中的英雄——第一位

		频数	百分比	有效百分比	累计百分比
有效	雷锋	143	27.2	27.2	27.2
	刘胡兰	105	20.0	20.0	47.1
	袁隆平	62	11.8	11.8	58.9
	焦裕禄	42	8.0	8.0	66.9
	钟南山	29	5.5	5.5	72.4
	成龙	29	5.5	5.5	77.9
	任长霞	27	5.1	5.1	83.1
	张海迪	23	4.4	4.4	87.5
	刘翔	20	3.8	3.8	91.3
	姚明	18	3.4	3.4	94.7
	孔繁森	8	1.5	1.5	96.2
	丛飞	7	1.3	1.3	97.5
	牛玉儒	3	0.6	0.6	98.1
	李宇春	3	0.6	0.6	98.7
	其他	3	0.6	0.6	99.2
	徐本禹	2	0.4	0.4	99.6
	洪战辉	2	0.4	0.4	100.0
	总计	526	100.0	100.0	

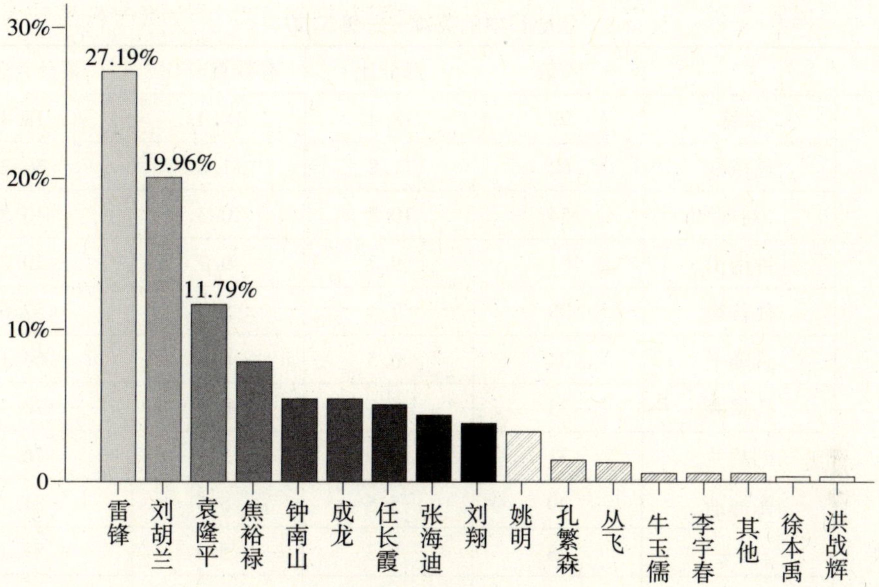

您心目中的英雄——第一位

（二）市民心目中的英雄第二位：雷锋

市民心目中第二位的英雄依然是雷锋，得票率也是很高，为 97 人，占 18. 4%；62 人把焦裕禄排在第二位，占 11. 8%；54 人把刘翔排在第二位，占 10. 3%；51 人把钟南山排在第二位，占 9. 7%；39 人把任长霞排在第二位，占 7. 4%；34 人把袁隆平排在第二位，占 6. 5%。排在最后两位的是牛玉儒和孙必干。

值得注意的是 54 人把刘翔排在第二位，仅排在焦裕禄之后；51 人把钟南山排在第二位，说明体育明星刘翔和平民英雄钟南山在市民心目中的地位举足轻重。

统计表

您心目中的英雄——第二位/第三位

		您心目中的英雄——第二位	您心目中的英雄——第三位
N	有效	526	526
	缺失	0	0

您心目中的英雄——第二位

		频数	百分比	有效百分比	累计百分比
有效	雷锋	97	18.4	18.4	18.4
	焦裕禄	62	11.8	11.8	30.2
	刘翔	54	10.3	10.3	40.5
	钟南山	51	9.7	9.7	50.2
	任长霞	39	7.4	7.4	57.6
	袁隆平	34	6.5	6.5	64.1
	孔繁森	33	6.3	6.3	70.3
	刘胡兰	31	5.9	5.9	76.2
	张海迪	29	5.5	5.5	81.7
	成龙	28	5.3	5.3	87.1
	姚明	25	4.8	4.8	91.8
	丛飞	22	4.2	4.2	96.0
	郑培民	7	1.3	1.3	97.3
	洪战辉	5	1.0	1.0	98.3
	李宇春	4	0.8	0.8	99.0
	牛玉儒	3	0.6	0.6	99.6
	孙必干	1	0.2	0.2	99.8
	其他	1	0.2	0.2	100.0
	总计	526	100.0	100.0	

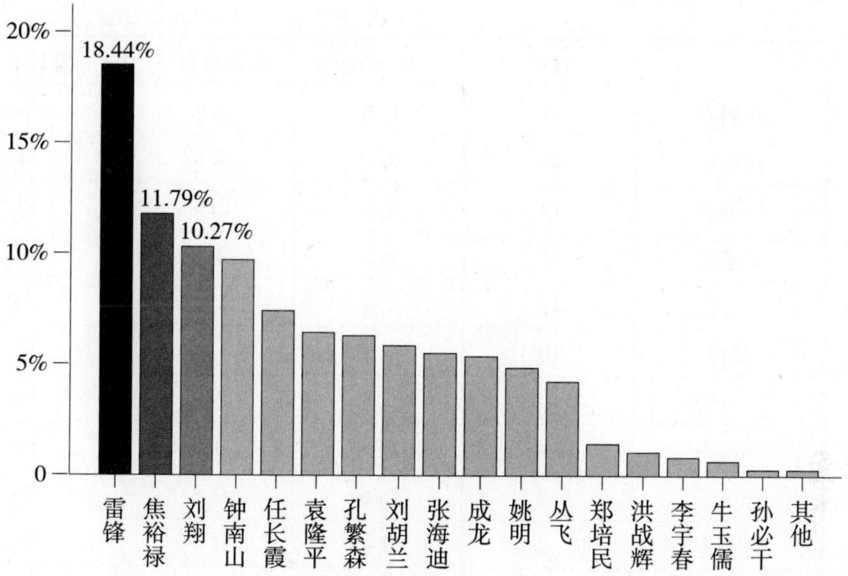

您心目中的英雄——第二位

（三）市民心目中第三位的英雄：袁隆平

市民心目中第三位的英雄排名最靠前的是袁隆平，为66人，占12.5%；52人把焦裕禄放在第三位，占9.9%；50人把姚明排在第三位，占9.5%；49人把成龙排在第三位，占9.3%；43人把雷锋排在第三位，占8.2%；43人把刘翔排在第三位，占8.2%。

突出贡献型英雄袁隆平成为市民心中的楷模；体育明星姚明、影星成龙的排名也较靠前；排在最后两位的是李宇春和孙必干。

您心目中的英雄——第三位

		频数	百分比	有效百分比	累计百分比
有效	袁隆平	66	12.5	12.5	12.5
	焦裕禄	52	9.9	9.9	22.4
	姚明	50	9.5	9.5	31.9
	成龙	49	9.3	9.3	41.3
	雷锋	43	8.2	8.2	49.4
	刘翔	43	8.2	8.2	57.6
	钟南山	41	7.8	7.8	65.4
	刘胡兰	36	6.8	6.8	72.2
	张海迪	31	5.9	5.9	78.1

（续上表）

		频数	百分比	有效百分比	累计百分比
	孔繁森	31	5.9	5.9	84.0
	任长霞	25	4.8	4.8	88.8
	洪战辉	13	2.5	2.5	91.3
	郑培民	12	2.3	2.3	93.5
	丛飞	11	2.1	2.1	95.6
	其他	10	1.9	1.9	97.5
	牛玉儒	4	0.8	0.8	98.3
	徐本禹	4	0.8	0.8	99.0
	李宇春	3	0.6	0.6	99.6
	孙必干	2	0.4	0.4	100.0
	总计	526	100.0	100.0	

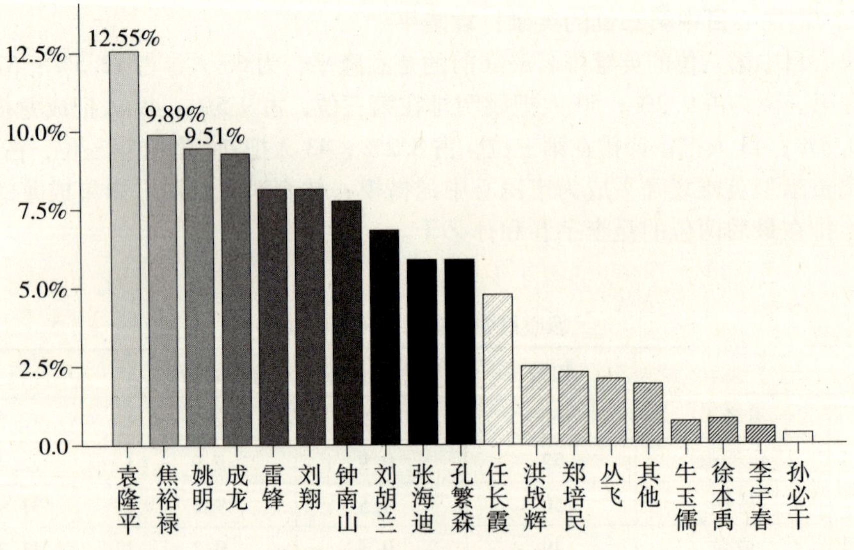

您心目中的英雄——第三位

（四）了解英雄事迹渠道——首选电视

了解英雄事迹市民首选的媒体是电视，226 人，占 43%；第二位是书籍，126 人，占 24%；第三位是报纸，79 人，占 15%；第四位是网络，78 人，占 14.8%。

统计表

您主要是从哪种媒体上了解到英雄事迹的?

N	有效	526
	缺失	0

您主要是从哪种媒体上了解到英雄事迹的?

		频数	百分比	有效百分比	累计百分比
有效	电视	226	43.0	43.0	43.0
	网络	78	14.8	14.8	57.8
	报纸	79	15.0	15.0	72.8
	书籍	126	24.0	24.0	96.8
	杂志	8	1.5	1.5	98.3
	其他	9	1.7	1.7	100.0
	总计	526	100.0	100.0	

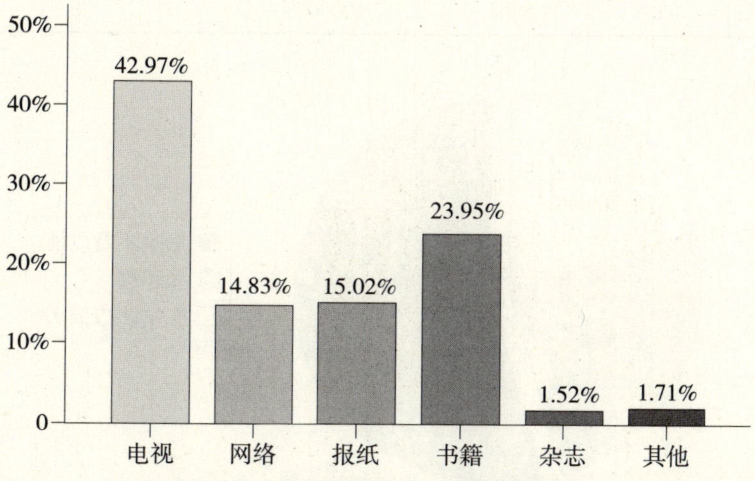

您主要是从哪种媒体上了解到英雄事迹的?

（五）与以前的宣传报道效果比较：影响力不如以前

认为今天的英雄人物报道没有像对雷锋、焦裕禄等人物报道的影响力大的有 285 人，占 54.2%；认为与以前差不多的有 134 人，占 25.5%；认为影响比以前大的有 105 人，占 20%。

总体来看，一半以上的市民认为，今天的典型报道没有以前的影响力大。这说明典型报道的效果减弱了。

统计表

相比雷锋、焦裕禄等老辈英雄人物报道，您认为今天的英雄人物报道

N	有效	524
	缺失	2

相比雷锋、焦裕禄等老辈英雄人物报道，您认为今天的英雄人物报道

		频数	百分比	有效百分比	累计百分比
有效	影响不及以前	285	54.2	54.4	54.4
	差不多	134	25.5	25.6	80.0
	影响比以前大	105	20.0	20.0	100.0
	共计	524	99.6	100.0	
缺失		2	0.4		
总计		526	100.0		

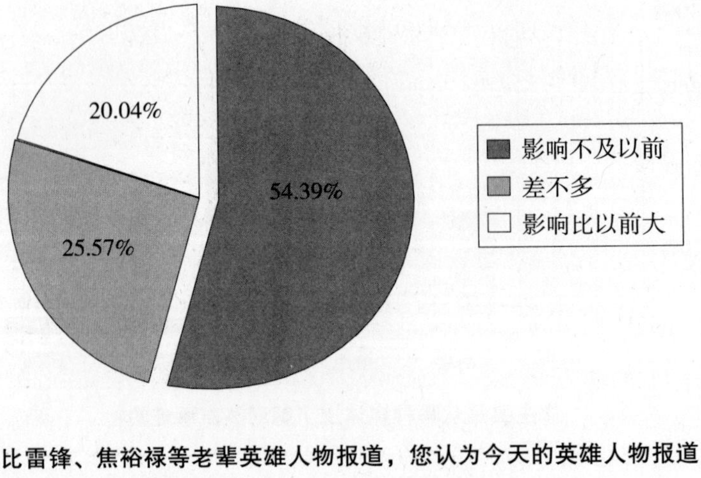

相比雷锋、焦裕禄等老辈英雄人物报道，您认为今天的英雄人物报道

（六）有人认为比以前人物报道的影响力大

在认为比以前人物报道的影响力大的105人中，有41人认为比以前的人物报道更感人，41人，占39%；认为更真实的有37人，占35.2%；认为更好看的有27人，占 25.7%。

可以看出，内容上的感染力和真实性是市民关注人物宣传报道的两个主要因素，形式上的“好看”，也是吸引市民的一个重要因素。

统计表

（如果选③请做此题）您认为比前者影响大，主要是觉得它比以前

N	有效	105
	缺失	0

（如果选③请做此题）您认为比前者影响大，主要是觉得它比以前

		频数	百分比	有效百分比	累计百分比
有效	更好看	27	25.7	25.7	25.7
	更真实	37	35.2	35.2	61.0
	更感人	41	39.0	39.0	100.0
	总计	105	100.0	100.0	

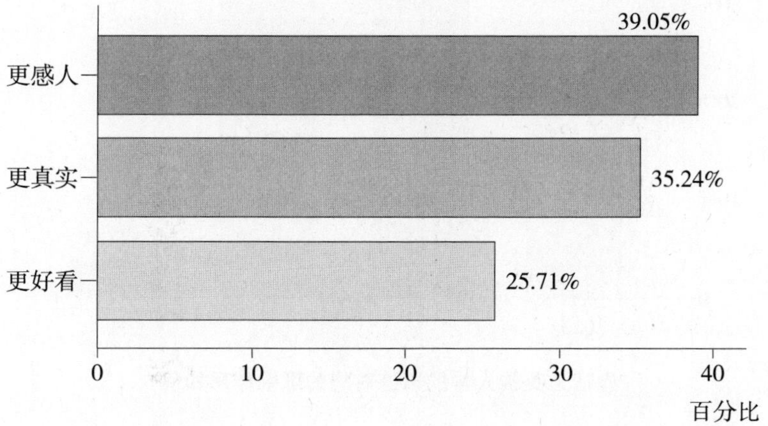

（如果选③请做此题）您认为比前者影响大，主要是觉得它比以前

（七）英雄人物的事迹对个人的影响

认为英雄人物的事迹对个人的影响“大”和“很大”的有 313 人，占 59.5%；认为影响“不大”和“小”的有 213 人，占 40.5%。说明一半以上的市民肯定英雄人物的事迹对个人产生正面影响。

统计表

您认为英雄人物的事迹对您的影响作用如何？

N	有效	526
	缺失	0

您认为英雄人物的事迹对您的影响作用如何？

		频数	百分比	有效百分比	累计百分比
有效	很大	109	20.7	20.7	20.7
	大	204	38.8	38.8	59.5
	不大	193	36.7	36.7	96.2
	小	20	3.8	3.8	100.0
	总计	526	100.0	100.0	

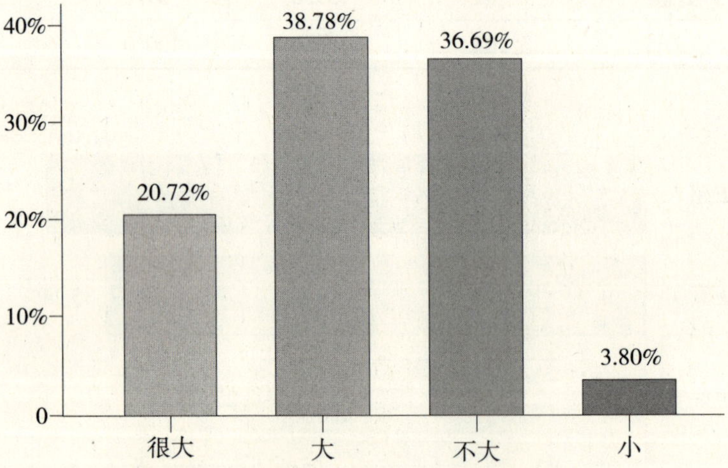

您认为英雄人物的事迹对您的影响作用如何？

（八）市民最欣赏的英雄人物类型

第一位，无私奉献型，162 人，占 30.8%；第二位，突出贡献型，110 人，占 20.9%；第三位，顽强奋斗型，106 人，占 20.2%；第四位，诚实可信型，86 人，占 16.3%；第五位，见义勇为型，56 人，占 10.6%。

调查发现，市民对无私奉献型的英雄仍保持崇敬态度，高居榜首；对突出贡献型英雄的认识有所提高；见义勇为的价值取向已被放在后面。这是市民价值取向的变化。

统计表

您最欣赏哪类英雄人物?

N	有效	526
	缺失	0

您最欣赏哪类英雄人物?

		频数	百分比	有效百分比	累计百分比
有效	无私奉献型	162	30.8	30.8	30.8
	突出贡献型	110	20.9	20.9	51.7
	顽强奋斗型	106	20.2	20.2	71.9
	诚实可信型	86	16.3	16.3	88.2
	见义勇为型	56	10.6	10.6	98.9
	其他	6	1.1	1.1	100.0
	总计	526	100.0	100.0	

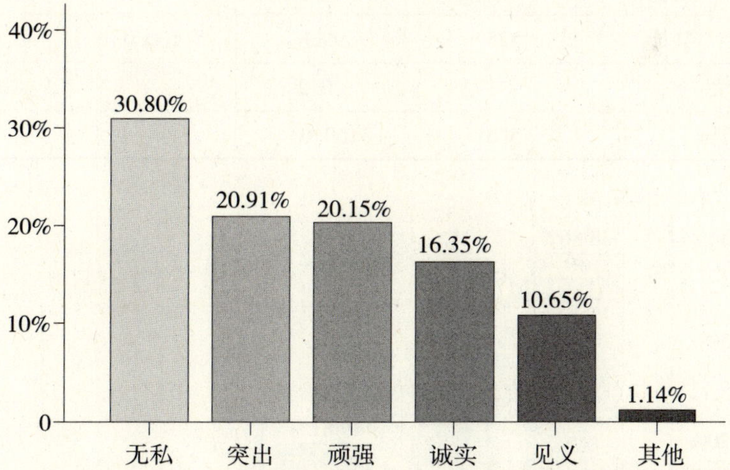

您最欣赏哪类英雄人物?

(九)市民希望了解英雄人物事迹的形式

首选影视,204 人,占 38.8%;其次是报纸,135 人,占 25.7%;第三是网络,104 人,占 19.8%;第四是事迹报告会,69 人,占 13.1%;第五,其他,13 人,占 2.5%。

由此可见，通过影视了解英雄人物事迹，成了市民希望的首选形式，报纸是市民了解英雄人物事迹的第二种形式，网络排在第三位。

统计表

您最希望通过哪种形式了解有关英雄人物的事迹?

N	有效 缺失	525 1

您最希望通过哪种形式了解有关英雄人物的事迹?

		频数	百分比	有效百分比	累计百分比
有效	影视	204	38.8	38.9	38.9
	报纸	135	25.7	25.7	64.6
	网络	104	19.8	19.8	84.4
	事迹报告会	69	13.1	13.1	97.5
	其他	13	2.5	2.5	100.0
	共计	525	99.8	100.0	
缺失		1	0.2		
总计		526	100.0		

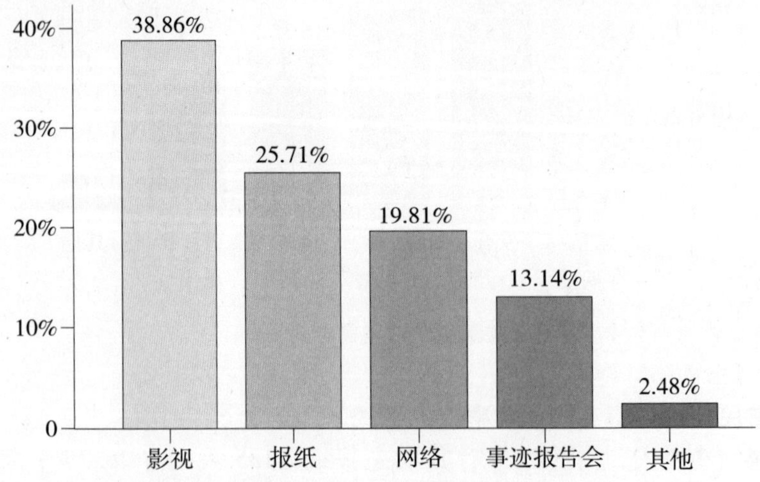

您最希望通过哪种形式了解有关英雄人物的事迹?

三、结论

（一）平民英雄更受欢迎

市民心目中的英雄的第一位（27.2%）和第二位（18.4%）均是雷锋，袁隆平排名第三位（12.5%），说明平民英雄最受市民认可。

（二）焦裕禄等典型人物的影响力仍很大

20世纪60年代的领导干部典型的影响力仍很大，如焦裕禄等；最近几年的领导干部典型如牛玉儒、任长霞、郑培民等，影响力不及前者。

这种现象反映了市民对领导干部典型的接受态度的变化。有市民在被调查时说，我们身边怎么看不到这样的干部？反映了市民对焦裕禄这样的典型的呼唤，同时也反映了对现在的典型的真实性存在怀疑。虽然只是个别市民的心态，却代表了一部分市民的真实看法。这为宣传报道领导干部典型增加了难度。

附录　广州市民调查问卷

编号________　时间________　调查地点____________　调查员________

"英雄人物"传播效果调查问卷

亲爱的朋友：您好！

我们是暨南大学新闻与传播学院新闻传播效果课题组，目前正在进行一项"英雄人物"传播效果的调查。此调查纯粹是一项公益活动，主要是了解您的意见和建议，以便改进宣传报道工作。敬请抽出时间填写此卷，您的回答很重要，请您如实填写，所有资料仅做研究之用，我们将对您的个人资料及回答负保密责任，敬请放心。

感谢您的支持与合作！

新闻传播效果课题组

2008年4月

填答说明：

①请将符合您情况的答案写在题目后面的"（　）"中。

②如果某些问题未列出适合您的情况的项目，请在选项"其他"后的横线上填写您的情况。

您的性别：①女（　　）②男（　　）

您的年龄：（　　）

①17~25岁　②26~35岁　③36~50岁　④50岁以上

您的文化程度：（　　）

①初中以上至大专　②大学本科　③硕士/博士

您的职业：（　　）

①商人　②企业人员　③自由职业者

④军人　　　⑤公务员　　　　⑥文教人员　　　⑦其他________

一、您心目中的英雄是（选三个并按重要性排序）（　　）（　　）（　　）

(1) 刘胡兰　　(2) 雷　锋　　(3) 焦裕禄　　(4) 张海迪
(5) 孔繁森　　(6) 牛玉儒　　(7) 任长霞　　(8) 钟南山
(9) 丛　飞　　(10) 成　龙　　(11) 徐本禹　　(12) 洪战辉
(13) 李宇春　　(14) 刘　翔　　(15) 姚　明　　(16) 袁隆平
(17) 田世国　　(18) 孙必干　　(19) 郑培民　　(20) 其他

二、您主要是从哪种媒体上了解到英雄事迹的？（　　）（单选）

①电视　　②网络　　③报纸　　④书籍　　⑤杂志　　⑥其他

三、相比雷锋、焦裕禄等老辈英雄人物报道，您认为今天的英雄人物报道（　　）（单选）

①影响不及以前　　②差不多　　③影响比以前大

四、（如果选③请做此题）您认为比前者影响大，主要是觉得它比以前（　　）（单选）

①更好看　　②更真实　　③更感人

五、您认为英雄人物的事迹对您的影响作用如何？（　　）（单选）

①很大　　②大　　③不大　　④小

六、您最欣赏哪类英雄人物？（　　）（单选）

①顽强奋斗型　　②突出贡献型　　③无私奉献型　　④诚实可信型
⑤见义勇为型　　⑥其他

七、您最希望通过哪种形式了解有关英雄人物的事迹？（　　）

①报纸　　②影视　　③网络　　④事迹报告会　　⑤其他

第二节　中学生问卷调查与分析

调查时间：2007年5月18日—5月25日

调查对象：广东省5所中学（广州市培正中学、暨南大学附属中学、鱼窝头中学、化州一中、开平一中）学生

调查目的：心目中的英雄和喜欢哪种宣传方式

说明：发出问卷400份，收回391份，作废64份，人工检测有效问卷327份（注：软件分析的数据按327份输入，图表显示的有效和无效是按软件分析自动生成的）。

一、被调查学生基本情况

（一）性别比例

男生 151 人，占 46. 2%；女生 174 人，占 53. 2%。

统计表

性别

N	有效 缺失	325 2

性别

		频数	百分比	有效百分比	累计百分比
有效	男	151	46. 2	46. 5	46. 5
	女	174	53. 2	53. 5	100. 0
	总计	325	99. 4	100. 0	
缺失		2	0. 6		
总计		327	100. 0		

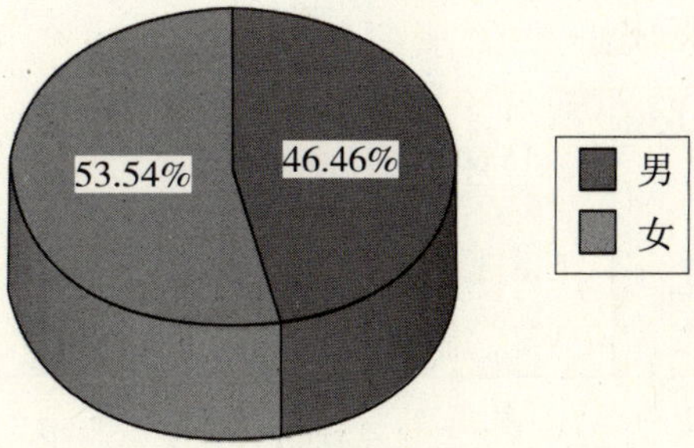

性别

（二）文化程度

初中生 112 人，占 34. 3%；高中生 215 人，占 65. 7%，其中高三学生占 44%。

统计表

年级构成

N	有效	327
	缺失	0

年级

		频数	百分比	有效百分比	累计百分比
有效	初一	61	18.7	18.7	18.7
	初二	51	15.6	15.6	34.3
	高一	50	15.3	15.3	49.5
	高二	21	6.4	6.4	56.0
	高三	144	44.0	44.0	100.0
	总计	327	100.0	100.0	

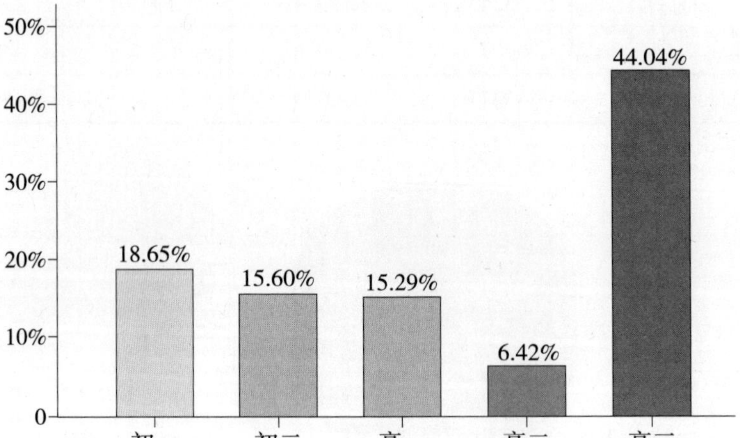

年级

二、内容分析

（一）心目中的英雄

1. 第一位：雷锋

中学生心目中第一位的英雄中，雷锋遥遥领先，有 114 人，占总数的 34.9%；42 人把袁隆平排在第一位，占 12.8%；29 人把刘翔排在第一位，占 8.9%；22 人把刘胡兰排在第一位，占 6.7%；19 人选其他（所列名单 19 名英雄人物之外，自己填写）

为第一位，占 5.8%；18 人把任长霞排在第一位，占 5.5%；17 人把张海迪排在第一位，占 5.2%。

在其他栏目里，中学生填写自己心目中第一位的英雄有：周恩来、毛泽东、拿破仑、贝克汉姆、杨利伟、切·格瓦拉、关羽、宋庆龄、李大钊、乔丹、洛萨、科比等。其中填写周恩来、毛泽东的最多。

统计表

您心目中的英雄——第一位/第二位/第三位

		您心目中的英雄——第一位	您心目中的英雄——第二位	您心目中的英雄——第三位
N	有效	323	318	313
	缺失	4	9	14

您心目中的英雄——第一位

		频数	百分比	有效百分比	累计百分比
有效	雷锋	114	34.9	35.3	35.3
	袁隆平	42	12.8	13.0	48.3
	刘翔	29	8.9	9.0	57.3
	刘胡兰	22	6.7	6.8	64.1
	其他	19	5.8	5.9	70.0
	任长霞	18	5.5	5.6	75.5
	张海迪	17	5.2	5.3	80.8
	钟南山	15	4.6	4.6	85.4
	成龙	15	4.6	4.6	90.1
	丛飞	14	4.3	4.3	94.4
	姚明	8	2.4	2.5	96.9
	洪战辉	4	1.2	1.2	98.1
	焦裕禄	3	0.9	0.9	99.1
	牛玉儒	1	0.3	0.3	99.4
	徐本禹	1	0.3	0.3	99.7
	田世国	1	0.3	0.3	100.0
	共计	323	98.8	100.0	

（续上表）

	频数	百分比	有效百分比	累计百分比
缺失	4	1.2		
总计	327	100.0		

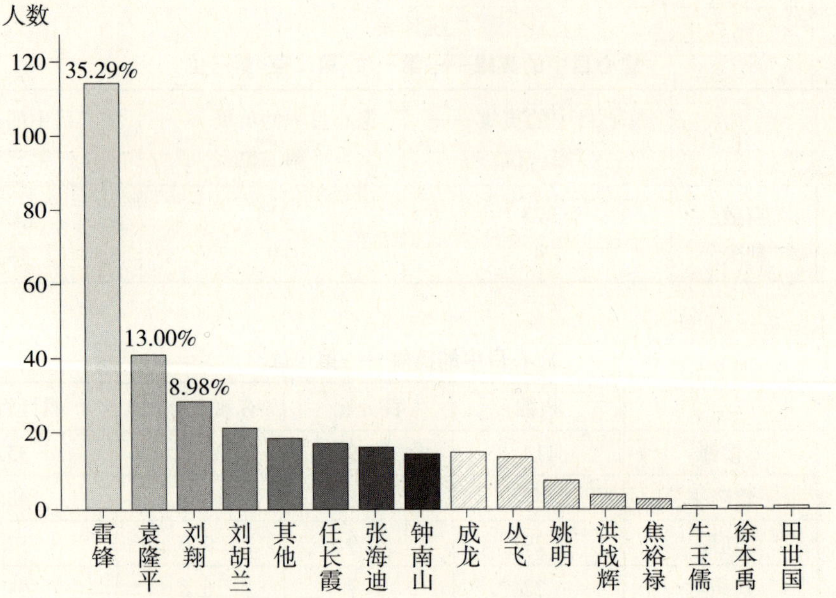

您心目中的英雄——第一位

2. 第二位：刘翔

中学生心目中第二位的英雄中，刘翔的人气最高，48 人，占 14.7%；37 人把丛飞排在第二位，占 11.3%；32 人把雷锋排在第二位，占 9.8%；30 人把袁隆平排在第二位，占 9.2%；29 人把姚明排在第二位，占 8.9%；27 人把任长霞排在第二位，占 8.3%；27 人把成龙排在第二位，占 8.3%。排在最后两位的是徐本禹和郑培民。

由此可见，体育明星和影星在中学生心目中占有重要位置，但雷锋、袁隆平等英雄人物在他们心目中仍有一定影响。

您心目中的英雄——第二位

		频数	百分比	有效百分比	累计百分比
有效	刘翔	48	14.7	15.1	15.1
	丛飞	37	11.3	11.6	26.7
	雷锋	32	9.8	10.1	36.8
	袁隆平	30	9.2	9.4	46.2
	姚明	29	8.9	9.1	55.3
	任长霞	27	8.3	8.5	63.8
	成龙	27	8.3	8.5	72.3
	张海迪	17	5.2	5.3	77.7
	钟南山	14	4.3	4.4	82.1
	刘胡兰	12	3.7	3.8	85.8
	焦裕禄	12	3.7	3.8	89.6
	洪战辉	10	3.1	3.1	92.8
	其他	10	3.1	3.1	95.9
	牛玉儒	4	1.2	1.3	97.2
	李宇春	4	1.2	1.3	98.4
	孙必干	2	0.6	0.6	99.1
	孔繁森	1	0.3	0.3	99.4
	徐本禹	1	0.3	0.3	99.7
	郑培民	1	0.3	0.3	100.0
	共计	318	97.2	100.0	
缺失		9	2.8		
总计		327	100.0		

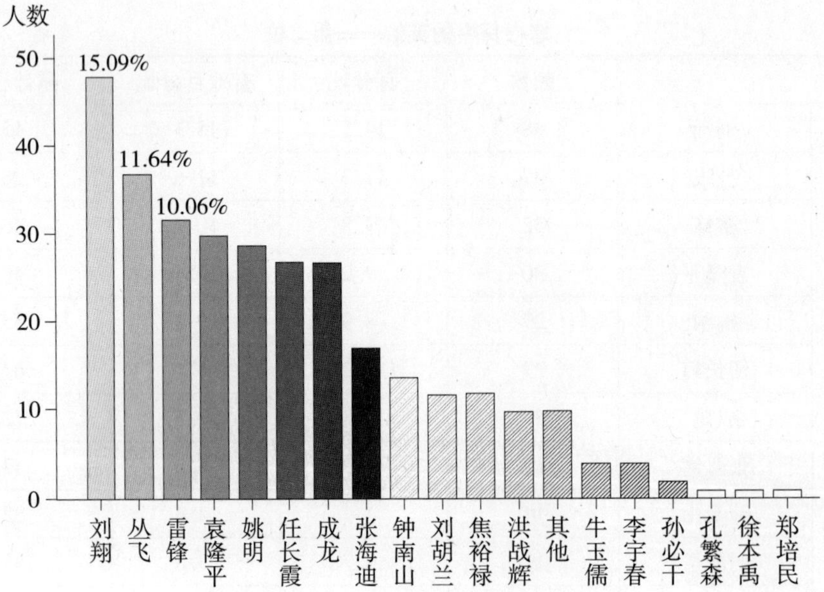

您心目中的英雄——第二位

3. 第三位：袁隆平

中学生心目中第三位的英雄人物中，袁隆平排名最靠前，58 人，占 17.7%；50 人把刘翔排在第三位，占 15.3%；34 人把姚明排在第三位，占 10.4%；25 人把成龙排在第三位，占 7.6%；21 人把张海迪和丛飞排在第三位，占 6.4%；16 人选其他，占 4.9%。排在最后三位的是：牛玉儒、李宇春、郑培民。

由此可见，突出贡献型的英雄在中学生心目中的地位较明显；体育明星、影星在中学生心目中的地位较稳固；顽强拼搏型的英雄对中学生来说较受推崇，如张海迪。

但对像李宇春这样的明星，他们并不认为是英雄。有学生在问卷中发表自己否定的看法，认为李宇春不能算英雄（这种现象在市民问卷中也有，当时在做问卷时被调查者就对把李宇春作为选项表示了质疑）。说明“90 后”对英雄人物的判断有自己的想法，并不盲目。

您心目中的英雄——第三位

		频数	百分比	有效百分比	累计百分比
有效	袁隆平	58	17.7	18.5	18.5
	刘翔	50	15.3	16.0	34.5
	姚明	34	10.4	10.9	45.4
	成龙	25	7.6	8.0	53.4
	张海迪	21	6.4	6.7	60.1
	丛飞	21	6.4	6.7	66.8
	其他	16	4.9	5.1	71.9
	任长霞	15	4.6	4.8	76.7
	焦裕禄	13	4.0	4.2	80.8
	洪战辉	13	4.0	4.2	85.0
	钟南山	12	3.7	3.8	88.8
	雷锋	10	3.1	3.2	92.0
	刘胡兰	6	1.8	1.9	93.9
	田世国	5	1.5	1.6	95.5
	徐本禹	3	0.9	1.0	96.5
	孙必干	3	0.9	1.0	97.4
	孔繁森	2	0.6	0.6	98.1
	牛玉儒	2	0.6	0.6	98.7
	李宇春	2	0.6	0.6	99.4
	郑培民	2	0.6	0.6	100.0
	共计	313	95.7	100.0	
缺失		14	4.3		
总计		327	100.0		

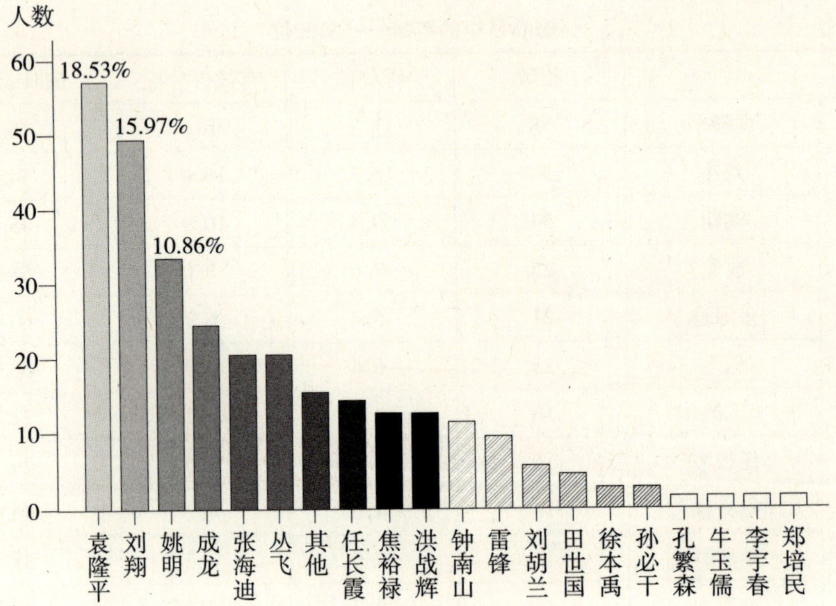

您心目中的英雄——第三位

（二）获取英雄人物信息渠道

中学生了解英雄人物的渠道首选电视，117人，占35.8%；第二位是书籍，82人，占25.1%；第三位是网络，61人，占18.7%；第四位是报纸，47人，占14.4%；第五位是杂志，11人，占3.4%；其他为5人，占1.5%。

统计表

您主要是从哪种媒体上了解到英雄事迹的？

N	有效	323
	缺失	4

您主要是从哪种媒体上了解到英雄事迹的？

		频数	百分比	有效百分比	累计百分比
有效	电视	117	35.8	36.2	36.2
	书籍	82	25.1	25.4	61.6
	网络	61	18.7	18.9	80.5
	报纸	47	14.4	14.6	95.0
	杂志	11	3.4	3.4	98.5
	其他	5	1.5	1.5	100.0
	共计	323	98.8	100.0	
缺失		4	1.2		
总计		327	100.0		

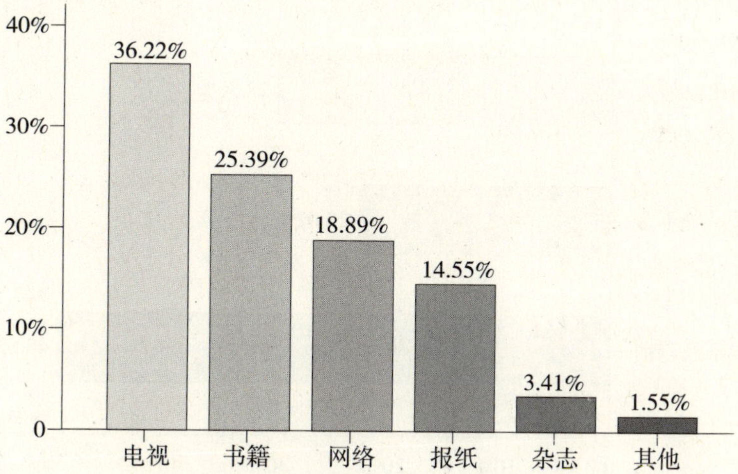

您主要是从哪种媒体上了解到英雄事迹的？

（三）英雄人物报道影响力前后比较

159 人认为今天的英雄人物报道影响不及以前，占 48.6%；认为差不多的有 72 人，占 22%；认为影响比以前大的有 96 人，占 29.4%。

在中学生看来，近一半人认为英雄人物宣传报道不如以前的英雄影响力大。

统计表

相比雷锋、焦裕禄等英雄人物报道，您认为今天的英雄人物报道

N	有效	327
	缺失	0

相比雷锋、焦裕禄等英雄人物报道，您认为今天的英雄人物报道

		频数	百分比	有效百分比	累计百分比
有效	影响不及以前	159	48. 6	48. 6	48. 6
	差不多	72	22. 0	22. 0	70. 6
	影响比以前大	96	29. 4	29. 4	100. 0
	总计	327	100. 0	100. 0	

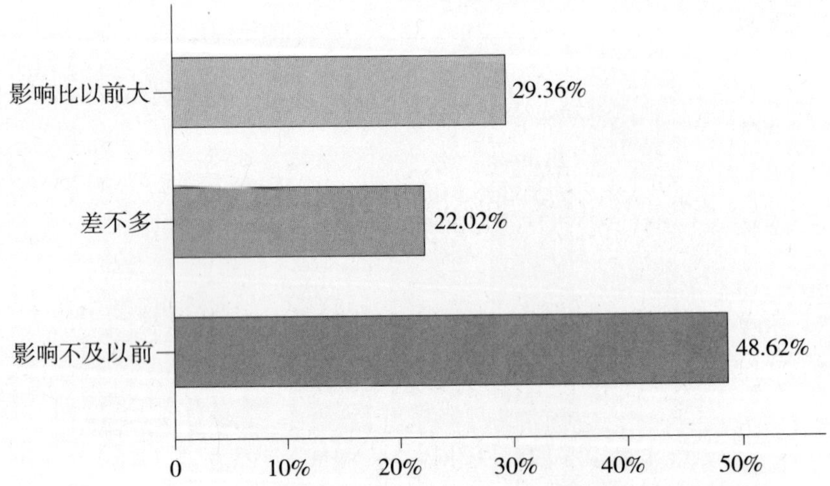

相比雷锋、焦裕禄等英雄人物报道，您认为今天的英雄人物报道

（四）影响比以前大的原因

有 94 位同学认为比以前影响力大。其中，49 位同学认为更加感人，占 51%；34 位同学认为更真实，占 35. 4%；11 位同学认为更好看，占 11. 5%。

这说明中学生更加讲究内容的感染力与真实性；形式上的“更好看”排在最后。

统计表

（如果选③请做此题）您认为比前者影响大，主要是觉得它比以前

N	有效	94
	缺失	2

（如果选③请做此题）您认为比前者影响大，主要是觉得它比以前

		频数	百分比	有效百分比	累计百分比
有效	更好看	11	11.5	11.7	11.7
	更真实	34	35.4	36.2	47.9
	更感人	49	51.0	52.1	100.0
	共计	94	97.9	100.0	
缺失		2	2.1		
总计		96	100.0		

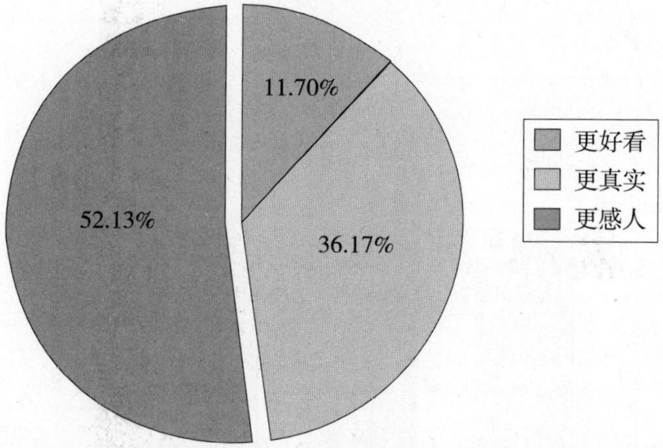

（如果选③请做此题）您认为比前者影响大，主要是觉得它比以前

（五）英雄人物的事迹对个人的影响

认为影响“大”或“很大”的有 208 人，占 63.6%；认为影响“不大”的有 97 人，占 29.7%；认为影响“小”的有 17 人，占 5.2%。

占六成多的同学认为英雄人物的事迹对自己影响大。

统计表

您认为英雄人物的事迹对您的影响作用如何?

N	有效	322
	缺失	5

您认为英雄人物的事迹对您的影响作用如何?

		频数	百分比	有效百分比	累计百分比
有效	很大	77	23.5	23.9	23.9
	大	131	40.1	40.7	64.6
	不大	97	29.7	30.1	94.7
	小	17	5.2	5.3	100.0
	共计	322	98.5	100.0	
缺失		5	1.5		
总计		327	100.0		

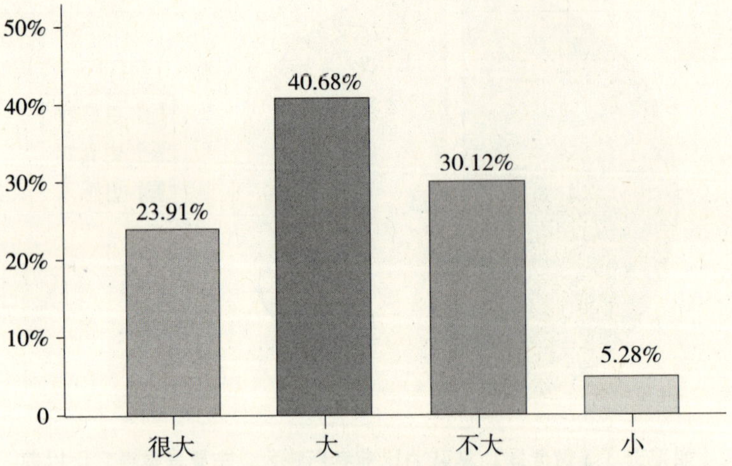

您认为英雄人物的事迹对您的影响作用如何?

(六) 喜欢人物的类型

第一位，无私奉献型，140 人，占总数的 42.8%，远远高于其他类型；第二位，顽强奋斗型，69 人，占 21.2%；第三位，突出贡献型，48 人，占 14.7%；第四位，见义勇为型，35 人，占 10.7%；第五位，诚实可信型，22 人，占 6.7%。

无私奉献型是中学生的首选，诚实可信型排在最后。

统计表

您最欣赏哪类英雄人物?

N	有效	325
	缺失	5

您最欣赏哪类英雄人物?

		频数	百分比	有效百分比	累计百分比
有效	无私奉献型	140	42. 8	43. 1	43. 1
	顽强奋斗型	69	21. 1	21. 2	64. 3
	突出贡献型	48	14. 7	14. 8	79. 1
	见义勇为型	35	10. 7	10. 8	89. 8
	诚实可信型	22	6. 7	6. 8	96. 6
	其他	11	3. 4	3. 4	100. 0
	共计	325	99. 4	100. 0	
缺失		2	0. 6		
总计		327	100. 0		

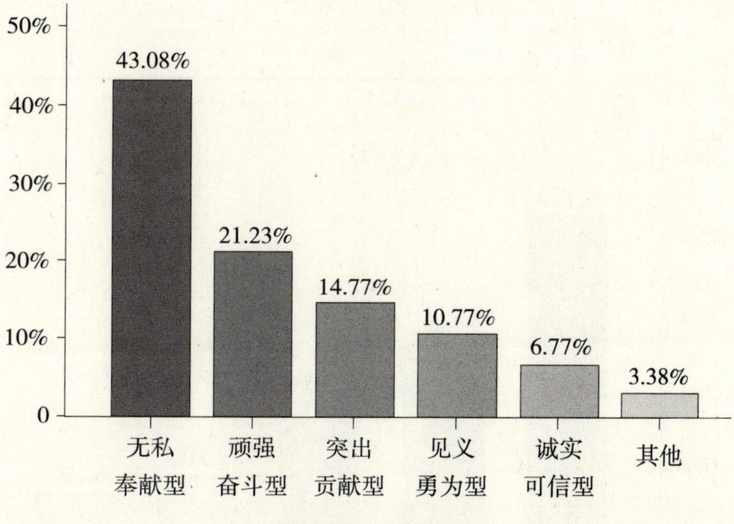

您最欣赏哪类英雄人物?

（七）希望了解英雄人物的形式

影视137人，占41.9%；网络83人，占25.4%；报纸58人，占17.7%；事迹报告会27人，占8.3%；其他20人，占6.1%。

中学生首选影视，第二是网络，第三是报纸。事迹报告会的形式被放在了后面。

统计表

您最希望通过哪种形式了解有关英雄人物的事迹？

N	有效	325
	缺失	2

您最希望通过哪种形式了解有关英雄人物的事迹？

		频数	百分比	有效百分比	累计百分比
有效	影视	137	41.9	42.2	42.2
	网络	83	25.4	25.5	67.7
	报纸	58	17.7	17.8	85.5
	事迹报告会	27	8.3	8.3	93.8
	其他	20	6.1	6.2	100.0
	共计	325	99.4	100.0	
缺失		2	0.6		
总计		327	100.0		

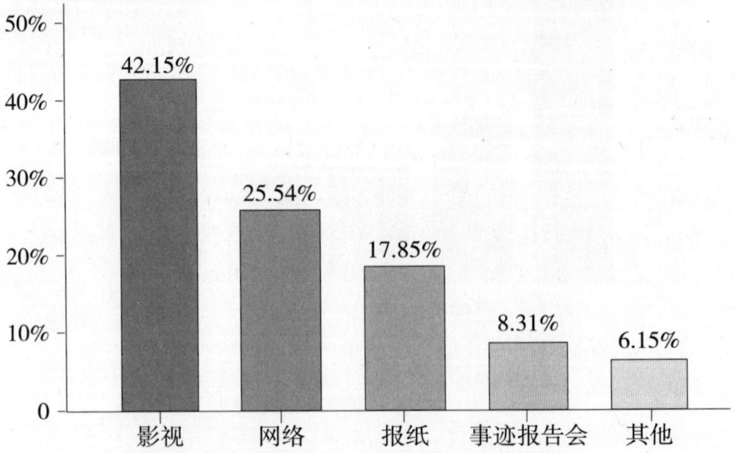

您最希望通过哪种形式了解有关英雄人物的事迹？

三、结论

中学生属于“90后”一代，他们正处于学习知识的阶段，也处于成长期，对新生事物有极大的好奇心，对新媒体的接触有极大兴趣。尽管他们的思想等方面还不太成熟，但对英雄人物的看法从一个方面反映了这一代人的真实想法。

（1）无私奉献型的英雄在中学生心目中占首位，如雷锋、焦裕禄、丛飞等人物。

（2）顽强奋斗型的英雄排在第二位，他们对张海迪、刘翔、姚明、成龙等人物较为推崇。对影星、体育明星并非盲目推崇，认为属于顽强奋斗的结果。对李宇春这样的“明星”并不认可。

（3）突出贡献型排在第三位，如袁隆平、霍英东等。

（4）见义勇为型和诚实可信型的人物被摆在较后的位置，只有10.7%和6.7%的人认可。

（5）中学生认为内容的“感染力”与“真实性”最重要；形式上的“更好看”排在次要位置。

（6）了解英雄人物的信息渠道第一位是电视，占35.8%；其次是书籍，占25.1%；第三位是网络，占18.7%；第四位是报纸，占14.4%；其他占1.5%。

（7）希望了解英雄人物的信息渠道，中学生首选“影视”，依次是“网络”和“报纸”。这反映了当代青少年接收信息的特点，喜欢形式活泼、富于感染力和有自由空间的网络媒体。

（8）对于“事迹报告会”的形式并不认可，影视、网络、报纸和事迹报告会四种形式中，中学生最不喜欢“事迹报告会”的形式。

附录　调查问卷

编号________　时间________　调查地点____________　调查员________

“英雄人物”传播效果调查问卷

亲爱的同学：您好！

我们是暨南大学新闻与传播学院新闻传播效果课题组，目前正在进行一项“英雄人物”传播效果的调查。此调查纯粹是一项公益活动，主要是了解您的意见和建议，以便改进宣传报道工作。敬请抽出时间填写此卷，您的回答很重要。

感谢您的支持与合作！

新闻传播效果课题组

2007年5月

填答说明：

①请将符合您情况的答案写在题目后面的“（　）”中。

②如果某些问题未列出适合您的情况的项目，请在选项“其他”后的横线上填写

您的情况。

您的性别：①男（　　）　②女（　　）

您的年级：（　　）

①初一　② 初二　③ 初三

④高一　⑤ 高二　⑥ 高三

一、您心目中的英雄是（请选三个并按重要性排序）（　　）（　　）（　　）

(1) 刘胡兰　(2) 雷　锋　(3) 焦裕禄　(4) 张海迪

(5) 孔繁森　(6) 牛玉儒　(7) 任长霞　(8) 钟南山

(9) 丛　飞　(10) 成　龙　(11) 徐本禹　(12) 洪战辉

(13) 李宇春　(14) 刘　翔　(15) 姚　明　(16) 袁隆平

(17) 田世国　(18) 孙必干　(19) 郑培民　(20) 其他

二、您主要是从哪种媒体上了解到英雄事迹的？（　　）（单选）

①电视　②网络　③报纸　④书籍　⑤杂志　⑥其他

三、相比雷锋、焦裕禄等老辈英雄人物报道，您认为今天的英雄人物报道(　　)（单选）

①影响不及以前　②差不多　③影响比以前大

四、（如果选③请做此题）您认为比前者影响大，主要是觉得它比以前（　　）（单选）

①更好看　②更真实　③更感人

五、您认为英雄人物的事迹对你的影响作用如何？（　　）（单选）

①很大　②大　③不大　④小

六、您最欣赏哪类英雄人物？（　　）（单选）

①顽强奋斗型　②突出贡献型　③无私奉献型　④诚实可信型

⑤见义勇为型　⑥其他

七、您最希望通过哪种形式了解有关英雄人物的事迹？（　　）

①报纸　②影视　③网络　④事迹报告会　⑤其他

第三节　新浪网调查数据与分析

调查对象：新浪网网民共 18 552 人

调查时间：2007 年 5 月 17 日至 27 日

调查目的：喜欢 2006 年度“感动中国”10 位人物和集体中的哪一类人物

附：1.《感动中国》传播效果调查问卷数据

2.《感动中国》传播效果调查问卷

一、新浪网“感动中国”传播效果调查基本情况

（一）性别比例

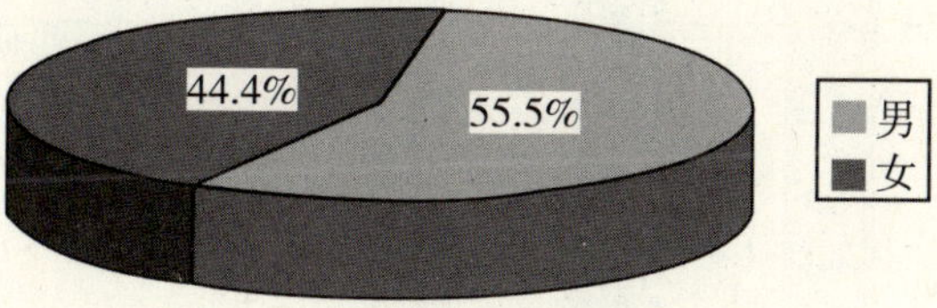

性别

（二）年龄构成

被调查人员的年龄大部分在35岁以内，占75.46%；36～50岁的占24.5%；51岁以上的占0.01%；15岁以下的占1.96%。

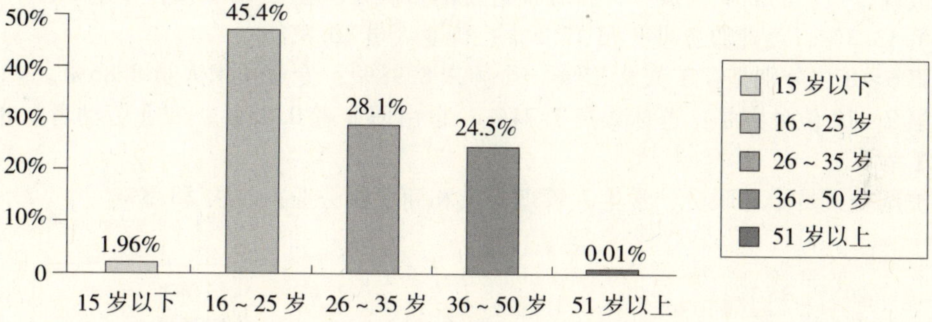

年龄

（三）文化程度

被调查人员中大专以上的占68.76%；高中、中专、中技和初中生占31.01%。说明高学历人员占大部分。

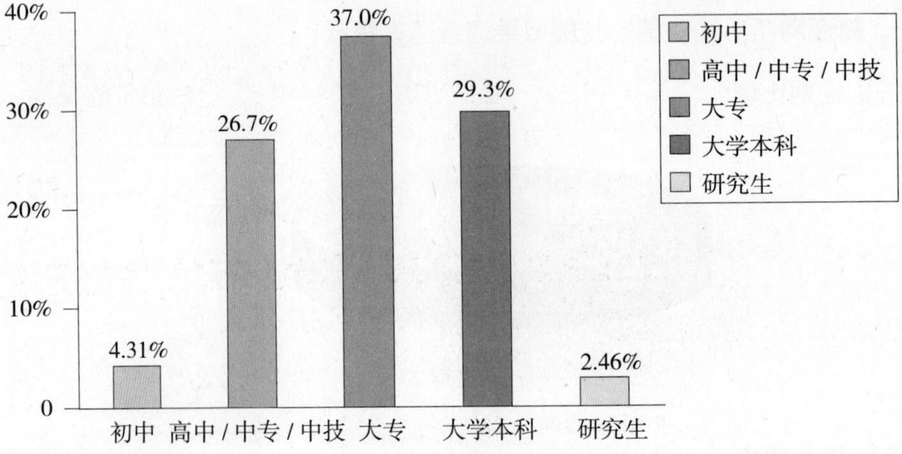

文化程度

（四）职业构成

被调查人员的职业构成中，排在前五位的依次是：职员 18. 3%；学生 14. 2%；管理人员 13. 3%；商业服务业人员 12. 5%；待业人员 10. 8%。

第 6 ~ 8 位分别是：工人 9. 35%；个体户 8. 98%；专业技术人员 8. 86%。

第 9 ~ 12 位分别是：退休人员 1. 71%；自由职业者 0. 88%；农业劳动者 0. 82%；农民工为 0。

被调查人员中，职员、学生、管理人员和商业服务业人员占 58. 3%。

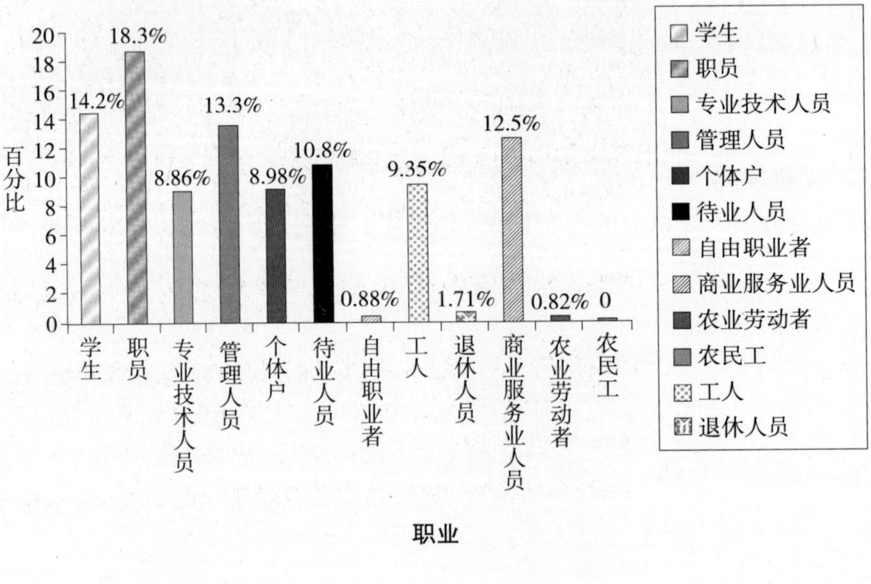

职业

二、内容分析

（一）对 2006 年 2 月 26 日央视一套播出的《感动中国》节目的了解程度

了解该节目的占 17.1%，不了解的占 82.8%。说明该节目的宣传力度有待加强。

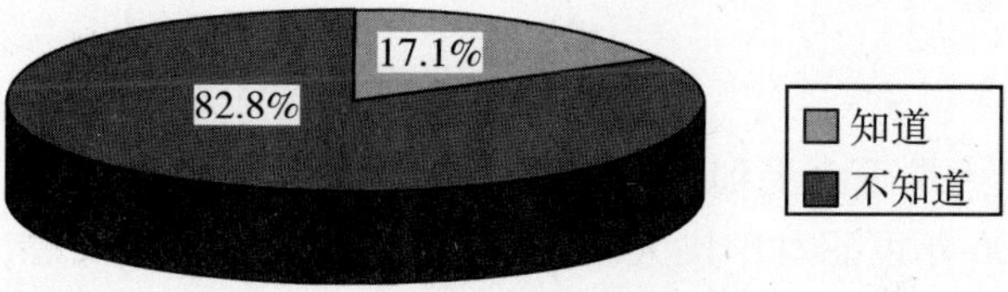

对 2006 年 2 月 26 日央视一套播出的《感动中国》节目的了解程度

（二）对 2006 年度选出的感动中国人物及其主要事迹的了解程度

比较了解的占 51.26%，不了解和不太了解的占 48.7%。

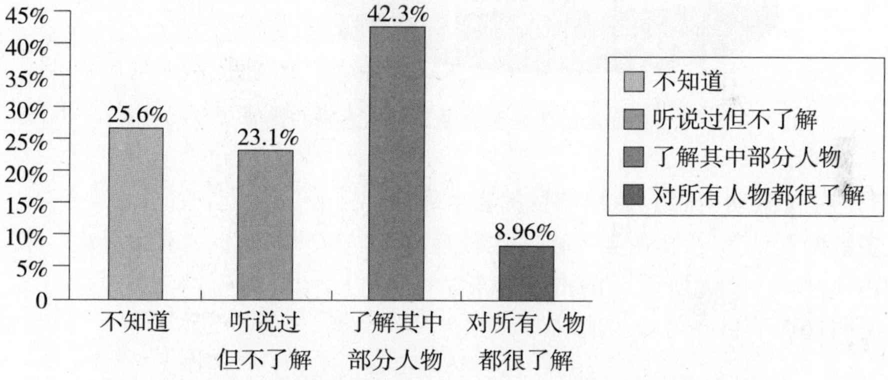

对 2006 年度选出的感动中国人物及其主要事迹的了解程度

（三）了解 2006 年度感动中国人物的主要途径

第一位是报纸，占 26.8%；第二位是杂志，占 26.1%；第三位是电视，占 24.8%；第四位是网络，占 19.1%；广播媒体排在最后，占 2.99%。

值得注意的是报纸媒体超过了电视媒体，网络媒体逼近电视媒体。

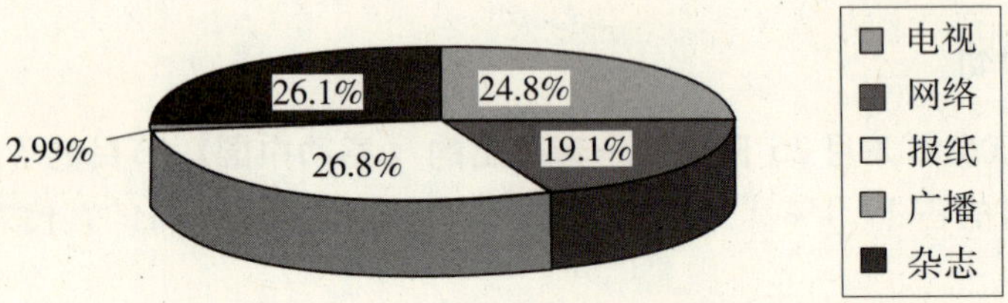

媒体类型

（四）自己的行为是否会受到感动人物的影响

被问及了解2006年度感动中国人物军医华益慰和2005年度感动中国人物田世国为母捐肾的事迹后，自己是否会受到影响时，有42.3%的网友认为会受到影响；33.0%的网友认为不会受到影响；24.5%的网友认为说不清楚。

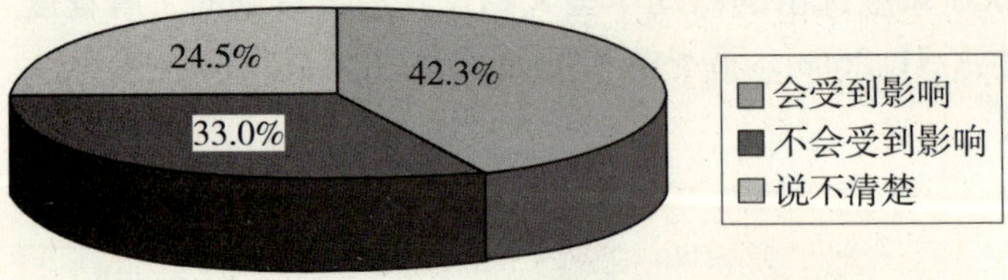

自己的行为是否会受到感动人物的影响

（五）对《感动中国》这档节目的喜欢程度

大多数网友认为“很喜欢”和“比较喜欢”，占59.6%；“不太喜欢”和“不喜欢”的占4.99%；“无所谓”的占35.2%。

这说明这档节目办得较为成功。

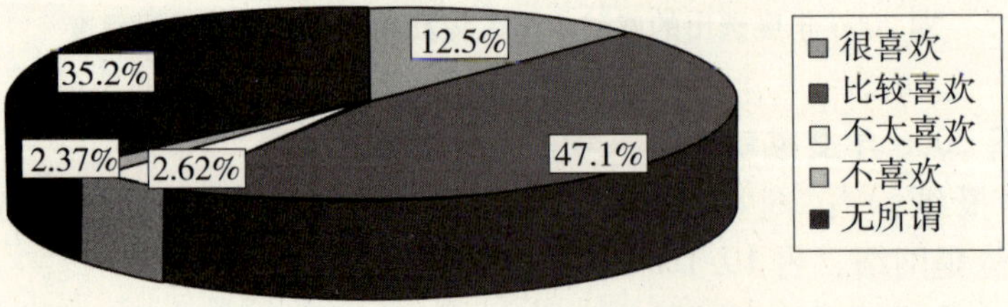

对《感动中国》这档节目的喜欢程度

（六）对华益慰、霍英东、洪战辉、任长霞等感动中国人物的事迹是否感动

认为“很令人感动”和“比较令人感动”的占89.7%；认为“不太令人感动”和“不令人感动”的占5.96%；认为“无所谓”的占4.18%。

这说明感动中国人物事迹宣传效果较好。

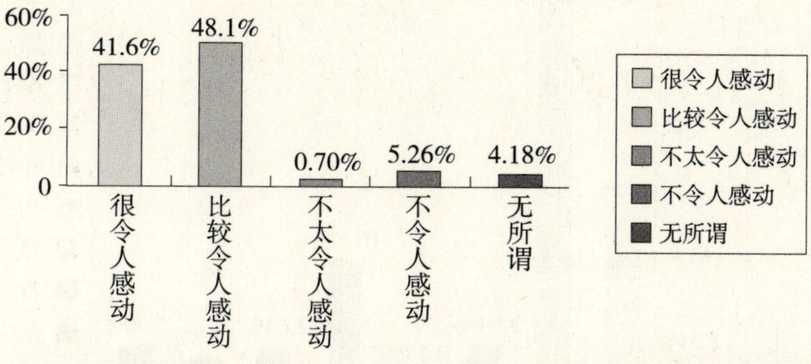

对华益慰、霍英东、洪战辉、任长霞等感动中国人物的事迹是否感动

（七）与以前的宣传报道效果比较

相比较雷锋、焦裕禄、张海迪、孔繁森、牛玉儒等典型人物报道，认为 2006 年度感动人物更真实的占 63. 4%；更具感染力的占 16. 6%；更好看的占 15. 5%；差不多的占 2. 08%；不及前者好看、真实、具有感染力的占 2. 21%。

说明绝大部分网民把“真实”放在了第一位，“感染力”放在第二位，“好看”放在第三位。

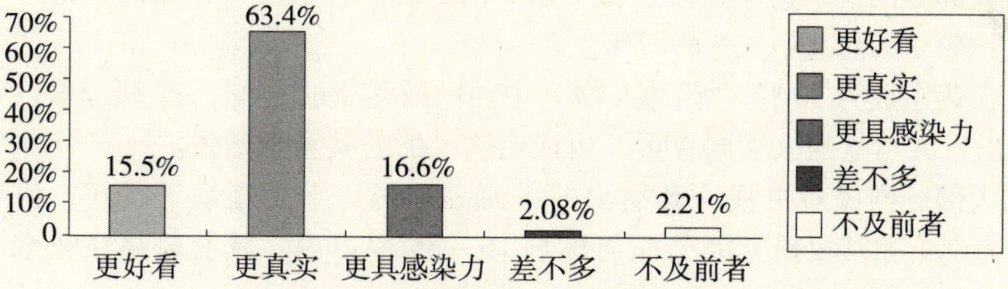

与以前的宣传报道效果比较

（八）2006 年 10 位最受网民喜欢的感动中国人物

霍英东位居榜首，占 36. 3%；丁晓兵占 27. 0%，排第二位；第三位华益慰，占 14. 7%；第四位孔祥瑞，占 10. 5%；第五位季羡林，占 2. 71%；第六位林秀贞，占 2. 64%；第七位微尘，占 2. 49%；第八位王百姓，占 2. 24%；第九位黄舸，占 1. 07%；第十位叶笃正，占 0. 17%。

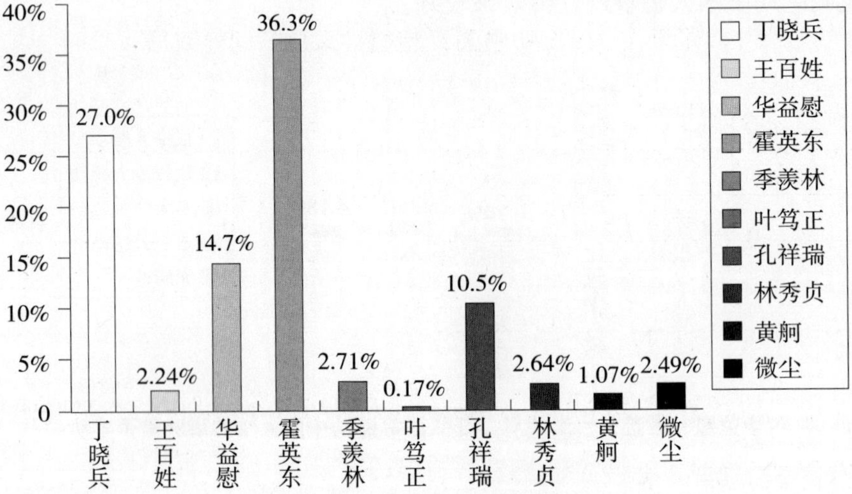

2006 年 10 位最受网民喜欢的感动中国人物

三、结论

（1）网民把人物宣传报道的“真实性”放在第一位，占 63.4%，可见网民将英雄人物的真实性看得很重，把真实可信当成衡量英雄人物宣传报道的标准。“感染力”排在第二位，“好看”只放在第三位。

（2）大部分网民认为华益慰、霍英东、洪战辉、任长霞等人物的事迹“很令人感动”和“比较令人感动”，占 89.7%。

（3）霍英东成为 10 位“感动人物”中网民最喜欢的人物，占 36.3%。说明对公共事业作出巨大贡献的人受到尊重，也说明网民的公共意识增强。

（4）大部分网民对央视一套播出的《感动中国》节目还缺乏了解，说明还需要加大宣传力度，尤其要研究的是如何影响 16～35 岁以内、具有较高文化水平的年轻人的接受心理。

（5）社会乐意和较乐意知晓正面人物事迹，并且这些事迹也能感动社会。做好正面人物的报道，使其精神真正鼓舞人，并将其化为社会进步的动力，是一项重要的工作。

附录1 《感动中国》传播效果调查问卷数据

共有 18 552 人参加

您的性别：		
选项	比例	票数
男	55.5%	93 222
女	44.4%	74 670
您的年龄：		
选项	比例	票数
15 岁以下	1.96%	365
16～25 岁	45.4%	8 423
26～35 岁	28.1%	5 214
36～50 岁	24.5%	4 548
51 岁以上	0.01%	2
您的文化程度：		
选项	比例	票数
初中	4.31%	800
高中/中专/中技	26.7%	4 963
大专	37.0%	6 882
大学本科	29.3%	5 449
研究生	2.46%	458
您的职业：		
选项	比例	票数
学生	14.2%	2 654
职员	18.3%	3 429
专业技术人员	8.86%	1 654
管理人员	13.3%	2 485
个体户	8.98%	1 675
待业人员	10.8%	2 027
自由职业者	0.88%	165
工人	9.35%	1 745

（续上表）

选项	比例	票数
退休人员	1.71%	320
商业服务业人员	12.5%	2 345
农业劳动者	0.82%	153
农民工	0	0
对于今年2月26日中央一套播出的《感动中国》节目及感动中国人物，您：		
选项	比例	票数
知道	17.1%	3 185
不知道	82.8%	15 367
对于2006年度选出的感动中国人物及其事迹，您：		
选项	比例	票数
不知道	25.6%	4 754
听说过但不了解	23.1%	4 286
了解其中部分人物	42.3%	7 848
对所有人物都很了解	8.96%	1 664
对于2006年度感动中国人物，您了解的主要途径是：		
选项	比例	票数
电视	24.8%	4 608
网络	19.1%	3 557
报纸	26.8%	4 986
广播	2.99%	556
杂志	26.1%	4 845
有人在看到2006年度感动中国人物军医华益慰的报道后，对自己的本职工作更尽责；也有人因得知2005年度感动中国人物田世国为母捐肾的事迹后对父母倍加孝顺；您认为您的行为会不会受到感动中国人物的影响？		
选项	比例	票数
会受到影响	42.3%	7 863
不会受到影响	33.0%	6 132
说不清楚	24.5%	4 557

（续上表）

对于《感动中国》这档节目，您：		
选项	比例	票数
很喜欢	12.5%	2 334
比较喜欢	47.1%	8 743
不太喜欢	2.62%	487
不喜欢	2.37%	441
无所谓	35.2%	6 547
您认为华益慰、霍英东、洪战辉、任长霞等感动中国人物的事迹令人感动吗？		
选项	比例	票数
很令人感动	41.6%	7 731
比较令人感动	48.1%	8 938
不太令人感动	0.70%	131
不令人感动	5.26%	976
无所谓	4.18%	776
相比雷锋、焦裕禄、张海迪、孔繁森、牛玉儒等典型人物报道，您认为感动中国人物的报道：		
选项	比例	票数
更好看	15.5%	4 148
更真实	63.4%	16 864
更具感染力	16.6%	4 436
差不多	2.08%	554
不及前者好看、真实、具有感染力	2.21%	588
今年10位感动中国人物，您最喜欢的是：（按顺序，可多选或全选）		
选项	比例	票数
丁晓兵	27.0%	8 615
王百姓	2.24%	715
华益慰	14.7%	4 682
霍英东	36.3%	11 565
季羡林	2.71%	865
叶笃正	0.17%	55

（续上表）

选项	比例	票数
孔祥瑞	10.5%	3 354
林秀贞	2.64%	841
黄舸	1.07%	341
微尘	2.49%	794

附录2　《感动中国》传播效果调查问卷

一、您的基本情况

A1 您的性别：（　　）

1. 男　　2. 女

A2 您的年龄：（　　）

1. 15 岁以下　　2. 16～25 岁　　3. 26～35 岁

4. 36～50 岁　　5. 51 岁以上

A3 您的文化程度：（　　）

1. 初中　　2. 高中/中专/中技　　3. 大专

4. 大学本科　　5. 研究生

A4 您的职业：（　　）

1. 学生　　2. 职员　　3. 专业技术人员

4. 管理人员　　5. 个体户　　6. 待业人员

7. 自由职业者　　8. 工人　　9. 退休人员

10. 商业服务业人员　　11. 农业劳动者　　12. 农民工

二、您收看《感动中国》节目的情况及对其的偏好状况

1. 对于今年2月26日中央一套播出的《感动中国》节目及感动中国人物，您：（　　）

[1] 知道　[2] 不知道

2. 对于2006年度选出的感动中国人物及其事迹，您：（　　）

[1] 不知道　[2] 听说过但不了解　[3] 了解其中部分人物

[4] 对所有人物都很了解

3. 对于2006年度感动中国人物，您了解的主要途径是：（　　）

[1] 电视　[2] 网络　[3] 报纸　[4] 广播　[5] 杂志

4. 有人在看到2006年度感动中国人物军医华益慰的报道后，对自己的本职工作更尽责；也有人因得知2005年度感动中国人物田世国为母捐肾的事迹后对父母倍加

孝顺；您认为您的行为会不会受到感动中国人物的影响？（　　）

［1］会受到影响　　［2］不会受到影响　　［3］说不清楚

5. 对于《感动中国》这档节目，您：（　　）

［1］很喜欢　　［2］比较喜欢　　［3］不太喜欢　　［4］不喜欢

［5］无所谓

6. 您认为华益慰、霍英东、洪战辉、任长霞等感动中国人物的事迹令人感动吗？（　　）

［1］很令人感动　　［2］比较令人感动　　［3］不太令人感动

［4］不令人感动　　［5］无所谓

7. 相比雷锋、焦裕禄、张海迪、孔繁森、牛玉儒等典型人物报道，您认为感动中国人物的报道：（此题可做多项选择）（　　）

［1］更好看　　［2］更真实　　［3］更具感染力　　［4］差不多

［5］不及前者好看、真实、具有感染力

8. 今年10位感动中国人物，您最喜欢的是：（按顺序，可多选或全选）（　　）

［1］丁晓兵　　［2］王百姓　　［3］黄舸　　［4］霍英东　　［5］华益慰

［6］叶笃正　　［7］季羡林　　［8］孔祥瑞　　［9］微尘　　［10］林秀贞

附录3　2006感动中国年度人物及其事迹简介

1. 丁晓兵（武警某部团政治委员）：一条臂膀，也能撑起血染的军旗，他是真的勇士。

2. 王百姓（排爆治爆专家）：王百姓时时命悬一线，老百姓才能天天平安。

3. 黄舸（18岁，以羸弱之躯与病魔作斗争，并与父亲在长达3年的时间里环游全国）：生命的倒计时，滴答、滴答扯动人们的心弦，人生路上，他是阳光少年。

4. 霍英东（香港爱国商人）：聚散有道，义利兼能。国旗和紫荆花维系他一生的光荣。

5. 华益慰（著名医学专家、北京军区总医院主任医师）：一辈子做一件事，就是对得起病人。爱人，知人，医乃仁术。

6. 叶笃正（气象学家、中国科学院院士）：定力与信念，让他上下求索，“天问”的路上，生命融入科学。

7. 季羡林（著名古文字学家、历史学家、作家）：学问铸成大地的风景，他把心汇入传统，把心留在东方。

8. 孔祥瑞（天津港煤码头公司操作一队队长兼党支部书记）：在轻视铁锤的时代，工人何为？他说：“全世界的门吊，我都能开！”

9. 微尘（一个热心公益事业的群体）：微尘有心，微尘有情，尘埃落定，大爱无声。

10. 林秀贞（河北农妇，30年像女儿一样赡养6位孤寡老人）：善良在村庄流淌，她用30年的热心，去温暖世道。

11. 红军：2006我们追寻地球上的红飘带。

第四节 综合分析及结论

对广州市民、广东中学生和新浪网网民的调查，虽然内容稍有区别，但主题一样。即心目中的英雄和当今英雄人物宣传报道与以前英雄人物宣传报道的影响力比较。从调查结果看，网民、市民和中学生的看法基本一致。

一、无私奉献型英雄在人们心目中占首要位置，雷锋精神仍在

市民心目中第一位和第二位的英雄排名中均是雷锋排在第一位，占27.2%；第二位的有97人，占18.4%。中学生心目中的第一位英雄也是雷锋，排名最靠前，114人，占总数的34.9%。

人们在价值归宿上遇到的问题是：以个体为最终的价值归宿还是以群体为最终的价值归宿？对这个问题的不同回答形成两种对立的价值观念，一种是个体主义观念，另一种是群体主义观念。中国传统的价值体系属于典型的群体主义，由血缘关系联结起来的家族成为价值的最终归宿。西方近代的价值体系属于典型的个体主义，拥有理性自由的个人成为价值的最终归宿。① 无私奉献型英雄在人们心目中占首要位置，体现了群体（集体）主义价值观在当前中国社会中仍然占据核心地位。英勇献身型英雄、热心公益事业的人物从本质上来说，也是一种无私奉献，同样体现了上述观点。

二、英勇献身型英雄在人们心目中占重要位置

把刘胡兰排在第二位英雄的市民有105人，占20%；中学生把刘胡兰排在第四位的有22人，占6.7%。

三、突出贡献型英雄受到推崇

市民心目中第三位英雄得票最高者——袁隆平，66人，占12.5%；中学生心目中第三位的英雄人物也是袁隆平，58人，占17.7%。

突出贡献型英雄受到推崇，说明积极的个体主义精神也得到了社会的认可。"我国改革开放之后的变化，探究原因，其中很重要的一点就是重视了个体的利益"，"从传统的观念来看，群体主义重视集体的共同利益，而个体主义只重视自私的个人利

① 兰久富. 社会转型时期的价值观念. 北京：北京师范大学出版社，1999. 332.

益。因此群体主义更高尚一些，而个体主义更卑劣一些。……而真正的集体主义必然包含着对个人利益的重视。真正的集体主义比个体主义更优越，能够增进个人和群体的共同利益，而抽象的集体主义无视个人的正当利益，对社会的发展只会起到消极的阻碍作用”。[①] 袁隆平、刘翔等人通过个人的艰苦努力，分别在科技、运动等领域获得了突出的成就，同时在经济和精神文化领域给社会带来了良好的效益，体现了个体利益与集体主义的统一。

四、热心公益事业的人物受到普遍认可

新浪网 18 552 位网民中有 6 734 人把霍英东排在榜首，占 36.3%。表现出人们公共意识的增强。

五、平民式英雄人气最高

如雷锋、张海迪、钟南山、丛飞、成龙、徐本禹、洪战辉、刘翔、姚明、袁隆平、田世国等普遍受欢迎，尤其是对于青少年。

六、20 世纪 60 年代的典型人物的影响力仍然很大

如雷锋、焦裕禄等，说明雷锋、焦裕禄的为人民服务精神体现了中华民族的精神，与中国传统文化价值观吻合，并且在当时背景下宣传报道力度和效果比现在好。

七、近几年领导干部型典型人物不如 20 世纪 60 年代的领导干部型典型人物影响力大

如焦裕禄在市民心目中的英雄排名中均处于较靠前的位置，在各个选项排序中，分别处于第四、第二、第二的位置。而在中学生调查中，尽管焦裕禄在各项中的整体排名后移，但是还是处在领导干部选项中的领先位置，仅次于任长霞。

任长霞（第七位）、孔繁森（第十一位）、牛玉儒（第十三位）等领导干部型典型人物的排序都较靠后面。

孔繁森、任长霞等人的事迹与焦裕禄相比并不逊色，报道手法非常类似，观念倡导也相当一致，然而报道效果却有明显差别，这一现象可能的原因在于：分众化时代难以取得大众化时代同样的宣传效果。受众的社会分层已经多元化，价值观念也日趋多元化，同样的事迹在不同的受众中产生的可能是不同的解读效果。而焦裕禄的事迹精神已经被社会公认了。这一方面提醒我们不必追求像大众化时代一样强烈的全社会认同的宣传效果，另一方面也提醒我们目前的典型报道应该向更加多元化的方向开拓。

---

① 兰久富. 社会转型时期的价值观念. 北京：北京师范大学出版社，1999. 332.

八、获取英雄人物信息的渠道

这次调查的主要人群为网民、市民和中学生，以 17 岁至 35 岁的居多。

新浪网网民把网络作为获取英雄人物信息渠道排在报纸、杂志和电视之后，说明网民没有把网络作为获取英雄人物信息的首要渠道。

市民把网络作为获取英雄人物信息渠道排在第二位，说明市民把获取英雄人物信息放在了重要位置。

中学生把网络作为获取英雄人物信息渠道排在第三位，说明中学生也开始重视在网上获取英雄人物的信息。

从三种形式的调查对象看，说明英雄人物信息在网络上开始有影响力；同时，也显示出网络在宣传典型人物、先进人物方面力度不够，或者在形式上应该改进。

综上所述，通过调查，我们可以总结如下：

（1）无私奉献型、为人民服务型英雄受到人们的充分认可。雷锋、焦裕禄精神仍在人们的心目中备受推崇。

（2）平民式英雄受到青睐。

（3）影星和体育明星如姚明、刘翔、成龙等受到人们认可尤其受到中学生的推崇。但中学生并不盲目崇拜李宇春式的明星。

参考文献

1. ［德］马克思，恩格斯．马克思恩格斯选集（1～4卷）．北京：人民出版社，1972.

2. 中国社会科学院新闻研究所．马克思恩格斯论新闻．北京：新华出版社，1985.

3. ［苏］列宁．列宁选集（1～4卷）．北京：人民出版社，1972.

4. ［苏］列宁．列宁论报刊与新闻写作．北京：新华出版社，1990.

5. ［苏］斯大林．斯大林论报刊．北京：新华出版社，1985.

6. 中国社会科学院马克思主义研究院编．马克思恩格斯列宁论意识形态．北京：人民出版社，2009.

7. 毛泽东．毛泽东文集（1～8卷）．北京：新华出版社，1999.

8. 毛泽东．毛泽东新闻工作文选．北京：新华出版社，1983.

9. 毛泽东．毛泽东论新闻宣传．北京：新华出版社，2000.

10. 邓小平．邓小平文选（1～3卷）．北京：人民出版社，1993—1994.

11. 新华社新闻研究所．邓小平论新闻宣传．北京：新华出版社，1998.

12. 邓小平．邓小平论文艺．北京：人民文学出版社，1989.

13. 邓小平．邓小平论社会主义精神文明建设．北京：学习出版社，1996.

14. 刘建明．邓小平宣传思想研究．沈阳：辽宁人民出版社，1990.

15. 康荫．邓小平新闻宣传思想研究．北京：北京广播学院出版社，1999.

16. 江泽民．论“三个代表”．北京：中央文献出版社，2001.

17. 江泽民．江泽民论社会主义精神文明建设．北京：中央文献出版社，1999.

18. 中共中央文献研究室．十三大以来重要文献选编（上、中、下册）．北京：人民出版社，1991—1993.

19. 中共中央文献研究室．十四大以来重要文献选编（上、中、下册）．北京：人民出版社，1996—1999.

20. 中共中央文献研究室．十五大以来重要文献选编（上、中册）．北京：人民出版社，2000—2001.

21. 中共中央文献研究室．三中全会以来重要文献汇编（上、下册）．北京：人民出版社，1982.

22. 中共中央文献研究室．毛泽东邓小平江泽民论世界观人生观价值观．北京：

人民出版社，1997.
23. 新华社新闻研究所．舆论引导艺术．北京：新华出版社，1998.
24. 吴飞．马克思主义新闻传播思想经典文本导读．杭州：浙江大学出版社，2005.
25. 黄力之．先进文化论．上海：上海三联书店，2002.
26. 张锡杰．感悟人物通讯：采写经验50谈．北京：西苑出版社，2006.
27. 梁建增，陈虻．感动中国：2002年度中国权威媒体人物．北京：中国对外翻译出版社，2003.
28. 朱波等．感动中国2005年度人物．北京：中国青年出版社，2006.
29. 朱清河．典型报道：理论、应用与反思．武汉：武汉大学出版社，2006.
30. 聂茂，张静．典型人物报道论．长沙：湖南人民出版社，2008.
31. 新华社新闻研究所．2005年新华社新闻学术年会论文选（中）（内部资料）.
32. 卓培荣．破解报道难题：2006年新华社新闻学术年会论文选．北京：新华出版社，2007.
33. ［美］吉米·卡特．我们濒危的价值观：美国道德危机．汤玉明译．西安：西北大学出版社，2007.
34. ［美］道格拉斯·拉米斯．激进民主．刘元琪译．北京：中国人民大学出版社，2008.
35. ［美］雷迅马．作为意识形态的现代化．牛可译．北京：中央编译出版社，2003.
36. 梁建新．穿越意识形态终结的幻想——西方意识形态终结论思潮评析．北京：中国社会科学出版社，2008.
37. ［美］大卫·科兹，弗雷德·威尔．来自上层的革命——苏联体制的终结．曹荣湘，孟鸣歧译．北京：中国人民大学出版社，2008.
38. ［美］克莱·舍基．未来是湿的．胡泳，沈满琳译．北京：中国人民大学出版社，2009.
39. 晏辉．现代语境下的价值与价值观．北京：北京师范大学出版社，2009.
40. 刘家林．新中国新闻传播60年长编．广州：暨南大学出版社，2010.
41. 中国新闻奖评选委员会办公室编．中国新闻奖作品选（第1～20届）．北京：新华出版社，1992—2010.
42. ［美］吉尔伯特·罗兹曼．中国的现代化．国家社会科学基金“比较现代化”课题组译．南京：江苏人民出版社，2010.
43. 王晓升等．西方马克思主义意识形态理论．北京：社会科学文献出版社，2009.
44. 俞吾金．意识形态理论．北京：人民出版社，2009.

45. 石刚，李丽娜．核心价值面面观．北京：社会科学文献出版社，2009.

46. ［美］迈克尔·舒德森．为什么民主需要不可爱的新闻界．贺文发译．北京：华夏出版社，2010.

47. ［美］理查德·塔纳斯．西方思想史——对形成西方世界观的各种观念的理解．吴象婴，晏可佳，张广勇译．上海：上海社会科学院出版社，2007.

48. 葛兆光．中国思想史（第1、2卷）．上海：复旦大学出版社，2009.

49. ［德］马克斯·韦伯．经济与社会（上、下卷）．林荣远译．北京：商务印书馆，1997.

50. 徐耀魁．西方新闻理论评析．北京：新华出版社，1998.

51. ［美］迈克尔·桑德尔．公正．朱慧玲译．北京：中信出版社，2011.

后 记

本课题研究过程中曾到新华社、中央电视台、光明日报、中国青年报、新华社广东分社、南方日报、南方周末、广州日报、羊城晚报、南方人物周刊等媒体进行调研，得到了以上媒体朋友们的热情协助和鼓励。网易媒体频道、新浪网等媒体对本课题的研究给予了大力协助，在此表示感谢。新华社朱国圣社委、中央电视台《感动中国》制片人朱波、新华社广东分社凌广志副社长、暨南大学新闻与传播学院谭天教授等，曾为本课题研究提供了很大帮助和有价值的思考，在此特别致谢。

课题研究过程中，薛国林、张晋升拟定出大纲。第一次调研后，由薛国林、张晋升、麦尚文讨论对大纲进行第二次修订。第二次调研后，薛国林、张晋升、蔡铭泽、肖伟、麦尚文、郑越、卢健民等课题组全体成员讨论确定大纲及分工。书稿完成后，薛国林进行了全部统稿工作。具体分工如下：

薛国林：绪论、第二、九章；张晋升：第一章；肖伟：第三、四、六章；麦尚文：第五、八章；郑越：第七章；薛国林、卢健民：附录。

薛国林

2011 年 5 月